DIE GROSSE VERSCHWULUNG

Akif Pirinçci

DIE GROSSE
VERSCHWULUNG

Wenn aus Männern Frauen werden
und aus Frauen keine Männer

Lichtschlag in der Edition Sonderwege

For love and faith and sex and fear.
And all the things that keep us here
In the mysterious distance
Between a man and a woman.

U2, »A Man And A Woman«

INHALT

I.
DIE FORM FOLGT DER FUNKTION

Es ist das Gesetz aller organischen und anorganischen,
aller physischen und metaphysischen, aller menschlichen
und übermenschlichen Dinge, aller echten Manifestationen
des Kopfes, des Herzens und der Seele, daß das Leben
in seinem Ausdruck erkennbar ist, daß die Form
immer der Funktion folgt.

Louis Henri Sullivan (1856–1924), Architekt

Dieses Buch handelt von Männern und Frauen, genauer von der Heterosexualität, von jenem schicksalhaften und immerwährenden Magnetismus zwischen den beiden Geschlechtern, der die überwältigende Mehrheit der in diesem Land und anderswo lebenden Menschen zueinander hinzieht. Und von den erstaunlichen, brisanten sowie höchst gefährlichen Folgen, die sich daraus ergeben.

Ich weiß, es gibt etwa eine Million Bücher über dieses Thema. Da hat meins gerade noch gefehlt, denken Sie jetzt? Ja, hat es! Denn Sie machen sich keine Vorstellung davon, wie unsere gesamte Existenz, nicht zuletzt die wirtschaftliche, überhaupt unser ganzes physisches wie psychisches Wohlergehen von unserem Umgang mit diesem »Naturgesetz« abhängt. Was das Mannsein, das Frausein und das inzwischen völlig derangierte Verhältnis der beiden Geschlechter zueinander in einem vor lauter Dekadenz sterbenden Land wie Deutschland betrifft, sehen wir den Wald vor lauter Bäumen nicht mehr. Schlimmer noch: Um besser sehen zu können, legen wir wohlstandsbesoffen die Axt an die letzten Bäume, die es noch gibt. Am Ende der Zerstörung aber wird sich vor uns nur eine Wüste auftun – ihre Ausläufer sind schon ersichtlich.

Denn auch davon handelt dieses Buch: vom Selbstauflösungswahn der deutschen Gesellschaft, den wir dem Hofieren und der Anbetung des weiblichen Elements zu verdanken haben, der Unwucht feminisierten und verweichlichten

Denkens, der großen Verschwulung. Politik und Staat werden inzwischen als ein Geschenkeladen betrachtet, dessen Lager über Nacht die Heinzelmännchen auffüllen. Auf unsere Welt voller blutiger Konflikte blicken wir nur noch wie durch beschlagenes Glas. Durch hohles Friedensgesabbel versuchen wir vergeblich, sie zu zähmen. In einer solchen Welt werden lediglich Männer akzeptiert, die nur noch eine Kreuzung sein dürfen aus Goldtaler kackendem Esel, ruhig gestelltem Gorilla und sozialistischen Stuß nachplapperndem Papagei. Denn auch die Herren der Schöpfung haben inzwischen dieses weibische Denken übernommen. Oder tun zumindest so. Ich werde noch erklären, warum. Leon de Winter sagt: »Unsere Söhne müssen wie friedfertige Mädchen heranwachsen und können ihre (sexuelle) Energie nur im Sport und bei aggressiven Computerspielen ausagieren, bei denen sie Tag für Tag Dutzende virtueller Feinde töten«. Nur die richtigen Feinde, »das Böse« im In- und Ausland, dürfen sie nicht mehr töten, das ist bäh! Was sie allerdings dürfen, wenn sie groß sind: Gesetze für den politisch korrekten Puffbetrieb unterstützen, also dem ältesten Beine-breit-Gewerbe der Welt ein »menschliches Gesicht« verleihen, obwohl sich in Wahrheit auch in den nächsten tausend Jahren an diesem Gewerbe nix ändern wird, weil sich immer Frauen finden lassen, die sich für einen zahlenden Mann hergeben werden (wegen »Gucci Cellarius Small Cognac«, 1 589,00 €). Der Mann darf zahlen, nur darf er sich nicht beim Puffbesuch erwischen lassen. Das ist nämlich auch bäh!

Perverse, Deformierte, Freaks, sexuell Gehandicapte, Duckmäuser, Defizitäre, Kriegsgewinnler in Gestalt von Politikern und Schmarotzern der Sozial-, Asyl- und Migrantenindustrie, studierte Schwachsinnige und andere Steuergeldsäufer frohlocken ob der Aussichten auf dieses gefühlsduselige, feminine Primat. Ich übertreibe, sagen Sie? Im Jahre 2013 lag das Gesamtvolumen von Sozialleistungen eines gewissen mit zwei Billionen (in Wahrheit ist es noch viel mehr) überschuldeten States namens Deutschland bei 812,2 Milliarden Euro, also 22 Prozent mehr als im Jahre 2005, wogegen die Pro-Kopf-Löhne laut volkswirtschaftlicher Gesamtrechnung der Länder im selben Zeitraum nur um 15,5 Prozent zunahmen. Tendenz steigend. Das alles ist auch eine direkte Auswirkung der Verwirrung zwischen Männern und Frauen, die von unserer Regierung bewußt herbeigeführt wurde, die nach Weibermanier jedem Dick und Doof helfen will, sich aber schon beim geringsten Konflikt wegduckt und das Vaterland vom Rollstuhl aus verrät. Sie, liebe Leser, weit mehr jedoch Ihre Kinder und Enkelkinder, werden diese Rechnung sehr bald doppelt und dreifach begleichen müssen (Sie tun es übrigens jetzt schon). Zumal in diesem Land durch die muslimische und afrikanische Einwanderung, also à la longue über die Demographie der durchschnittliche Intelligenzquotient stetig sinkt, so daß in Kürze niemand außer Ihnen armem weißen Schwein mehr übrigbleiben wird, um für die ganze Scheiße zu löhnen. Bis Ihnen ein echter Mann, vermutlich ein analphabetischer Moslem aus Gelsenkirchen in nicht allzu ferner Zukunft mit einem handelsüblichen Küchenmesser den Kopf abtrennen und Sie damit von einem Deutschland erlösen wird, in dem die beiden Geschlechter in ihrer Entfremdung auf dem Gefrierpunkt angekommen sind.

Doch wie hat es eigentlich mit Männern und Frauen angefangen, wieso gibt es überhaupt Sperma und Eierstock, wann wurden sie *erfunden*? Beginnen wir bei Adam und Eva bzw. beim Buch der Bücher, das unmißverständlich die Entstehung der Geschlechter und ihren Nutzen erklärt:

»Dann sprach Jahwe Gott: ›Es ist nicht gut, daß der Mensch allein sei. Ich will ihm eine Hilfe machen, die ihm entspricht.‹ (...) Nun ließ Jahwe Gott einen Tiefschlaf über den Menschen fallen, daß dieser einschlief, und er nahm eine von seinen Rippen und schloß das Fleisch an ihrer Stelle zu. Dann baute Gott die Rippe, die er vom Menschen genommen hatte, zu einem Weibe und führte es zum Menschen.«

Die Sache scheint demnach klar zu sein. Der Mensch, also der Prototyp, besaß einen Schwanz, Eier und eine Prostata. Weil er aber nach Feierabend auch noch ein bißchen schnackseln wollte, »baute« der Allmächtige ihm eine Gespielin. Warum das Rohmaterial von einem so komplexem Geschöpf wie der Frau, an deren explosiver Unberechenbarkeit und Launenhaftigkeit über Jahrtausende ganze Männerkohorten und Modemacher verzweifelt sind, ausgerechnet eine Rippe sein mußte, bleibt das Betriebsgeheimnis des Chefs. Ich persönlich hätte dafür adäquat die Galle genommen. Fest steht jedenfalls, daß Gott, wenn auch auf eine schrullige Art und Weise, sich auf zwei Geschlechter festgelegt hat und von diesem Konzept auch nicht abließ, als die beiden vermittels einer Schlange und eines Apfels einen Supergau im Paradies auslösten.

Aber ist es wirklich so gewesen? Gab es in Wahrheit nicht noch andere Geschlechter auf diesem Planeten – sagen wir mal bis vor 82 Jahren? Dieser Zeitgenosse hier weiß es ganz genau:

»Bis in die 1920er Jahre sprach man von Geschlechtervielfalt. Mit den Nazis kam die Theorie einer weitgehend klaren biologischen Zweiteilung, die auch immer noch im Biologiestudium vermittelt wird, obwohl die aktuelle Forschung längst weiter ist. Solche einfachen Thesen machten mich stutzig, und ich erkannte, daß die vermeintlich natürliche Zweiteilung viel Leid mit sich bringt.«

Ja, diese ominöse »Theorie (!) einer weitgehend klaren biologischen Zweiteilung«, die von denselben Arschlöchern anbefohlen wurde, die die Juden ins Gas schickten, brachte über die Menschen viel Leid, vielleicht sogar mehr Leid, als die Juden bis zu ihrer »Endlösung« in der Gaskammer ertragen mußten. Denn gab es vor ihrer Zeit noch 4 698 Geschlechter, so entschlackten die Nationalsozialisten die ganze Opulenz kurzerhand auf zwei Modelle, vermutlich um mit dem auf diese Weise eingesparten Geld Stukas und Sturmpanzer zu bauen. Und das ging so supergeheim vor sich, daß bis heute kein Dokument oder anderes Zeugnis von dem »Nur-zwei-Gechlechter-Erlaß« gefunden wurde. Allerdings sind die anderen 4 698 Geschlechter wundersamerweise neuerdings wieder aufgetaucht. Gott sei Dank!

Diesen Quatsch mit Soße gibt in dem evangelischen Online-Magazin *chrismon* ein deutscher Professor von sich, der an einer Hochschule unterrichtet und nebenbei Vorträge in staatlichen Institutionen, Jugendclubs und auf Kirchentagen hält, der also kurz gesagt ein stattliches Salär dank Ihrer Steuern einsackt und später aus dem gleichen Trog eine pralle Pension einstreichen wird. Er heißt Heinz-Jürgen Voß und »forscht zu Geschlechtertheorien«. Der sich offen zu seiner Homosexualität bekennende Prof hat Biologie studiert und in Sozialwissenschaften promoviert, doch seine Erfolgsmasche ist »Gender Mainstreaming«, eine frei erfundene Geldbeschaffungsmaßnahme und Verschwulungsoffensive, die nach und nach den schulischen Sexualkundeunterricht, Universitätsseminare und sogar die Kindergärten erobert. Der Mann auf der Straße kennt dieses hinter seinem Rücken ablaufende Affentheater um Geschlecht und Sex nicht einmal dem Namen nach, darf es aber über seine Steuern jährlich mit einer Milliarde Euro finanzieren. »Gender Studies«, auf Deutsch verharmlosend »Geschlechterforschung« gehen davon aus, daß so etwas wie ein Geschlecht gar nicht existiere, sondern es dem vermeintlich geschlechtslosen Kinde von den Eltern und der Gesellschaft »sozial« anerzogen werde. Ich werde in einem späteren Kapitel noch ausführlich auf diese atemberaubende und zutiefst menschenverachtende Steuergeldverbrennung und ihre Profiteure eingehen.

Da jedoch hier die Inflation von Geschlechtern das Thema ist, hören wir nochmal den Medizinmann Voß zu der Frage, wie viele Geschlechter es denn überhaupt gibt: »Unzählige. Das Geschlecht wird ja auf vielen Ebenen geprägt: durch Chromosomen, Hormone, Geschlechtsorgane, das Aussehen – und nicht zuletzt die Art, wie ich erzogen werde, mich kleide und mich selbst zuordne. Auf jeder Ebene gibt es verschiedene Ausprägungen. Es trifft die Realität nicht, nur in ›männlich‹ und ›weiblich‹ einzuteilen« Und auf die Frage »Aber können Sie sich wirklich eine Gesellschaft ohne Zweiteilung vorstellen? « »Ja. Das Geschlecht hätte einen Stellenwert wie heute das Sternzeichen oder ob ich Tiere mag. Man kann danach fragen, aber es ist nicht wirklich von Bedeutung.« Der Mann hat Biologie studiert und hat anscheinend trotzdem keinen blassen Schimmer von biologischen Definitionen. Er verwechselt den biologischen Fakt »Geschlecht« mit einer Weltanschauung, dem subjektiven geschlechtlichen Empfinden des Einzelnen oder mit einer ideologischen Projektion. Er will es verwechseln! Deshalb hier ein Geschlechter-Crashkurs für Dummies.

1. Auf dieser Welt existieren nur zwei Geschlechter (höchstwahrscheinlich auch auf anderen Welten, wenn es sie gibt. Hat was mit Spieltheorie und Physik zu tun und wird später noch erklärt). Geschlechter dienen der Fortpflanzung und *nicht der Vermehrung*! Eine Fortpflanzung mit drei, vier, fünf usw. Geschlechtern ist nicht denkbar, weil sowohl wir Menschen als auch fast alle anderen Lebewesen für diese Art der Vielfalt gar nicht die physikalischen Voraussetzungen besitzen und auch nicht besitzen können. Organismen, die sich vermehren, besitzen meistens kein Geschlecht, sie teilen bzw. klonen sich, wie zum Beispiel Einzeller und einige Wurmarten. Ein paar seltene Kreaturen, unter anderem manche Schnecken und Reptilien, praktizieren die Jungfernzeugung (Parthenogenese), obgleich die Jungferngebärenden keineswegs asexuell, sondern in der Regel weiblich sind und sogar zweigeschlechtlichen Populationen angehören können. Es gibt sehr wenige Tiere, die ihr Geschlecht wechseln können, darunter einige Fischarten, allerdings jeweils nur in männlich oder weiblich und nicht in *unzählige*.

2. Ein Mann, der sich subjektiv als eine Frau empfindet, wie eine Frau kleidet und herausputzt und der auch wie eine

Frau agiert bzw. zumindest glaubt, wie eine Frau zu agieren (in der Regel sieht sowas ja für den Außenstehenden wie eine Karikatur des weiblichen Verhaltens aus), ist geschlechtlich trotzdem ein Mann und keine Frau. Schon gar nicht gehört er einem neuen Geschlecht an. Wenn ein Schwuler mit einem anderen Mann schwulen Sex praktiziert, so ändert das an seinem Geschlecht nicht die Bohne, er bleibt körperlich weiterhin ein Mann. Das gleiche gilt auch für seinen Sexualpartner. Wenn ein Schwuler eine Frau während ihrer fruchtbaren Tage besamen würde, so würde sie schwanger werden. Umgekehrt würde eine Lesbe ebenfalls schwanger werden, wenn man sie in ihren fruchtbaren Tagen besamte. Dies gilt auch für alle anderen mit abseitiger sexueller Orientierung, vorausgesetzt sie sind gesund und ihre Geschlechtsorgane sind intakt. Das Geschlecht ist ein eisernes Gesetz. Und ein Gefängnis.

3. Es gibt Abnormitäten unter den zwei Geschlechtern. Es handelt sich dabei allerdings ausnahmslos um geschlechtliche Defizite. Die Antwort auf die Frage, ob man dabei von einer Behinderung sprechen kann, hängt davon ab, ob die Betroffenen hierdurch einem Leidensdruck ausgesetzt sind. Es sieht danach aus, denn das Gros dieser Menschen ist dadurch keineswegs von seinem Geschlechtsdilemma erlöst und bricht in Jubelschreie aus, weil man sie offiziell zu einem dritten Geschlecht deklariert. Hinter der glitzernden Geschlechtervielfalt-Fassade sieht es ziemlich traurig aus. Echte Hermaphroditen sind extrem selten, Pseudohermaphroditen kommen häufiger vor. Man schätzt, daß insgesamt bei jedem 5 000. Baby das Geschlecht nicht eindeutig bestimmbar ist. Eine verlässliche Statistik existiert nicht. Bei manchen Betroffenen ist die Uneindeutigkeit so geringfügig, daß sie ohne Probleme in einer eindeutigen Geschlechterrolle leben können. Bei anderen tritt die Uneindeutigkeit erst in der Pubertät zutage. Bei der weiblichen Variante ist ein genetisch weiblicher Fötus im Mutterleib zu vielen Androgenen (männlichen Geschlechtshormonen) ausgesetzt: Eine fruchtbare Frau entsteht, deren Klitoris aber so groß ist, daß sie für einen Penis gehalten wer-

den kann. Die Schamlippen wirken wie ein leerer Hodensack. Bei der männlichen Variante ist ein genetisch männlicher Fötus zu wenigen Androgenen ausgesetzt. Das Kind kann entweder insgesamt sehr weiblich aussehen, oder es hat ambivalent wirkende Genitalien, etwa einen sehr kleinen Penis oder nur einen Hoden. Im Erwachsenenalter sind diese Männer unfruchtbar.

Manchmal jedoch drückt die Natur auch ein Auge zu, besser gesagt, sie zwinkert. Bei dem sogenannten Androgenresistenz-Syndrom fehlt einem Fötus mit männlichen Chromosomen die Fähigkeit, auf Androgene anzusprechen. Er kann nicht auf die männlichen Hormone reagieren. Das passiert bei einem von rund 20 000 Ungeborenen. Die Folge: der Körper des Ungeborenen entwickelt sich weiblich. Solche Frauen wachsen oft zu außergewöhnlichen Schönheiten heran, mit langen Beinen, feinporiger, zarter Haut, hohen Brüsten und dichtem Haar. Allerdings fehlen diesen Frauen die inneren weiblichen Organe wie Eierstöcke, Eileiter und Gebärmutter. Sie können deshalb keine Kinder bekommen.

Diese wenigen Bespiele zeigen, daß es sich bei den Andersartigen in Sachen Geschlecht mitnichten um lustige Launen der Natur oder Vorkämpfer für eine »diverse Geschlechtsidentität« handelt, sondern um Menschen mit einer sehr tragischen Biographie. Man muß ihnen jede Art erdenkliche Hilfe zukommen lassen, und am besten geht das über naturwissenschaftliche Forschung, Forschung und nochmals Forschung. Aber eine Frau, deren Genitalien und Fortpflanzungsorgane deformiert sind und die niemals die Möglichkeit haben wird, ein Kind zu gebären, ein »neues Geschlecht« zu unterstellen, ist genauso zynisch, wie wenn man einen Querschnittgelähmten als einen »neuen Menschen« tituliert.

4. Eine Geschlechtsumwandlung gibt es nicht, sondern nur eine von ärztlicher Hand bewerkstelligte Annäherung an ein geschlechtliches Ideal. Wenn ein Mann sich einer Geschlechtsumwandlung unterzieht, verwandelt er sich deswegen nicht in eine Frau, sondern in einen verstümmelten

Mann, dessen Genitalbereich chirurgisch so lala zur Scheide und Vagina modelliert wird, ohne jemals deren eigentliche Funktion ausüben zu können. Zwar ist die moderne Medizin heutzutage so weit entwickelt, daß sensitive Nervenpartien der Geschlechtsorgane wie Eichel und Klitoris in das »neue Modell« integriert werden können, doch ob sie danach weiterhin die gleiche Intensität an Lust zu erzeugen imstande sind, darf mehr als bezweifelt werden. Auch die entsprechende hormonelle Behandlung vor und nach dem Eingriff bewirkt lediglich *Kosmetik*: Eine Frau bekommt Bartwuchs und eine tiefere Stimme, ein Mann mehr Busen und überhaupt mehr Rundungen. Sicherlich mag die hormonelle Umstellung gewisse geschlechtsspezifische Folgen für die Psyche nach sich ziehen, doch da Körper und Hirn bereits durch die Chromosomenausstattung und die eigene Hormonproduktion determiniert sind, wird trotzdem noch sehr viel Selbstsuggestion nötig sein, um in der neuen Geschlechterrolle aufzugehen. Außerdem ist das letzte Wort über Hormone immer noch nicht gesprochen, denn auch hier gilt: »nichts Genaues weiß man nicht«. Nichtsdestotrotz ist die Geschlechtsumwandlung für einige Menschen ein Segen, da sie unter der ihnen von der Natur *aufgezwungenen* geschlechtlichen Ausstattung in einem Ausmaß leiden, das sie mitunter bis zum Selbstmord führt. Dies ändert jedoch nichts an der Tatsache, daß man sein Geschlecht nicht so einfach zu wechseln vermag wie seine Unterhose. Noch weniger könnte durch eine »geschlechtsneutrale« Erziehung die »Wahl« des Geschlechts dem eigenen Gutdünken oder der Tagesform des Einzelnen überlassen werden. Klar, einmal im Jahr ist Karneval, und da dürfen sich die Herren eine Perücke aufsetzen und die Damen sich einen Bart aufkleben. Getrennte Klos beim »Humba humba Täterä!« werden wohl trotzdem bleiben.

Warum erzähle ich das alles? Weil ich zeigen möchte, daß viele Leute wie unser Freund Voß das Geschlecht eines Menschen mit Dingen verwechseln, die damit nichts zu tun haben, nämlich mit mit sexuellen Präferenzen, mit sexueller Selbstbestimmung, mit Weltanschauung, mit (linker) Ideologie und ihren unterdrückerischen Machenschaften und im besten Falle mit reinem Hedonismus. Das Geschlecht ist aber etwas ganz anderes. Es ist ein angeborenes Fundament, härter als Beton, schwerer als Blei und kraftvoller als Stahl. Die Evolution hat in das Konzept der Zweigeschlechtlichkeit Milliarden von Jahren an Arbeit investiert, und es wird das Letzte sein, was sie aufgibt, bevor irgendwann die Sonne explodiert. Die geschlechtsspezifischen Strategien von Mann und Frau erschufen ganze Imperien und stürzten sie irgendwann wieder in den Abgrund. Das Ganze ist eine ziemlich schwerfällige, humorlose, erbarmungslose und doofe Hardware, und es ist ihr scheißegal, welche lustigen Männchen auf dem Bildschirm tänzeln und welche angesagte Musik gerade gestreamt wird. Hauptsache, es läuft alles nach den Regeln dieser Hardware. Und sobald ein Staat, Minderheiten-Lobbygruppen oder andere Schwachsinnslaberer von Steuergelds Gnaden am Prinzip der Zweigeschlechtlichkeit und deren sehr eindeutigen Konsequenzen herumpfuschen, rächt sich diese Hardware gnadenlos. Sie rächt sich, wenn der Mensch die Rollen vertauscht und er Frauen als Männer auftreten läßt. Warte, warte nur ein Weilchen, Deutschland, schon bald wirst du genau daran zugrunde gehen: an deinen bräsigen Politikerinnen, allen voran die EU-liebedienerische Monstermutti Merkel, die nur vom Hörensagen wissen, wie man Geld verdient und deshalb unser hart Erarbeitetes wie debile Hausfrauen an jeden Dahergelaufenen verschenken, der den Finger hebt. An den Öffentlichen Dienst, an die Beamtenschaft, an die Lehrerschaft und an Wohlfahrtsverbände, die natürlich mehrheitlich aus Frauen bestehen und denen es ebenfalls am Arsch vorbeigeht, wie Wohlstand entsteht. An Heerscharen von Studentinnen, die irgendeinen geisteswissenschaftlichen, also unwissenschaftlichen Kack studieren, ergo schon bald arbeitslos dastehen und Bettelbriefe an den Staat senden werden, daß man doch für sie, die »Akademikerinnen«, gefälligst Mittelstandsgehalt-Existenzen ohne die Abhängigkeit vom Manne schaffen möge. Und nicht zuletzt an die Regierung selbst, die selbstredend keine Entscheidungen mehr in Deutschlands Interesse fällt, sondern weibisch-gefühligen Schrullen nachgibt, wie die Multi-Tasking-Queen in Verteidigungsministergestalt Ursula von der Leyen. Schon gut, es gibt natürlich Frauen, die ihr eigenes Geld verdienen, doch weit weniger, als gedacht, was ich später noch erläutern werde. Und ja, es existieren sogar Frauen, die logischer und strukturierter denken und handeln, als die Mehrheit der deutschen Männer.

Aber was rede ich, mir glaubt ja eh keiner, weil man mich für einen aus der Zeit gefallenen hält, einen Unmodernen, den ewiggestrigen alten Sack, der Kaiser Wilhelms Zack-zack!-Bart und Frauen in Unterröcken wieder zurückhaben will. Deshalb wäre ein Unparteiischer vonnöten, der zunächst einmal genau analysiert, wozu die Zweigeschlechtlichkeit überhaupt erfunden worden ist und was es damit auf sich hat, bevor wir wieder in die heutige Zeit zurückkehren und die Folgen der gegenwärtigen Verwüstung der Zweigeschlechtlichkeit in Augenschein nehmen. Und wer wäre dazu besser geeignet, als Grunox.

Grunox stammt vom Planeten Grun. Dieser Planet ist sehr weit von uns entfernt, Lichtjahre um Lichtjahre, noch hinter der Milchstraße, danach links abbiegen und dann immer geradeaus bis nach Andromeda. Auf Grun ist alles paletti, und seine Bewohner sind uns auch geistig und technisch um Lichtjahre voraus. Nur eins besitzen sie in ihrem Paradies nicht: gesalzene Erdnüsse, Grunox Lieblingssnack! Natürlich könnte man mit der dortigen Wundertechnologie das Zeug auch synthetisch herstellen, aber Grunox ist eher so der Bio-Typ. Deshalb düst er mit seinem Raumschiff ständig durchs All, um Welten zu finden, wo es welche gibt. Er hat schon Hunderte durch, und hatte mal mehr und mal weniger Glück. Doch gesalzene Erdnüsse nach seinem Geschmack waren nur selten darunter.

Gerade eben entdeckt Grunox unsere olle Erde. Für ihn kein herausragender Planet, denn er war schon oft auf Planeten zu Besuch, auf denen es Leben (Biogenese), auch hochentwickeltes Leben gab. Die Sensoren seines Raumschiffes signalisieren ihm diesmal jedoch, daß auf der Erde die für seinen Geschmack optimal gesalzenen Erdnüsse zu finden sind, sogar in verschiedenen Sorten. Volltreffer! Doch Grunox muß aufpassen. Er möchte nicht gesehen, und noch weniger dabei erwischt werden, wie er ein paar Tonnen von der Leckerei ins Raumschiff saugt.

Um auf alles vorbereitet zu sein, untersucht Grunox die Erde aus weiter Entfernung intensiv mit verschiedenen Sensoren. Er will das Funktionieren dieser Kugel in Erfahrung bringen und so für den Fall gerüstet sein, daß er mal in größere Verlegenheit geraten sollte. Grunox stellt fest, daß die Grundlagen des Lebens auf diesem wie auf anderen Planeten Flüssigkeiten, Gase und eine nicht gerade mörderische Temperatur sind, vereinfacht gesagt Wasser und Sauerstoff. Natürlich gibt es auch Mikroben und Bakterien, die bei über 100 Grad Hitze überleben können, doch sie und ihre Nachkommen haben es nie zu einer Bombenkarriere gebracht, sagen wir bis zum Vorstandsvorsitzenden der Daimler-Benz AG. Die Faustregel in Sachen Leben heißt jedenfalls stets »Wasser und genug ›Luft zum Atmen‹«.

Besonders flüssiges Wasser als Lösungsmittel besitzt die Eigenschaft, Leben geradezu zu provozieren, denn es ist ein universales Naturgesetz, daß binnen kürzester Zeit, sagen wir mal, innerhalb einer halben Milliarde Jahre, Kleinstlebewesen im Wasser entstehen, einfache Zellstrukturen, Einzeller, deren DNA frei und außen liegen, oder in etwas komplizierter Form Bakterien. Es hat sich übrigens nur eine Form von Leben durchgesetzt, nämlich dasjenige, das auf Nukleinsäuren (RNA und DNA) beruht. *Reines* Wasser existiert im gesamten Kosmos nicht, nicht einmal in Flaschen, die man mit Wasser aus reinsten Bergquellen abgefüllt hat.

Aber auch diese schlichten Lebewesen sind einem weiteren universalen Naturgesetz unterworfen, nämlich dem Tod. Alles stirbt irgendwann, keiner kommt lebend davon. Da so ein Einzeller total doof ist, besitzt er natürlich keinen blassen Schimmer vom Tod. Dennoch gehorcht er schlafwandlerisch einem Mechanismus, der ihn (quasi) unsterblich macht, nämlich der Reproduktion. Er teilt sich irgendwann, was nicht gerade das Gelbe vom Ei ist, denn dabei entsteht lediglich eine Kopie von ihm selbst, die denkbar schlecht auf die sich ständig verändernden Umweltbedingungen vorbereitet ist. Deshalb verbinden sich einige von ihnen mit einer Art Röhrensystem, mit dem sie ihre DNA untereinander austauschen und »remixen«. Dadurch sehen sie allerdings auch nicht gerade wie George Clooney oder Scarlett Johansson aus.

Grunox betrachtet die eingehenden Informationen auf seinem Schirm und ist wenig überrascht, weil das Programm des Lebens auf den zuvor von ihm besuchten Planeten auch nicht anders aussah. Auf dem Planeten Erde kreuchen und fleuchen niedere Lebensformen ohne Zahl, und die höchste ist offenkundig ein Wesen namens Mensch, der lachhafter Weise erst seit etwas mehr als hundert Jahren mittels elektrischer Signale und Funkwellen auch über weite Entfernungen hinweg mit seinesgleichen kommunizieren kann. Mit Technik und Fortschritt scheint es nicht weit her zu sein da unten. Grunox will seinen Scan abschließen, weil der ihm kaum etwas bietet, was er nicht von seinen anderen Weltraumreisen kennt.

Bis ihm plötzlich seine Sensoren doch noch etwas sehr Ungewöhnliches melden. In ihrer Grundstruktur gleichen die meisten Lebewesen auf der Erde zwar einander, aber trotzdem scheint etwas Trennendes zwischen ihnen zu existieren. Es gibt auf den zweiten Blick offenkundig zwei völlig unterschiedliche Sorten von Lebewesen, bei jeder Art, ja, selbst bei Pflanzen. »Fuck!« entfährt es Grunox, so etwas hat er noch noch nie vorher gesehen. Und »Fuck!« hat er auch noch nie ausgerufen. Was bedeutet das überhaupt?

Grunox erkennt allmählich, daß die meisten der diesen Planeten bevölkernden Lebewesen zwar in ihrer jeweiligen Anatomie gleich gestaltet sind, sie sich jedoch in der Masse je hälftig in einem bestimmten Bereich fundamental voneinander unterscheiden, am augenscheinlichsten der Mensch, da er im Großen und Ganzen unbehaart ist. Daß die anatomischen Merkmale eines Lebewesens von Individuum zu Individuum unterschiedlich ausfallen, wenn auch geringfügig, ist nichts Ungewöhnliches. Doch bei den höher entwickelten Lebewesen ist diese Differenz schier schockierend. Bei den Menschen ist es sogar so, daß man von völlig verschiedenen Wesen sprechen könnte. Und so verschieden heißen sie auch, nämlich Mann und Frau.

Nach der ersten Konfusion erholt sich Grunox allmählich und betrachtet die Sache ganz nüchtern. Offenbar beruht die Zweiteilung der Menschheit auf der Weitergabe der eigenen Gene, also des persönlichen Bauplans – ein Phänomen, das stets auftaucht, sobald sich irgendwo im Universum Leben etabliert. Es handelt sich dabei jedoch um keine unveränderte Weitergabe des eigenen Bauplans, sondern um ein viel clevereres Verfahren. Umwelten wandeln sich. War in den 8oern der Irokesen-Schnitt des Punks *shocking* und *en vogue*, ist es heute der ins Ohrläppchen gestochene »Tunnel«, das nach Buschmenschen-Manier erweiterte Loch, in das ein Ring von der Größe eines Fünf-DM-Stücks paßt. So verhält es sich auch mit dem Überleben in sich verändernden Welten. Entweder, man geht mit der Zeit, oder man fällt aus der Zeit.

Die ersten Großgeister, die das erkannt haben, waren Bakterien. Sie huldigen der sogenannten Rote-Königin-Hypothese. Die Rote Königin ist eine Figur aus den Weltklassikern *Alice im Wunderland* und *Alice hinter den Spiegeln* von Lewis Carroll, in deren skurrilen Episoden viele biologische und physikalische Metaphern versteckt sind. Die dort auftretende Rote Königin bewegt sich unentwegt, ohne von der Stelle zu kommen und erklärt der neugierigen Alice: »Hierzulande mußt du so schnell rennen, wie du kannst, wenn du am gleichen Fleck bleiben willst.« Übertragen auf die Fortpflanzungsbiologie bedeutet dies, daß aufgrund der sich ständig verändernden Umweltbedingungen Lebewesen gezwungen sind, ihr Erbgut in modifizierter Form an nachfolgende Generationen weiterzugeben, wenn sie ihre einmal errungene Position behaupten oder ihre eroberte ökologische Nische behalten wollen. Sie müssen sich also in der Generationenkette immerzu verändern, damit ihre Gene überleben.

Obgleich Bakterien so doof wie Klobrillen sind, begnügten sie sich irgendwann nicht mehr mit der langweiligen Sich-Selbst-Teilerei zum Zwecke der Reproduktion, sondern fanden einen viel raffinierteren Trick, um sich genetisch zu verewigen. Wie schon erwähnt, bauen sie untereinander Röhren oder Kanäle und tauschen so ihre DNA mit den anderen aus. Oder sie verschmelzen ganz miteinander. Allerdings wird dabei ihr Erbgut logischerweise nicht zu hundert Prozent weitergegeben, weil der Kollege auch zum Zuge kommen möchte. Es findet dabei ein Geben und Nehmen statt, ein Remix, ein Kompromiß, bei dem etwas völlig Neues entsteht. Die Aufopferung oder der Verlust des eigenen Ichs für den guten Zweck ist bei diesem Vorgang vorprogrammiert und unvermeidlich. Ich liebe meinen Sohn trotzdem aus dem tiefsten Grunde meines Herzens, obwohl er nicht zur Gänze *mein* Sohn ist.

Grunox ist nun im Bilde. Doch weshalb unterscheidet sich die eine Hälfte der Menschen so radikal von der anderen? Der Schlüssel liegt in der Spezialisierung von Zellen in einem Organismus. Es gibt Zellen, die im Verbund Augen ausbilden. Aus anderen werden Arme, Nasen, Nieren oder Zungen. Und wieder andere spezialisieren sich auf Keimdrüsen, welche ihrerseits nichts anderes als Geschlechtszellen produzieren. Allerdings ist deren Verhältnis zueinander, nach Volumen und Anzahl, in einer unperfekten Welt ebenso unperfekt. Der größte Unterschied zwischen Männern und Frauen besteht nicht darin, daß Frauen Kinder bekommen können und Männer Fußballgesänge beherrschen, sondern in der Größe und Anzahl ihrer Geschlechtszellen. Männer produzieren tagtäglich Spermien in schier unbegrenzter Menge, wogegen Frauen mit einer bestimmten Menge an Eiern auf die Welt kommen, von denen jedoch lediglich 400 bis 500 zur Ausreifung gelangen. Die Folgen sind fatal, denn dieser unscheinbare Umstand determiniert letzten Endes nicht allein die Anatomie eines Individuums, sondern auch sein Denken, Wahrnehmen und Handeln, seine ganze Art, seine Präferenzen und seinen Werdegang. Nicht zuletzt bestimmt diese eherne Naturgegebenheit die Interaktion einer Gesellschaft. Eine Gesellschaft, die diesen »kleinen Unterschied« nicht anerkennt, falsch deutet oder relativiert, ist früher oder später dem Untergang geweiht.

Man stelle sich Styroporbälle in einer Größenskala von eins bis zehn vor. Die Bälle der kleinsten Kategorie sind winzig, dafür sehr zahlreich, die der Kategorie zehn extrem groß, aber selten. Das liegt an der Energieeffizienz von Körpern. Kleinere Körper gibt es en masse, weil sie logischerweise weniger Energie brauchen, wogegen große Körper wegen ihres größeren Energieverbrauchs seltener sind.

Wir werfen alle diese Bälle nun in ein riesiges Schwimmbecken (Ursuppe) und beobachten, welche der zehn Kategorien am häufigsten miteinander in Kontakt kommen (und stillschweigend seien diese Kontakte »Befruchtung« oder »Fortpflanzung« genannt). Es ist genauso wie sie vermuten. Kategorie eins, winzig, aber zahlreich, und Kategorie zehn, riesengroß, aber selten, kontaktieren einander am häufigsten! Das liegt in der Natur der Dinge. Selbstverständlich gibt es in den Kategorien zwei bis neun ebenfalls Kontakte, aber eben nicht so häufig wie bei eins und zehn. So sind wir sehr schnell bei Spermium (klein) und Ei (groß) angelangt. Alle anderen Fortpflanzungsmodelle bis auf extrem seltene Ausnahmen im Pflanzen- und Tierreich wurden im Laufe der zurückliegenden Jahrmillionen Jahren »aufgegeben« oder sind »ausgestorben«, weil sie dem Erfolgsmodell Ganz-klein-ganz-viel-und-ganz-groß-und-selten nicht standhalten konnten. Übrigens ist das Experiment mit den verschieden großen Bällen keine Erfindung von mir. Sowohl im Modellversuch als auch in der mathematischen Computersimulation lief es genauso ab, wie ich es beschrieben habe. Das ist der Grund, weshalb es kein drittes Geschlecht geben kann und wir zwangsläufig auf die Zweigeschlechtlichkeit angewiesen sind. Mit »zwangsläufig« meine ich, daß tatsächlich die gleichen Kennzeichen und Unterschiede wieder auftreten würden, wenn man das Leben unserer Erde noch einmal ganz von vorn anfangen lassen würde.

Alles schön und gut, denkt sich Grunox, aber nur weil Männchen und Weibchen hinsichtlich ihrer Geschlechtszellen so unterschiedlich sind, müssen doch Menschenfrauen nicht ständig »Ich habe nichts zum Anziehen!« schreien, wenn sie vor ihrem Kleiderschrank mit zweihundert Kleidern stehen, und Menschenmänner sich nicht bereits mit achtzehn Jahren vor lauter Übermut mit ihrem Auto um einen Baum wickeln. Meine Güte, sie müßten ja nicht gleich sooo unterschiedlich sein! Aber da Grunox einen IQ von 1008 besitzt, legt sich alsbald ein verständiges Lächeln um seine Mundwinkel. Die Geschichte mit den Geschlechtszellen geht nämlich noch weiter, erkennt er.

Beweglichkeit ist für Zellen nichts Ungewöhnliches, aber sie kostet Energie. Sie kostet umso mehr Energie, je größer das Paket ist, das bewegt wird. Und dieser Aufwand wächst proportional. Eine große Keimzelle, die sich fortbewegt, verbraucht also viel mehr von ihrem Energievorrat als eine kleine. Der Energievorrat ist aber für die Zeit nach der Befruchtung wichtig. Falls also die großen Keimzellen auf die Suche nach den kleinen gingen, würden sie einen beträchtlichen Teil der Energiemitgift verbrauchen und dadurch die Überlebensaussichten des neuen Individuums senken. Wenn umgekehrt die kleinen Zellen auf die Suche (Anmache!) nach den großen gehen, ist das absolut wie relativ gesehen billiger. Falls jemals beide Methoden entwickelt wurden, konnte sich nur die zweite durchsetzen.

Die großen Keimzellen ziehen sich deshalb irgendwann in den Organismus zurück und bewegen sich nicht mehr. Sie warten. Bei den Säugetieren, zu denen auch die Menschen gehören, führt das zu einem verhängnisvollen Konflikt. Nicht nur daß das Reparieren und Variieren individueller Erbprogramme, denn nichts anderes ist Sex und das damit einhergehende Verschmelzen zweier Keimzellen, nun eine ungemein komplizierte Sache geworden ist, die ganz spezielle Gepflogenheiten und Rituale erfordert. Nein, sie ist auch noch zu einem unfairen Spiel ausgeartet, in dem die eine Seite die ganze Bürde trägt, gar nicht mal so selten in Gestalt des eigenen Todes. Bestimmte evolutionäre Weggabelungen haben nämlich inzwischen dazu geführt, daß der Nachwuchs im Körper desjenigen Individuums hergestellt wird, in dem die großen Keimzellen sitzen. Die Folge ist genau das, was man allgemein »Frau« nennt, und, bevor der ganze Stress losgeht, auch »geile Schnitte«.

Und genau an dieser Stelle greift das Gesetz »Die Form folgt der Funktion«. Durch seine Funktion nämlich ändert sich nicht bloß der »Bau« eines Individuums, sondern auch sein *So-sein*, also sein Wesen, Verhalten und seine Interaktionen mit der Umwelt. Insbesondere jedoch entwickelt es dadurch eine völlig originäre und auf sich zugeschnittene Strategie, um auf einen grünen Zweig zu kommen. Daß es dies nicht willentlich tut und die Funktion es ihm von Geburt an (eigentlich schon unmittelbar nach der Zeugung) befiehlt, versteht sich von selbst. Die Evolution ist die größte Verarsche ever! Gefühle und Triebe sind Instrumente der Gene bzw. der Chromosomen. Ein Mann ist gebaut, um Frauen nachzusteigen und sie pausenlos, ja, schier besinnungslos zu schwängern, damit seine Gene an künftige Generationen weitergereicht werden. Ob er es wirklich tut und was er sich dabei denkt, spielt keine Rolle. Das Programm ist für die Masse ersonnen und nicht für Stubenhocker, die Franz Kafka und Samuel Beckett lesen. Für sein natürliches Triebverhalten hat der Mann keine Nachteile zu befürchten. Selbst wenn er jeden Tag eine andere Frau schwängerte, und selbst wenn von diesen 365 Kindern 350 sterben würden, weil er seiner Fürsorgepflicht als Vater nicht nachkäme, so würde er mit den fünfzehn dank irgendwelcher günstigen Umstände überlebenden Kindern seine Fortpflanzungschancen gegenüber der

Frau verfünfzehnfacht haben. Logisch, daß sich die Sache für die Frau nicht so lustig ausnimmt. Und logisch auch, daß die Frau gegen dieses Ungleichgewicht zu ihrem Schutze und dem ihres Nachwuchses längst eine Gegenstrategie entwickelt hat. Deshalb muß man den Mann, der in einem Jahr 365 verschiedene Frauen besteigt, nicht nur mit der Lupe, sondern unter dem Elektronenmikroskop suchen – ausgenommen natürlich backstage bei einer gerade sehr angesagten Popband.

Grunox durchschaut die Sache mit den zwei Geschlechtern auf dem Planeten Erde nun vollständig. Wie bei einem Wettrüsten folgt auf den (evolutionären) Vorteil der einen Seite prompt eine Gegenmaßnahme, die diesen Vorteil in Schach hält, wenn nicht gar zunichte macht. Da die Frau während der heiklen Phase der Schwangerschaft besondere Fürsorge und Schutz braucht, ist sie bereits so konstruiert, daß sie bei ihren potenziellen Paarungspartnern eine knallharte Selektion betreibt. Das hat einen zweifachen Effekt. Erstens werden dadurch allein die ihr Wohlgesinnten erwählt, die ihr von vornherein signalisieren, daß sie sich auch nach der Paarung um sie kümmern werden. Und zweitens, und das ist im Sinne der Spieltheorie die größte Überraschung, züchtet sie sich hierdurch sukzessive jenen Typ von Mann, der genau diese ihr nützenden Eigenschaften besitzt. Es ist sozusagen eine Verwässerung des Männlichen auf Raten bzw. über Generationen hinweg. Was uns heutzutage so selbstverständlich und gesellschaftlich erwünscht erscheint, nämlich der *nice guy* ist in Wahrheit nichts anderes, als das Produkt einer Jahrmillionen alten weiblichen Verschwörung.

Dabei befindet sich das Weibchen diesbezüglich selbst in einem Konflikt. Einerseits bevorzugt sie den sexuell attraktiven *ganzen Kerl*, dessen Männlichkeit sowie sein verlockender Männerschweiß ihm aus jeder Pore zwischen seiner dichten Behaarung quillt, auf daß sich dessen Ganzer-Kerl-Gene auf den männlichen Nachwuchs übertragen mögen und dieser seinerseits für künftige Weibchen anziehend erscheine. Das Phänomen wird auch »Sexy-Son«-Hypothese genannt und will erklären, weshalb Frauen sich entgegen ihren Interessen zwischendurch immer wieder mit unzuverlässigen Schnellficker-Typen einlassen. Allerdings wurde unlängst bewiesen, daß sich Attraktivität, was auch immer man darunter verstehen mag, fast ausschließlich auf die Töchter vererben läßt. Heißt, wenn ein gleichwertig sexuell attraktives Paar einen ebensolchen Sohn bekommt, hat es nur Glück gehabt, ein sehr seltenes Glück. Der Nachteil von harten und schönen Jungs ist allerdings, daß sie a) jede haben können und das im fliegenden Wechsel und b) sie sich tendenziell nach der Zeugung des Nachwuchses keine Strickjacke anziehen und noch weniger zum Kinderwagenschieber mutieren.

Anderseits soll der Mann domestiziert sein, ein Frauen-Versteher und Beschützer, der seiner Angebeteten das Wichtigste überhaupt zu liefern vermag: Versorgung plus Sicherheit. Daß der Staat ihr unterdessen die Wahlmöglichkeit gibt, beide Optionen je nach Lust und Laune in Anspruch zu nehmen, ja, sogar noch eine weitere Option oben drauf packt, nämlich die Freiheit kinderlos zu bleiben, wird die freiheitliche westliche Gesellschaft, so wie wir sie kennen, bereits in wenigen Jahren sprengen. Ein Frau hat keine Wahl. Aber dazu später.

Ist die Partnerbeschau in der »Balzarena« beendet und sind die Keimzellen endlich miteinander verschmolzen, so wartet auf die Großgeschlechtszelligen die echte Gefahr, konstatiert Grunox. In Deutschland stirbt heute eine von 420 000 Müttern im Zusammenhang mit der Geburt – und etwa vier von 1 000 Säuglingen. Immer noch bedauerliche Zahlen. Aber weit weniger schockierend als frühere Zahlen, als mehr als jede fünfte Frau im Wochenbett ihr Leben ließ und fast jedes zweite Kind vor dem Erreichen des zwölften Lebensalters verstarb, vor Tausenden von Jahren vermutlich noch mehr. Es herrschte damals permanenter Frauenmangel, auch bei König und Adel. Sex war für Frauen niemals Ekstase pur, sondern stets auch Russisches Roulette. Deshalb entwickelten sich mit der Zeit rein weibliche Strategien, um den Gefahren entgegenzuwirken und den Sexualpartner von vornherein gut abzuschätzen. Regel Nummer eins: Fick nicht mit jedem Dahergelaufenen, auch wenn er dir schöne Augen macht, Süßholz raspelt und wie Ryan Gosling aussieht. Sei eher enthaltsam, laß dich bitten, tendenziell Regel Nummer zwei: Teste ihn auf die drei goldenen Attribute, die er besitzen muß und die deiner Reproduktion die meisten Vorteile verschaffen, nämlich Zeit (Aufmerksamkeit), Ressourcen (Geld) und Prestige (höherer Rang), bevor er ran darf. Denn wenn die Kinderproduktion und -aufzucht beginnt, wird er nicht mehr wiederzuerkennen sein. Mein Wort drauf! Das Ganze ist nämlich eine sehr mühselige Angelegenheit. Ob du es glaubst oder nicht, die Unterleibswonnen mit der Nächstbesten sind für einen Mann weitaus erfüllender, als den Kleinen mit der Lego-Ritterburg zu unterhalten oder die Kleine auf den Ponyhof zu begleiten. Und all die Die-Familie-bedeutet-mir-über-alles-Laberer singen nur so lange das Hohelied der Familie, bis es plötzlich heißt, ach, die Anne und der Georg haben sich auch wieder getrennt. Schade um die Kinder. Deshalb ist der Streßtest in romantisch verbrämter Manier für eine Frau unerläßlich.

In der Zwischenzeit hat Grunox, ohne von den Erdlingen bemerkt zu werden, seinen Vorrat an gesalzenen Erdnüssen ohne von den Erdlingen bemerkt zu werden ins Raumschiff gesogen, sage und schreibe 15 Tonnen! Na, das reicht erstmal für die nächste Zeit. Dennoch verläßt der schlaue Außerirdische den Planeten Erde nicht ohne Besorgnis. Zwar hat er erkannt, wie es hier mit Männchen und Weibchen abläuft, und er versteht jetzt auch, was es mit diesem gerade eben befreiend wirkenden »Fuck!« aus seinem Munde auf sich hatte. Doch gleichzeitig hat er auch registriert, daß all die Weisheiten aus dem Bauernkalender der Evolution mehr und mehr ignoriert werden. Die Ursache dafür ist ein insbesondere in westlichen Industrieländern grassierendes Gebilde namens Sozialstaat, eigentlich ebenfalls ein Produkt der Evolution, wenn auch ein in die Irre gelaufenes. Der Sozialstaat betreibt mit der Brachialität einer Schrottpresse die »große Verschwulung«, konkret die Verwischung der Trennlinie zwischen Mann und Frau, so daß beide Geschlechter sich in ihren biologischen Grundfesten immer unsicherer werden. Obgleich mit gesunden Augen ausgestattet, bilden sie sich Farbenblindheit ein und glauben tatsächlich, einander gleich zu sein. Schließlich hassen und bekriegen sie sich am Ende deswegen sogar. Unter dieser Prämisse gilt das weibliche Element als geistiger und moralischer Leitstern, während es, gleichgültig in welcher Sparte, im Guten wie im Bösen lediglich das Mittelmaß repräsentiert und in seinem ursächlichen Wesen vor allem für die Schaffung von Nachwuchs zuständig ist. Im Zuge eines Kollektivwahns wird dieser weibliche Leitstern sogar Wissenschaft und Wirtschaft oktroyiert. Das männliche Element soll diesem Umbau schlafwandlerisch folgen, besser noch auf allen vieren hinterher kriechen, wenn es keine Scherereien möchte, mehr noch, der Mann soll seinem Mannsein abschwören und so tun, als sei er nur ein »Mensch«, wo doch sogar Grunox sieht, daß der Mensch an sich eben nicht aus einem Guß ist, sondern aus zwei Güssen. Gewinner bei diesem surrealen Spiel sind die echten Männer, allerdings die aus den primitivsten Regionen der Erde. Ihr Gelächter ist ohrenbetäubend.

Vielleicht schaut Grunox in hundert Jahren wieder auf der Erde vorbei. Genügend gesalzene Erdnüsse hat er bis dahin ja schon im Depot. Er startet sein Raumschiff und entfernt sich immer schneller von diesem seltsam verwirrten Planeten. Er ist sich sicher, daß er bei einem Wiedersehen immer noch einen Mann beim Verfassen eines Liebesgedichts an seine Angebetete antrifft und eine Frau bei der Verwandlung ihrer selbst in eine »Superattrappe«, was, wissenschaftlich verbrämt, nichts anderes bedeutet, als daß sie sich schminkt. Auch wenn dann alles in Trümmern liegt.

II.
DIE GROSSE VERSCHWULUNG

Die beliebtesten Politiker Deutschlands sind zwei Politikerinnen: Bundeskanzlerin Angela Merkel und Hannelore Kraft, Ministerpräsidentin von NRW. Liegen die Heldentaten der ersten in dichtem Nebel, weil in Wahrheit keiner explizit zu sagen vermag, was sie bis jetzt alles Tolles vollbracht hat, außer unser hart erarbeitetes Geld an die Trickser von der EU zu verschenken und unser Land mit Vorzivilisatoren zu fluten, so kommt die zweite Dame in der politischen Berichterstattung eigentlich überwiegend schlecht weg. Sie ist die Schuldenkönigin eines vor grün-linker Ideologie und islamischer Eroberung überschwappenden Bundeslandes, in dem alles seinen sozialistischen Gang geht. Finanziert wird der Spaß mit Hilfe der Finanzämter, deren unersättliche Gier die Steuerzahler in Abgründe stürzt. Ohne Rücksicht auf Familien und Kinder werden horrende Gebühren und Abgaben erhoben. Hinzu kommen monströs hohe Schulden, die nicht einmal unsere Enkel abbezahlen können und die jährlich über viereinhalb Milliarden Euro allein an Zinsen verschlingen. Hinter dem Frauengesicht scheint in Wahrheit der Totenkopf hindurch. Fairerweise sei gesagt, daß die Vorgängerregierungen nicht weniger verantwortungslos gehandelt haben und die folgenden auch nicht anders handeln werden. Politiker sind oft gewissenlos, und solange sich der Hammel vom Bürger von diesen Vollversagern weiterhin ohne nennenswerte Gegenwehr weiterhin ausplündern läßt, werden sie nicht aufhören, seine Kohle zu verbrennen wie Stroh. Ist ja nicht ihre.

Das ist aber nicht der springende Punkt. Das Erstaunliche ist vielmehr die Antwort der Befragten, wenn man von ihnen wissen möchte, weshalb die beiden Damen bei ihnen so beliebt sind. Man findet sie nämlich schlicht und einfach nur »sympathisch«, und wenn der Fragesteller nachbohrt und die Gründe erfahren will, bekommt er von dem Befragten nichts als ein verdrucktes Lächeln und ein ratloses Schulterzucken. Auf gar keinen Fall werden aber Merkels oder Krafts politische Kompetenz, ihre Weitsicht für gesellschaftliche Veränderungen oder gar irgendein einzelner heroischer Akt, mit dem sie der Bevölkerung etwas sensationell Gutes getan hätten, als Sympathiegründe zu Felde geführt – außer vielleicht, daß »Mutti« bei der Fußballweltmeisterschaft 2014 die »Jungs« einmal im Duschraum besucht hat. Nein, das Bild, das sie als »sympathische Frauen« abgeben, dieses Merkmal allein reicht offenkundig vollkommen aus, um sie mit debilem Gegrinse an die Spitze eines der wichtigsten Industrieländer der Welt bzw. des größten deutschen Bundeslandes zu wählen und sie im Zentralnervensystem einer der bedeutendsten Techniknationen des Planeten schalten und walten zu lassen, als topften zwei Omas in aller Harmonie und Harmlosigkeit Blumen um.

Nun ist es überall auf dem Planeten Usus, daß der Wähler seine Sympathie für eine bestimmte Politik der Einfachheit halber an einzelnen Gesichtern festmacht, quasi von der charismatischen, von Legenden umwobenen Aura eines Politikers angezogen wird und sich von ihm die Erfüllung seiner Wünsche erhofft oder besser gesagt, sie sich einbildet. Schließlich soll der Ochse ja treudoof den Pflug ziehen und sich dabei im Glauben wiegen, der Bauer täte ihm damit einen Gefallen. Demgemäß galt z. B. ein Willy Brandt zeit seines Lebens als der Charakterkopf schlechthin, obgleich unter seiner Ägide die Fundamente des gegenwärtigen Wohlfahrts- und Schuldenstaates in *king-size* gelegt wurden. Brandt aber hat, wie man im Nachgang so hört, immer alles richtig gemacht. Allerdings ging es zu jener Zeit bei dieser Charakterkopf-Show tatsächlich um den Kopf selbst und nicht um sein Geschlecht. Daß jemand beim Publikum mit seiner Bonbontüte voller Wohltaten super ankommt, obwohl die Wohltaten in Wirklichkeit vom Publikum selbst bezahlt wurden, ist ja wirklich keine Knallerneuigkeit. Allerdings stellt es schon ein Novum dar, wenn das Publikum eine Artistin in der Manege, ohne daß sie irgendein Kunststück vorgeführt hätte, ganz dolle beklatscht, nur weil sie eine Artistin ist und kein Artist.

Dieses Phänomen nimmt derart abstruse Ausmaße an, daß im vergangenen Jahr Markus Lanz in seiner Talk Show Hannelore Kraft mit der Aufdringlichkeit eines Stalkers und mit dem Bittööö!-Generve eines Kindes unbedingt dazu bewegen wollte, endlich zuzugeben, daß sie bei der nächsten Bundestagswahl als Kanzlerkandidatin antritt. Was sie dazu qualifiziert, oder besser gesagt, was sie dazu, angesichts des desolaten Zustands von Nordrhein-Westfalen, das seit ihrem Amtsantritt drastisch verarmt ist und sich bis in die letzte Straße verkopftucht und verschleiert hat, nicht qualifiziert, kommt überhaupt nicht zur Sprache. Es reicht einfach, daß an höchster Stelle eine Frau sitzt. Selbst wenn sie Analphabetin oder komplett schwachsinnig wäre, würde das offenbar tausendmal geiler sein, als wenn so ein Arschloch von einem Mann da oben hockte. Auf allen Ebenen des Staates, ob Politik, Bildung, Verwaltung, ja, selbst bei solch einem fiesen Männerverein wie der Bundeswehr, zählt die Leistung einer Frau null und nix mehr. Es reicht vollkommen aus, wenn sie, um im Bild zu bleiben, eine gute Figur macht.

Das erklärt jedoch immer noch nicht, weshalb auch das Talkshow-Publikum, selbstredend auch das männliche, bei der anscheinend das Schicksal der gesamten Galaxis betreffenden Frage, ob Hannelore Kraft nun als Kanzlerkandidatin antritt oder nicht, mit Schweißperlen auf der Stirn den Atem anhält und bei jedem faulen Witz der stets milden, bei genauerem Hinsehen sogar leicht angewidert lächelnden alternden Frau grölend in einen tosenden Applaus verfällt. Dieser Witz ohne Pointe ist offenbar nicht nur in Deutschland ansteckend. Denn auch ausländische Film- und Popstars, die von der deutschen Politik so viel Ahnung haben wie Eskimos vom Kokosnußpflücken, bekunden in Interviews alle naselang ihre Sympathie dafür, daß unser Land im Gegensatz zu ihrem von einer Frau regiert wird, geradeso als hätte der Eierstock an der Spitze des Kanzleramtes einen mäßigenden Einfluß auf den Preis von Frühstückseiern.

Die auswärtigen Film- und Popstars konnten aber auch mal anders, nämlich ziemlich frauenverachtend, als Ende der siebziger Jahre eine echte »Eiserne Lady« den politischen Thron bestieg und sich bis 1990 auch dort hielt: Margaret Thatcher. Es existiert eine unübersehbare Fülle an Songs, Filmen, Büchern und Theaterstücken aus dieser Zeit, die die konservative britische Premierministerin nebst ihrem berühmt berüchtigten Thatcherismus zum Gegenstand haben und ihr geradeheraus den Tod wünschen. Bisweilen sprach man ihr sogar das Frausein ab. Wenn es nicht nach ihrem Willen läuft, ist die Kunstelite ganz schnell mit Blöde-Fotze!-Sprüchen zur Hand.

Und was hatte die Lady so Schlimmes verbrochen? Ganz simpel, sie hatte eine durch sozialistischen Schlendrian auf das Niveau eines Dritte-Welt-Landes heruntergewirtschaftete Nation, die schon Kredite von der Weltbank benötigte und aus der die Gutverdiener in Massen flohen, wieder auf die Beine gebracht und sie in die erste Reihe erfolgreicher Industriestaaten gestellt. Dies geschah, indem sie den Einfluß des Staates und der Gewerkschaften auf die Wirtschaft zurückdrängte und durch die Privatisierung vieler Staats- und lokaler Versorgungsunternehmen die Staatsquote deutlich reduzierte. Zum Schlüsselereignis wurde 1984/85 der Streik der britischen Bergarbeiter gegen die geplanten Schließungen und Privatisierungen ihrer Zechen. Der Streik dauerte ein Jahr. Die Gewerkschaft National Union of Mineworkers hatte bald ihre Rücklagen aufgebraucht und konnte keine Streikgelder mehr zahlen. Das brach ihr das Genick. Durch den Sieg Thatchers sank der Einfluß der englischen Gewerkschaften dauerhaft. Das sollten mal eine Angela Merkel und eine Hannelore Kraft wagen. Es wäre interessant zu beobachten, ob sie dann von Markus Lanz immer noch hofiert würden.

Das Anstößige war eben, daß Margaret Thatcher nicht fraulich, um nicht zu sagen weibisch handelte, sondern wie ein Mann. Die eiserne Lady knickte nicht bei der ersten politischen Gegenwehr sofort ein und sagte »Mein Mann bezahlt das alles«, womit der Steuerzahler gemeint ist. Sie verfiel auch nicht auf die Masche, die man beim französischen Präsidenten François Hollande erlebt hat, der zu den Kosten für unnütze Jobs, die von der Regierung künstlich geschaffen werden, zu delirieren pflegt: »Das kostet nichts, das zahlt der Staat«. Thatcher war kein grausames Kapitalismusmonster, wie man sie heute noch in der Rückschau darstellt. Zum Beispiel senkte sie kaum die Steuern. Was ihr Denken und Vorgehen jedoch mit absoluter Sicherheit bestimmte, war das männliche Element. Das da heißt: Nicht vor lauter Harmoniesucht Geschenke an Hinz und Kunz verteilen, die man sich gar nicht leisten kann; der Gefahr gelassen ins Auge blicken und nicht aus Angst vor dem Tod Selbstmord begehen; Unnachgiebigkeit und Härte selbst um den Preis einer kriegerischen Auseinandersetzung zeigen, kein Frieden nur um des Friedens willen; Einsamkeit ertragen, und wenn einer einem dreist kommt, ihm zeigen, was 'ne Harke ist; erst an die eigene Familie denken, bevor man dem notleidenden Nachbarn hilft, und immer schön sich selbst vertrauen.

Es ist nachgerade zum Brüllen komisch, daß die komplette deutsche Medienlandschaft Angela Merkel zu Beginn ihrer Amtszeit zu einer zweiten Margaret Thatcher hochschrieb, bevor sie überhaupt Piep machen konnte. Vielleicht weil sie immer so mißmutig guckt, anscheinend das Markenzeichen der »Konservativen«. Man dichtete ihr männliche Attribute an, die sie niemals besaß. Und auch heute wird im Zusammenhang mit ihr stets das martialische Wort von der »Machtmaschine« geschwungen, welches das männliche Prinzip mit der Kanzlerin assoziieren soll, obwohl nicht Merkel eine Mannfrau ist, sondern der gesamte Politbetrieb derart verweiblicht, daß bereits die durchsichtige Pose von der in Männermanier hart durchgreifenden Frau zur Machterhaltung völlig ausreicht.

Am nachdrücklichsten erscheint dieser traurige Zustand der Verschwulung einer sich konservativ schimpfenden Männertruppe in einem nur acht Sekunden dauernden Ausschnitt aus einer Aufzeichnung des ZDF. Das Video zeigt die CDU-Wahlparty nach der letzten Bundestagswahl. Auf einem Bühnenpodest stehen viele männerartige CDU-Pappnasen und beklatschen in lakaienhafter Haltung und mit huldvollen Gesichtern die Führerin in ihrer Mitte. Dabei auch Hermann Gröhe, der gegenwärtige Bundesminister für Gesundheit, der plötzlich eine Deutschland-Flagge in der Hand hat und damit in aller Unschuld oder besoffen vom Wahlerfolg zu wedeln beginnt. Was denkt er sich bloß dabei? Eine türkische Flagge, meinetwegen auch die vom IS mit den arabischen Schriftzeichen, ja, das wäre im heutigen Deutschland, das sich echten Männern aus dem Morgenland mit heruntergelassenen Röcken und Hosen zu nähern pflegt, nicht zu beanstanden. Aber ausgerechnet mit der Fahne eines Volkes zu wedeln, das nicht einmal mehr seine eigenen Landesgrenzen kontrollieren darf? Lächerlich! Wenn nicht sogar total nazi.

Das sieht die Frau, in die jeder Journalistendepp den »starken Mann« hineinprojiziert, obwohl viele Bürger behaupten, daß sie sie nichts anderes als eine übellaunige Matrone sei, genauso. Als sie das Malheur bemerkt, fackelt sie nicht lange, reißt Klein-Hermann die Flagge aus der Hand, geht ein paar Schritte zur Seite und reicht sie an irgendeine Hilfskraft weiter. Wäre ja noch schöner! Am Ende denkt das Ausland, die Deutschen hätten so etwas wie Nationalstolz, überhaupt Stolz und seien allen Ernstes für etwas anderes zu gebrauchen, als im Rekordtempo ihre Schwimmbäder und Bibliotheken zu schließen und ihre Infrastruktur zu Schrott verkommen zu lassen, um Afrikas Babybomber und islamischen Dauerterror in Gestalt des gebenedeiten »Flüchtlings« im eigenen Lande zu alimentieren. Interessant auch der Gesichtsausdruck von Mutti bei dem würdelosen Akt: Angeekelt bis erbost über die schon wieder vollgemachte Hose ihres kleinen Jungen. Als wäre nix passiert, applaudieren die hübsch abgerichteten Riesenbabys danach hinter ihrem Rücken mit weggetretenem Gegrinse weiter und ignorieren, daß in jedem anderen Land der Welt nach einem derartig skandalösen Zwischenfall eine solche Vaterlandshasserin samt ihren hündischen Claqueuren auf der Stelle aus dem Amt gejagt worden und sodann in der Versenkung verschwunden wäre. Wie gesagt, nicht Angela Merkel ist zum Mann mutiert, sondern die Männer um sie herum und zu ihren Füßen sind zu verängstigten Eunuchen und Hofschranzen geworden. Schande über euch!

Dabei hatten schon damals, als man Angela Merkel zur großen Staatslenkerin auserkor, alle übersehen, daß Deutschland bereits ein Wohlfahrtsstaat in X-Large mit riesigen orientalischen Autonomiegebieten mitten im Lande geworden war und es der Kräfte von Gott des Allmächtigen bedurft hätte, um dieses Wellness-Paradies auf Pump, das jeder grünen, sozialistischen oder einfach hirnkranken Idee hinterher rennt, in einen konservativen Hort zu verwandeln. Doch »Angie« überraschte sie alle, ohne daß die Überraschten vom Grund ihrer Überraschung bis heute je irgendetwas mitbekommen hätten. Sie handelte eben nicht wie »Maggie«, sondern wie eine Hausfrau par excellence, die sich andauernd unnützes Zeug vom Teleshopping TV bestellt, weil sie weiß, daß der Hornochse von Ehemann vor lauter Arbeit eh keine Zeit hat, zu überprüfen, für welchen Quatsch seine Kohle verballert wird.

Sei es, daß sie ohne ein einziges Mal »Geht's noch?!« zu brüllen, zum Schaden des eigenen Volkes Kreditzusagen in Billionenhöhe für Betrügerstaaten der EU durchwinkt; sei es, daß sie so eben mal Atomkraftwerke abschalten ließ, weil irgendwelche grünen Hilfsschüler und ihre mediale Gefolgschaft meinten, Museumstechnologien wie Windmühlen und Fliegenverbrennen unterm Vergrößerungsglas könnten, wenn die Sonne scheint, tatsächlich Strom erzeugen; oder sei es, daß sie die Rente mit 63, Gender-Schwachsinn und die Flutung des Landes mit nichts könnenden Ausländern abnickte; stets blieb sie dabei eine Frau, die sich auf den deutschen Mann, also auf den Warmduscher verließ, der seine Steuerkohle wie ein dressierter Affe ohne einen Mucks in den staatlichen Verbrennungsofen wirft. Von wegen Margaret Thatcher. Und von wegen Machtmensch, der zu sein ihr die Medien gebetsmühlenartig unterstellen. In Wahrheit hat der Mann aufgegeben, Mann zu sein, er hat zugelassen, daß ein Phantom aus der Uckermark über ihn herrscht und bestimmt. Sie ist nur der Guß, die Form existierte schon vorher.

Aber wie kommt's? Wieso ist der Stier dem Veterinär bei seiner eigenen Kastration behilflich? Vielleicht führt uns eine erste Spur nach Süddeutschland, wo Schüler unlängst für einen Tag ein Zeichen für Toleranz gesetzt und die Geschlechter getauscht haben, wie ein Lokalblatt berichtete. Nein, sie haben sich nicht umoperieren lassen, dafür ist in dem Alter die Anziehungskraft zwischen den Geschlechtern zu groß. Statt dessen kamen die Jungen in Blümchenröcken und die Mädchen mit Bart und Krawatte zur Schule. Schülersprecher Klaus (dreizehn Jahre) erklärte auch, warum: »Wir wollen zeigen, daß man total anders in die Schule kommen kann und das nicht peinlich ist.«

Gut, vielleicht war Klaus schon immer ein mega nerviger Typ. Faselte bereits mit elf was von Klimaerwärmung und daß wir bald alle sterben müßten, obwohl er täglich mindestens 30 Fruchtzwerge verputzte und die Plastikschalen einfach in die Restmülltonne schmiß. Außerdem verpetzte er die großen Jungs, die auf dem Schulklo rauchten, regelmäßig bei den Lehrern. Na, der hat es nötig, von wegen, man könne in die Schule auch »total anders« kommen, wo er doch ganzjährig mit seinem bis zur Unkenntlichkeit verwaschenen World-Against-Racism-Shirt und seiner von Mami gestrickten Schluffi-Strickjacke, nicht zu vergessen die abgegriffene Nerd-Brille, wie die personifizierte Uniformität aussieht. Daß er später Berufspolitiker werden möchte, sagt doch alles. Und die Sabrina genagelt hat er in Wirklichkeit auch nicht, wie er überall verbreitet – ätsch!

Aber auch Schülersprecher-Kollege Karl (typisch, alles nur Schwänze!) pflichtet Klaus bei: »Denn es sind nicht alle so tolerant, wie sie immer behaupten.« In der Tat, das sind sie bei weitem nicht. Kommen die so mir nichts dir nichts immer in Jeans in die Schule, diese chauvinistischen Schweine. Ähm, okay, die Mädchen auch, die Säue. Eigentlich, so ungeil das auch klingt, habe ich so einen »Blümchenrock« zuletzt mit vier Jahren in einem Bilderbuch gesehen. Wenn sich die Bitches heutzutage einen Rock anziehen, klar, einen Mini, dann nur, wenn sie den gegenwärtigen Loser von Freund wechseln wollen. Könnte so losheulen …

Ein leichtes, diesen bekloppten Karneval, der in Wahrheit hinter den Rücken der Lehrer gerade bei den Jungs für einen Orkan an Schwulenwitzen gesorgt haben dürfte, als irgendso einen pädagogischen Modeschwachsinn abzutun, wovon es auch zu unserer Schulzeit jede Menge gab, was aber längst dem Vergessen anheimgefallen ist. Und doch paßt die Aktion allzu perfekt zum staatlich angestrebten Ziel, den heranwachsenden Mann in seiner Geschlechterrolle zu verunsichern und ihn bereits im Vorfeld zu einem wehrlosen und demütigen Weichling abzurichten, letzten Endes zum Eunuchen, dessen einzige Existenzberechtigung darin besteht, für den Moloch Staat fortlaufend Steuern, Abgaben und Beiträge aus sich herauszupressen und ansonsten das Maul zu halten. Es geht nämlich nur um die Jungs. Und um das Brechen des männlichen Willens. Denn daß die Mädchen auch nur die leiseste Ahnung von Männlichkeit bekommen, indem sie sich eine Krawatte umbinden und einen Bart ins Gesicht kleben, glaubt nicht einmal die ideologisierteste Lesbe. Sind doch die Kostümierung, das Schminken und das Spiel mit Accessoires dem Weibe das ganze Leben hindurch so vertraut wie die Jahreszeiten. Im Übrigen sieht eine geile Frau in Männerkleidern immer noch wie eine geile Frau aus. Umgekehrt gilt das nicht.

Aber das Ganze ist auch ein Etikettenschwindel, in seiner Manier so absurd wie stümperhaft. Bei dem Geschlechtwechsel-dich-Spiel geht es nämlich gar nicht darum, daß Jungen und Mädchen jeweils auch mal die »andere Seite« kennenlernen, sondern vordringlich total andere Seiten. Der Artikel fährt folgendermaßen fort:

»Der Streit um den neuen Bildungsplan in Baden-Württemberg hat bei den Schülern etwas ausgelöst. Der Unterricht müsse sich am Leben orientieren – und dazu gehöre auch die sexuelle Vielfalt, betonte Klaus. Es sollte selbstverständlich sein, über Homosexualität im Unterricht zu reden. ›Aber das hängt immer noch von den Lehrern ab.‹ Schulleiterin Gaby Schulte-Brömmelkamp unterstützte die Initiative der Schüler, sie selbst kam in Fliege und Jackett in die Schule. ›Toleranz ist mir als Erziehungsziel sehr wichtig‹, sagte sie.«

Ach, daher weht der Wind! In Wahrheit ist die ganze Schmierenkomödie also gar kein Schnupperkurs in das Reich des jeweils anderen Geschlechts, sondern eine vom grün-roten Kultusministerium Baden-Württembergs oktroyierte Propagandashow für den berühmt-berüchtigten sexuellen Bildungsplan. Dieser wurde vorher mit zwielichtiger Energie und gegen den Widerstand der Bevölkerung durchgedrückt und sorgte schon im Vorfeld für massive Proteste unter den Eltern. Dabei geht es darum, unter dem Deckmantel eines vermeintlich modernen Sexual- und Ethikunterrichts die Heterosexualität und das traditionelle Familienmodell zu diffamieren, für antiquiert, ja, für reaktionär zu erklären und Kinder und Jugendliche an ihr künftiges Schicksal als bindungslose, in austauschbaren Beziehungen lebende, sexuell hyperaktive, orientierungslose und vom Staat abhängige, einsame Verwirrte zu gewöhnen. Insbesondere der Daseinswille des (weißen) männlichen Elements soll ausgemerzt und primitiven Kulturen überantwortet werden, die man sich parallel dazu wie am Fließband ins Land holt. Inzwischen ist dieser Vorstoß von abseitig sexuell Veranlagten zur aggressiv forcierten Frühsexualisierung und Pervertierung des Kindes auch in anderen Bundesländern wie Niedersachsen und Thüringen etabliert. Es ist nur eine Frage der Zeit, bis ganz Deutschland mit dem Zeug überzogen ist.

Selbstverständlich geht es hierbei auch um den alten Traum

der Pädophilen, von denen sich rätselhafterweise besonders viele im Politikbetrieb und in staatlichen Blabla-Institutionen herumtreiben, ihrer Obsession durch die Hintertür der Sexualerziehung und als Wissenschaft verbrämt Geltung zu verschaffen. Jetzt ist aber Feierabend, der Pirinçci beginnt langsam zu spinnen! sagen Sie? Mitnichten. In der von der Bundeszentrale für gesundheitliche Aufklärung herausgegebenen Broschüre *Über Sexualität reden …* aus dem Jahr 2001 werden Eltern bereits aufgefordert …

»das Notwendige mit dem Angenehmen zu verbinden [!], indem das Kind beim Saubermachen gekitzelt, gestreichelt, liebkost, an den verschiedensten Stellen geküsst wird« (S. 16). »Scheide und vor allem Klitoris erfahren kaum Beachtung durch Benennung und zärtliche Berührung (weder von seiten des Vaters noch der Mutter) und erschweren es damit für das Mädchen, Stolz auf seine Geschlechtlichkeit zu entwickeln (…). Kindliche Erkundungen der Genitalien Erwachsener können manchmal Erregungsgefühle bei den Erwachsenen auslösen. (S. 27) Es ist ein Zeichen der gesunden Entwicklung Ihres Kindes, wenn es die Möglichkeit, sich selbst Lust und Befriedigung zu verschaffen, ausgiebig nutzt.« (S. 25) Wenn Mädchen (ein bis drei Jahre!) »dabei eher Gegenstände zur Hilfe nehmen«, dann soll man das nicht »als Vorwand benutzen, um die Masturbation zu verhindern«. (S. 25) Der Ratgeber fände es »erfreulich, wenn auch Väter, Großmütter, Onkel oder Kinderfrauen einen Blick in diese Informationsschrift werfen würden und sich anregen ließen – fühlen Sie sich bitte alle angesprochen!« (S. 13)

In erster Linie haben sich mit absoluter Sicherheit viele *Onkel* von dem Heft *anregen* lassen, das auf Grund einer Anzeige im Juli 2007 zurückgezogen wurde. Eine Dozentin des Instituts für Sexualpädagogik kommentierte das spießige Vorgehen der Justiz mit den Worten »Das darf ja wohl nicht wahr sein!« War es auch nicht, denn die Kinder-und-Teenagerficker-Fraktion mußte sich nur noch ein paar Jahre gedulden, um unter grün-rot-linker Ägide heute endlich ungestraft ihrer pathologischen Neigung zur Beschäftigung mit kindlichen Genitalien frönen zu können. Dabei wandte man einen Taschenspielertrick an, der das Abrakadabra des Diskriminiertseins von allem und jedem so unwidersprochen und selbstverständlich aufgriff, wie Ali Baba mit Zaubersprüchen Schatzkammern öffnet: »Akzeptanz von sexueller Vielfalt« heißt die Devise. Genau die soll nämlich als Grund herhalten, weshalb schon die Kleinen im Kindergarten mit Fickificki-Zeugs belästigt werden müssen. Wenn sie groß geworden sind, sollen sie dann keine Homos mehr totschlagen, wie das heutzutage angeblich tagtäglich der Fall ist. Okay, beim kleinen Abdullah machen wir mal eine Ausnahme, denn der sitzt ja selber im Diskriminierungsboot und kann wegen seiner hauptsächlich auf Unterleibsöffnungen fixierten Religion nix dafür, daß er die Spinatstecher am liebsten am Baukran baumeln sähe.

Nun gelten solche Leute wie ich als ewiggestrig und abgehängt, aus der Zeit gefallen, moralisch ahnungslos, sich nach den guten alten Ilja-Richter-Licht-aus!-Whoom!-Spot-an!-Zeiten zurücksehnend, kurz alt, verkalkt und von den Veränderungen der Welt überrollt. Einverstanden! Allerdings verlange ich für diese Behauptung von der Gegenseite stichhaltige Beweise, die meine angebliche Old-Fashioned-Denke widerlegen. Und wie es der Zufall so will, hat sie tatsächlich welche anzubieten, nur daß sie sich schon auf den ersten Blick so ausnehmen, als seien sie von einem betrügerischen und ziemlich debilen Studenten erstellt worden, der sich eine Promotion erschleichen will.

Begleitend für besagten Bildungsplan hat die GEW (Gewerkschaft Erziehung und Wissenschaft), Landesverband Baden-Würtemmberg, für die Lehrer eine Anleitung herausgebracht, die Anknüpfungspunkte an den Lehrplan enthalten. Diese Handreichung trägt den Titel »Leitfaden für sexuelle

Vielfalt der Gewerkschaft Erziehung und Wissenschaft / Lesbische und schwule Lebensweisen – ein Thema für die Schule«. Es handelt sich dabei übrigens um den einzigen Leitfaden für den Sexualkundeunterricht, was einigermaßen komisch ist, kam mir doch zu Ohren, daß es auf unserem Planeten auch noch andere Lebensweisen als lesbische und schwule gibt. Auch im Sexualunterricht selbst dreht sich der Lehrstoff nicht mehr um die geschlechtlichen Basics wie erste Liebe, Zärtlichkeit, Sex, Zeugung von Leben, Geburt, Verhütung, Geschlechtskrankheiten usw., sondern ausschließlich um Homosexualität, Transgender, Intersexualität und ähnlich oberwichtige Dinge, die Gott beim ersten Kapitel seines Mega-Bestsellers verpennt hatte zu erwähnen. Verantwortlich für die Schrift sind »Der Arbeitskreis Lesbenpolitik der GEW Baden-Württemberg« und »Der Arbeitskreis Schwulenpolitik der GEW Baden-Württemberg«. Eine Zeit lang gab es den Text als PDF im Internet, bis man im Kultusministerium wohl mitbekam, daß er bei Leuten, die ihren Verstand noch nicht zur Gänze versoffen haben, ungut ankam, so daß man ihn wieder zurückzog. Wahrscheinlicher ist jedoch ein anderer Grund für diesen Rückzieher. Da dieses Machwerk derart vor Falschheiten strotzte, so offensichtlich die Zersetzung der Heterosexualität, und insbesondere des traditionellen Familienmodells propagierte und sich in solch hemmungsloser Weise der Verschwulung von Kindern und Heranwachsenden hingab, hatte man wie's scheint schnell beschlossen, ganz unter sich zu bleiben, im Unterricht still und heimlich die Schüler mit dem Scheiß zu indoktrinieren und darauf zu hoffen, daß diese es nicht ihren Eltern weiter erzählen.

Ich frage mich, wie so etwas bei den Kultusministerien vonstatten geht. Ich meine, kommt da ein Mitarbeiter zum Kultusminister und sagt »Wir müßten wieder neues Lehrmaterial für den Sexualkundeunterricht produzieren«, und der Minister antwortet »Ach, lassen Sie das doch von Schwulen und Lesben machen, die sind für die Sauereien zuständig«? Ist da niemand, der weiß, daß die am häufigsten praktizierte

Art der Sexualität auf dieser Welt die Heterosexualität ist, 76 Prozent der Kinder in Deutschland in traditionell gestrickten Familien mit Mama und Papa leben (die restlichen 24 Prozent übrigens fast alle ebenfalls bei Heteros), und infolgedessen ein Schulbuch mit diesem Thema gefälligst auch von einem heterosexuellen Stab verfaßt werden müßte? Wenn das wirklich niemand mehr weiß, dann sind in diesen Ministerien nur Irre und Perverse beschäftigt. Ein Buch für den Sexualkundeunterricht ausschließlich von Lesben und Schwulen erarbeiten zu lassen ist genauso denkrichtig wie wenn man die Zeitschrift »Auto Motor und Sport« komplett von passionierten Radfahrern, die keinen Führerschein besitzen, schreiben lassen würde.

Kommen wir aber jetzt zum Inhalt dieses im wahrsten Sinne des Wortes unglaublichen Leitfadens. Und lassen wir mal solche Petitessen beiseite, wonach der Lehrer die Schüler unter anderem mit folgenden Fragen konfrontieren soll (von der vierten bis zur siebten Klasse):

»Obwohl die Gesellschaft die Ehe so stark unterstützt, steigen die Scheidungsraten immer mehr. Warum gibt es so wenige langjährige, stabile Beziehungen unter Heterosexuellen?«

»Laut Statistik kommen Geschlechtskrankheiten bei Lesben am wenigsten vor. Ist es daher für Frauen wirklich sinnvoll, eine heterosexuelle Lebensweise zu führen und so das Risiko von Geschlechtskrankheiten und Schwangerschaft einzugehen?«

Wie gesagt, überspringen wir gnädig diese unverkennbar aus einer großen Verwirrung entstandenen Fragen im Leitfaden und kommen gleich zu den »Fakten«, die, um im Bilde zu bleiben, mit der Penetranz eines gepflegten Analverkehrs in die Kinderhirne gepreßt werden sollen. Gleich zu Beginn heißt es, daß nach einer »Schätzung« zehn Prozent der Bevölkerung gleichgeschlechtlich oder anderweitig sexuell orientiert sei. Bei einer Bevölkerungszahl von 81 Millionen wären das insgesamt acht Millionen und einhunderttausend Menschen. Auf den Punkt gebracht: Stimmte diese Zahl, wäre jeder zehnte Mensch, dem wir auf der Straße begegnen, schwul oder lesbisch oder irgendwie Regenbogen. Es wird keine Quelle genannt, sondern man schätzt halt so lustig vor sich hin. Aber wer schätzt denn überhaupt, der lesbische und schwule Arbeitskreis?

Es soll der Eindruck entstehen, daß diese Schätzung auf wissenschaftlichen, gar staatlichen Untersuchungen beruhe. Das ist natürlich nicht der Fall. Um an die Wahrheit zu gelangen, muß man schon ausländische Daten bemühen, die allerdings auch für unser westlich orientiertes Land als aussagekräftig gelten dürften. Weniger als drei Prozent der US-Bevölkerung bezeichnen sich als schwul, lesbisch oder bisexuell, berichtet das »Centers for Disease Control and Prevention« im Juli 2014 in der ersten groß angelegten Regierungsumfrage, welche die die Verbreitung sexueller Orientierungen in Amerika untersuchte. Der »National Health Interview Survey«, das branchenführende Werkzeug der Regierung, das jedes Jahr die Gesundheit und das Verhalten der Amerikaner analysiert, stellt fest, daß sich 1,6 Prozent der Erwachsenen als schwul oder lesbisch identifizieren, und 0,7 Prozent betrachten sich als bisexuell. Die überwältigende Mehrheit der Erwachsenen, 96,6 Prozent, bezeichnet sich als heterosexuell. Zusätzliche 1,1 Prozent verweigerten die Auskunft und antworteten »Ich weiß nicht« oder sagten, sie seien »etwas anderes«.

Die bislang bedeutendste demoskopische Untersuchung zur Zahl der Menschen, die in der BRD von Homo- oder Bisexualität betroffen sind, durchgeführt von EMNID, wurde im März 2001 veröffentlicht. Sie ergab: Bei den genauen statistischen Nachfragen zur persönlichen Selbsteinschätzung bezeichneten sich 1,3 % der männlichen Bevölkerung als eindeutig »homosexuell«, 2,8 % der Männer als »bisexuell«, 2,5 % der Frauen als »bisexuell« und 0,6 % der Frauen als eindeutig »lesbisch«. Darüber hinausgehende Zahlenangaben sind seit dieser Studie als irreführend widerlegt.

Zum Vergleich: Ein Prozent der Bevölkerung leidet unter Schizophrenie, also über acht Millionen Menschen, und doch bekommt diese Gruppe nicht einmal eine Promille von der medialen Aufmerksamkeit, die den Schwulen entgegengebracht wird. Vielleicht weil sie bekloppt sind und es nicht zu einer strammen Lobby bringen. Um hingegen die Größenordnungen richtig zu beurteilen, braucht man keine Wissenschaft. Man kann es auch selber sehr gut einschätzen. Fast jeder von uns kennt aus seinem Freundes-, Bekannten-, - oder Kollegenkreis Homosexuelle, aber daß diese in ihrer Gesamtheit mehr als die Einwohnerzahl von Niedersachsen ausmachen sollen, wäre echt eine Hammersensation. Die Beweisführung wird hingebogen, daß die Schwarte kracht!

Auf den Seite 20 und 21 wird dann die Katze aus dem Sack gelassen, und von einer Schätzung ist plötzlich nicht mehr die Rede, sondern lediglich von einer »These«. Man beruft sich an dieser Stelle auf Alfred Kinsey (1894–1956), dessen aufsehenerregende *Kinsey Reports* aus den Fünfzigern als Beleg für die kühnen Behauptungen dienen sollen. Mit keinem einzigen Wort wird erwähnt, daß (nach fast 70 Jahren) beinahe alles, was in diesen Reports stand, inzwischen widerlegt oder gerade gerückt worden ist, und die seriöse Sexualwissenschaft heute mit diffizileren Befragungsmethoden und Experimenten viel zielgenauer und näher an die Wahrheit herankommt. Ebenso bleibt unerwähnt, daß es sich bei Kinsey um einen selbst ernannten »Sexualwissenschaftler« handelte oder genauer gesagt um einen Sex-Guru und sexuellen Psychopathen, der Zahlen und Daten umbog, wie es ihm gerade in den Kram paßte, und der seine Studenten und Assistenten, egal ob männlich oder weiblich, bisweilen auch Kinder, gleich rudelweise zu vergewaltigen pflegte. Der Clou, wie er auf die exorbitanten Zahlen bezüglich der Homosexualität kam, ist denkbar einfach. Er bezog Doktorspiele unter Kleinkindern, Gemeinschaftsduschen beim Militär, Episoden der Zärtlichkeit unter Frauen, vor allem aber die sogenannte Knastschwulität und ähnliche Banalitäten mit ein.

Kinsey hatte jedoch noch mit einer gewissen Zurückhaltung gelogen, denn selbst er sprach im Zusammenhang mit den im Baden-Württembergischen Leitfaden genannten zehn Prozent lediglich von *homosexuellen Erfahrungen*, also mehr oder weniger davon, daß ein achtjähriger Junge seinem Kumpel mal seinen Pimmel gezeigt hatte oder sich beim gemeinsamen Baden mit seinem Bruder daran anfassen ließ. Den Anteil der wirklich Homosexuellen aber stufte er überraschenderweise auf nahezu realistische vier Prozent ein. Dem Arbeitskreis »Lesbenpolitik der GEW Baden-Württemberg« und dem »Arbeitskreis Schwulenpolitik der GEW Baden-Württemberg« will nicht einmal das gelingen. Denn in dem Leitpfaden taucht plötzlich eine Grafik auf, dessen Urheber anscheinend nicht nur im komödiantischen, sondern eindeutig im medizinischen Sinne unter Hirnitum leiden. Die oben genannten zehn Prozent potenzieren sich nämlich nunmehr zu einem infernalischem Ausmaß.

Das mit »Formen der sexuellen Identität« betitelte Schaubild stellt ein Diagramm mit einer von links nach rechts ansteigenden Kurve dar, wobei die Partie über der Kurve hell ist und für »heterosexuelles Verhalten« stehen soll und die Partie darunter grau erscheint und das »homosexuelles Verhalten« repräsentiert. Die Kurve selbst ist mit sieben senkrecht verlaufenden Linien in gleich große Blöcke unterteilt, die unterschiedliche Gruppen in der Gesamtbevölkerung darstellen sollen. Das mit den gleich großen Blöcken ist schon mal ein windiger Trick, denn diese suggerieren dem Betrachter, daß die Größe der jeweiligen Gruppen ebenfalls gleich wäre. Es werden selbstredend keine Prozentangaben gemacht. Über der Grafik steht ein Text, der sich inhaltlich wieder auf Kinsey beruft, allerdings erneut in eklatant verfälschender Weise haltlos behauptet: »Nur ein geringer Teil der Bevölkerung empfindet rein hetero- oder homosexuell. Nach seiner (Kinseys, A. P.) These ist der Großteil der Bevölkerung bisexuell, hat also homo- und heterosexuelle Anteile ...« Das hat Kinsey niemals gesagt, es ist ein gezinktes Zitat und ein bewußt plaziertes Ammenmärchen! Es reicht offenbar nicht, daß man als Kronzeugen für die eigene Behauptung einen Lügner präsentiert, nein, man muß auch noch seine Lügen umlügen. Darunter wird eine Erklärung eingeschoben:

>Diesen Sachverhalt veranschaulicht folgende Grafik, die die Gesamtbevölkerung in sieben Gruppen einteilt. Von 1 bis 7 nimmt der Anteil des homosexuellen Verhaltens bei einer Person dieser Gruppe zu.

1 = ausschließlich heterosexuell
2 = gelegentlich homosexuelles Verhalten
3 = häufiger als gelegentlich homosexuelles Verhalten
4 = etwa gleich häufig homo- wie heterosexuelles Verhalten
5 = häufiger homo- als heterosexuelles Verhalten
6 = gelegentlich heterosexuelles Verhalten
7 = ausschließlich homosexuell«

Interessant ... Dann wollen wir mal den Knoten lösen. Folgte man konsequent dieser Aufstellung konsequent, würden bei einer Bevölkerung von 81 Millionen Menschen in diesem Land noch nicht einmal 11,5 Millionen rein heterosexuell leben. Hat man eigentlich die Moslems mitgerechnet? Das ist ungeheuer wichtig, denn bekanntlich gibt es ja unter denen nach der Expertenmeinung von Mahmud Ahmadinedschad keine Homos. Rechnet man also die Moslems ab, blieben nur noch klägliche sechs Millionen Biodeutsche übrig, die die Fahne der Heterosexualität hochhalten. Die Grafik enthält keine Mengenangaben, ist aber so gemalt, dass man sie mißverstehen kann, wenn nicht muss. Wäre es nicht logischer gewesen, wenn in diesem Leitfaden für Schwachsinnige stünde, daß überhaupt kein Mensch heterosexuell ist und je war? Noch interessanter wird es jedoch mit der Gruppe 3, der man ein »häufiger als gelegentlich homosexuelles Verhalten« attestiert und mit der Gruppe 4 und ihrem »etwa gleich häufig homo- wie heterosexuellem Verhalten«. Zählte man schließlich noch die Gruppen 5 und 6 dazu, wären in Deutschland demnach 69,5 Millionen Menschen so gut wie schwul oder lesbisch. Im Umkehrschluß würde dies bedeuten, daß uns in unserem Alltag fast ausschließlich Homos und nur in Ausnahmefällen Normalos begegnen. Na, dann können ja RTL und Konsorten jetzt mit »Bauer sucht Frau« und »Der Bachelor« einpacken. Ein Wunder, daß der Roman *Fifty Shades of Grey*, in dem allen Ernstes ein rückständiger, um nicht zu sagen pirinçciesker Typ total antik noch eine Frau durchrödelt, überhaupt ein Erfolg werden konnte. Ganz zu schweigen von den Frauenzeitschriften, in denen sich fast alles um dieses schmutzig-exotische Mann-Frau-Ding dreht. Es kommt aber noch besser, denn zwei Absätze weiter heißt es wie aus heiterem Himmel oder wie auf Kommando zurück:

»Ungefähr 5 % der Menschen sind homosexuell. (Eine genaue Angabe ist nicht möglich, da viele Lesben und Schwule noch nicht offen leben.)«

Häh?! Sind es nun fünf Prozent oder zehn Prozent oder neunzig Prozent? Oder bedeutet die Aussage, daß sich 95 Prozent noch nicht als Homosexuelle geoutet haben? Nein, das besagt nur, daß man bei der Gewerkschaft Erziehung und Wissenschaft und beim Kultusministerium Baden-Württemberg den Arsch so weit offen hat wie ein Flugzeughangartor. Die Frage sei erlaubt, wer dort solch einen Mist abnickt. Ich meine, haben sie für die Endabnahme dieses Elaborats einen Dorfdeppen engagiert, der bei der Betrachtung solcher Grafiken unmotivierte Schreie ausgestoßen und mit der flachen Hand rhythmisch gegen seine Stirn gehauen hat? Oder einen Schimpansen? Es ist mir schon klar, daß Leute, die für den Staat arbeiten, nicht die Hellsten sind, sonst würden sie ja nicht für den Staat arbeiten. Aber diese Leute gehen doch auch einkaufen und erledigen ihre Bankgeschäfte eigenhändig (hoffe ich). Und da müssen sie ja doch mindestens die vier Grundrechenarten beherrschen. Oder machen sie den Betrug einfach nur mit, weil sie sonst von der Homo- und Genderlobby als homophob, wenn nicht sogar als Nazi gemobbt werden könnten?

Und noch etwas Verräterisches hinsichtlich der Anzahl von Homosexuellen ist den Schnarchnasen in den Kultusministerien offenkundig noch nicht aufgefallen. Fast 100 Prozent der verfügbaren Pornofilme richten sich an ein heterosexuell veranlagtes Publikum. Es wird in diesen Filmen in geradezu einschläfernder Wiederholung der Sexualakt zwischen einem Mann und einer Frau gezeigt, mit allen delikaten Facetten, die dazu gehören, versteht sich. Die Hauptschwierigkeit der Macher ist dabei, ständig neues weibliches »Frischfleisch« vor die Kamera zu karren, damit sie das Auge des zumeist männlichen und nach Abwechslung gierenden Publikums im buchstäblichen Sinne befriedigen können. Die Produzenten dieser Schmuddelstreifen sind allesamt knallharte Geschäftsleute und einer gesellschaftspolitischen, ideologischen oder gar moralischen Agenda völlig unverdächtig. Sie wollen mit ihren Produkten soviel Geld wie möglich verdienen und sonst gar nichts. Selbstverständlich werden auch Pornos für Schwule, Lesben und noch ganz Andersartigere hergestellt. Doch dieses Segment macht nicht einmal einen Bruchteil des Pornobusiness‹ aus. Würde die Pornoheinis auch nur der bloße Verdacht beschleichen, daß die Mehrheit der Menschheit, vor allem Männer total anders gestrickt ist, würden sie ihre Produktpalette schneller ändern als man gucken könnte. Doch nichts dergleichen geschieht. Es ist immer noch und hauptsächlich das alte Rein-raus-Spiel zwischen einem Männchen und einem Weibchen zu besichtigen, wenn wir das wahrhaftigste aller Filmgenres konsumieren wollen. Das sollte der Gewerkschaft Erziehung und Wissenschaft zu denken geben.

Diese Zahlenhuberei ist natürlich völlig langweilig. Würden die Homosexuellen und die Lesben gesellschaftlich weniger akzeptabel sein, wenn sie nur ein Prozent der Bevölkerung ausmachten oder ein halbes oder ein viertel? Weshalb dieses halsstarrige Insistieren, diese Lügen und diese mit dem Preßlufthammer bewerkstelligte Indoktrination junger Menschen, die sich in diesem Alter einen Dreck um solche Unterscheidungen scheren und noch im Chaos ihrer erwachenden Gefühle und Gelüste stecken, gleichgültig ob hetero- oder homoerotischer Natur? Warum kann man ihnen nach dem ABC-Kurs der Geschlechtlichkeit nicht einfach sagen, daß es auch Männer gibt, die Männer lieben, und Frauen, die Frauen lieben, und jede Menge dazwischen, und daß das alles okay ist? Sie wissen es sowieso. Muß denn so ein Bohei um die Sache gemacht und mit derart grotesken Übertreibungen gearbeitet werden?

Ja, es muß! Weil man nämlich damit zwei Fliegen mit einer Klappe schlagen kann. Zunächst einmal studieren in diesem Lande Abertausende von Leuten unnützes Zeug, das kein Mensch braucht und keinen Mehrwert, geschweige denn Wohlstand schafft. Niemand zahlt Geld für das akademisch verbrämte doofe Blabla von Geschlechts- und Migrationsforschern oder Soziologen und Schwulilogen, die in jeder Ecke Diskriminierung wittern, nicht einmal die von der Thematik Betroffenen selbst. Außer natürlich der pappsatte Staat, der, um nicht in den Verdacht zu geraten, unmodern zu sein und um keinen Ärger mit »Intellektuellen« und Links-Medien zu riskieren, diesen überflüssigen »Wissenschaftlern« auf Lebenszeit ein üppiges Monatsgehalt rüberschiebt, von dem ein sich krumm und buckelig schuftender Durchschnittsverdiener nur träumen kann. Je mehr sich dieser Vielfalt-Heißluftballon aufbläht und damit die halluzinierte Anzahl der Anderssexigen, desto rasanter vermehren sich auch ihre Propagandisten von des Steuerzahlers Gnaden, die sich sonst einen Job als Kloschrubber bei McDonalds suchen müßten.

Zum zweiten können diese ideologisierten Gestalten, die nicht selten auch optisch einen äußerst wirren Eindruck machen, allein durch das Instrument der Realitätsverfälschung, des X-für-ein-U-Vormachens, die von ihnen angestrebte, extrem kranke Gesellschaftsordnung verwirklichen, in der am Schluß Männer und Frauen einander entfremdet und vereinsamt in einem bis auf die Grundmauern abgebrannten Heim namens Familie dahinvegetieren sollen. Es ist ein staatlich geförderter Wahn, der sich als Realität ausgibt und die Realität als irreal. Ich werde im Kapitel »Gender Geldstreaming« darauf noch ausführlicher eingehen. Um diese harten Worte zu rechtfertigen, genügt jedoch ein weiterer Blick in die Handreichung.

Auf den Seiten zehn und elf schaut man auf ein im naiven Stil einer Kinderzeichnung angefertigtes Bild, das ein Mehrfamilienhaus im Querschnitt darstellt. Darin befinden sich mehrere Wohnungen, in denen jeweils unterschiedliche Familienkonstellationen leben. Wir behalten allerdings im Sinn, daß die überwältigende Mehrheit der Kinder und Schüler in traditionellen Familien aufwächst und daß gerade ein Symbol des Schutzes, der Geborgenheit und der Orientierung wie das Haus dieser Lebenswirklichkeit zuvörderst Rechnung tragen müßte. Den einzelnen Wohnungen sind Kommentare beigefügt, vor allem jedoch Tipps für die Lehrer, wie sie dieses buchstäbliche Irrenhaus mit der Alltagsrealität ihrer Schüler in Einklang bringen sollen, konkret, wie sie ihre Schützlinge derart manipulieren können, daß sie am Ende der Übung die abgebildete Farce als Wahrheit erachten. Sie sollen gefälligst halluzinieren und keine Rückschlüsse aus ihrer eingewurzelten Welt auf ihren weiteren Lebensweg ziehen. Man beachte die Reihenfolge der Wohnungen:

»Wohnung 1: Ein junger Mann (könnte auch eine Frau sein) lebt allein, weil er (sie) es so möchte oder auch ungewollt (verschiedene Gründe sind denkbar).«

Auf den ersten Blick ist die Aussage unverdächtig, obgleich in den meisten Single-Haushalten alte Leute leben, denen der Partner weggestorben ist. Weshalb man mit dieser Gruppe beginnt, ist rätselhaft. Allerdings läßt der Nebensatz »weil er (sie) es so möchte« einiges erahnen. Wer möchte das schon? Ich will jedoch nichts unterstellen. Aber gleich darauf kommt's, und dort will man auch mit Siebenmeilenstiefeln hin:

> »Wohnung 2: Zwei Frauen mit Kind. Die Frauen könnten zwei Freundinnen, Schwestern oder ein Liebespaar sein. Das Kind könnten sie gemeinsam aufziehen oder es ist das Kind von einer der beiden. Falls SchülerInnen sich nicht in Richtung lesbisches Paar äußern, kommt der Anstoß von der Lehrkraft: Könnten die beiden Frauen auch ein Liebespaar sein? Auf die Antwort ›lesbisches Paar‹ wird genauer eingegangen. Was bedeutet lesbisch? Die Frauen lieben sich und wollen zusammenbleiben. Deshalb haben sie auch eine gemeinsame Wohnung ...«

Um den Verdacht der Voreingenommenheit nicht aufkommen zu lassen, faselt man zunächst davon, daß die beiden Frauen auch Freundinnen oder Schwestern sein könnten. Diese Wohnkonstellation dürfte sich jedoch bei Erwachsenen nicht einmal im Promillebereich bewegen. Danach kommt man sofort zur Sache. Lesben ziehen das Kind auf. Und wie viele tun es wirklich? Bei 16 Millionen Kindern unter 16 Jahren werden in Deutschland ungefähr 9 000 von lesbischen Paaren aufgezogen. Für die Schüler dürfte demnach das Kennenlernen eines von Lesben aufgezogenen Kindes noch unwahrscheinlicher sein, als von einem herabstürzenden Meteoriten erschlagen zu werden. So täuscht man mit System.

> »Wohnung 3: Frau und Kind. Dies könnte eine alleinerziehende Mutter mit Kind sein, die bewußt allein lebt oder deren Partner gestorben ist oder die getrennt vom Vater des Kindes lebt.«

Wir sind immer noch nicht bei einer normalen Familie angelangt, sondern es wird uns davor die gescheiterte und kaputte Familie präsentiert, wo Mama sich im Monatsrhythmus von irgendeinem Hannes beackern läßt. Der Papa ist entsorgt, steht ja auch da: »Partner gestorben«. So oder so, der Blödmann ist weg, alimentiert jedoch »Wohnung 3« bestimmt noch aus dem Grab heraus. Jetzt müßte eigentlich der Normalfall in Erscheinung treten. Wir sind gespannt.

> »Wohnung 4: Zwei Männer. Es könnten Freunde sein, Brüder, ein Vater mit erwachsenem Sohn oder ein Liebespaar. Analog zum Frauenpaar wird die Bedeutung des Wortes schwul erklärt. Die LehrerIn stellt im Gespräch mit den SchülerInnen Homosexualität als gleichwertige selbstverständliche Lebensform dar.«

Meine Fresse, ist das ein komisches Haus! Es ist in diesem Haus ja überhaupt keine 08/15-Wohnkonstellationen zu finden. Der Vater wohnt mit dem »erwachsenen Sohn« und Schwester mit Schwester, heiliger Bimbam! Hab aber den Verdacht, daß die *Brüder* in dieser Wohnung nicht gerade blutsverwandt sind. Aber in Wohnung Nr. 5 müßte doch eine normale Familie aufzutreiben sein, oder?

> »Wohnung 5: Dunkelhäutiger Mann und dunkelhäutige Frau, weißes Kind. Dies könnte ein Ehepaar sein, das ein Kind adoptiert hat.«

Ich stelle mir das Ganze als eine Sequenz aus einem lustigen Kinderfilm vor. Unter der Schule, in der dieser Kappes unterrichtet wird, eruptiert plötzlich ein längst erloschen geglaubter Vulkan, und alle Schüler werden kilometerweit durch die Luft geschleudert. Der kleine Jens, dem bereits vorher von dem schwul-lesbischen Geschwafel des Lehrers der Kopf geraucht hat, fliegt geradewegs nach Baden-Württemberg, stürzt aus den Wolken herab und fällt schließlich durch den Kamin ausgerechnet in die Wohnung 5, also in den Schoß des einzigen »dunkelhäutigen« Paares in Deutschland, das ein weißes Kind aufzieht. Jens ist fix und fertig. Das mit dem

Vulkanausbruch, ja, das war schon schlimm, aber was ist das für ein verfickter Zufall, der ihn in eine solch abstruse Wohnkonstellation geballert hat?

»Wohnung 6: Frau, Mann, zwei Kinder. Das könnten Mutter und Vater mit ihren zwei Kindern sein...«

Hurra, endlich eine normale Familie! Daß wir das noch erleben dürfen! Doch halt, zu früh gefreut:

»...Oder: Die Mutter ist geschieden und lebt mit einem neuen Partner zusammen (oder umgekehrt), oder die Erwachsenen haben jeweils ein Kind mit in die Beziehung gebracht.«

Ach so. Ja, stimmt, wie konnte ich nur so blöd sein? Wäre auch ein Wunder, wenn die Mutter nicht geschieden wäre. Gibt es ungeschiedene Mütter überhaupt? Ulkiger Gedanke... Meiner bescheidenen Meinung nach wurde allerdings die wichtigste Wohnung, nämlich die Wohnung 7 völlig vergessen, um nicht zu sagen unter den Tisch gekehrt.

»Wohnung 7: Darin lebt ein Edathy mit seinem gestohlenen Laptop. Den Schülern erklären, was ein Edathy ist, nämlich eine Maßeinheit des Internets in Menschengestalt, mit der die Anzahl der Foto-Downloads kleiner Pimmel von Jungen in Nackt-Posen berechnet wird, was aber so harmlos ist, als wenn man sich Michelangelo-Engel anguckt, also im weitesten Sinne Kunst.«

Was uns die Verfasser dieser bekloppten Handreichung sagen wollen, ist in Wahrheit folgendes: Jede, aber auch wirklich jede Art Wohnkonstellation, und sei sie noch so verdreht und selten und weit hergeholt, ist besser und erstrebenswerter als eine richtige Familie. Bloß nicht das traditionelle Familienmodell erwähnen, schon gar nicht mit positiven Begriffen.

Hauptsache, man hat eine ideologische Schluckimpfung gegen die Normalität und kann den moralischen Verfall einer Gesellschaft so früh wie möglich als Ideal in die Blutbahn derer spritzen, die sich nicht dagegen wehren können. Oder um es mit einer Abwandlung des Titels eines Films von Rosa von Praunheim auszudrücken: »Nicht der Heterosexuelle ist pervers, sondern die Situation, in der er lebt«. Wobei es eigentlich inzwischen heißen müßte: »Nicht die Situation ist pervers, sondern der Heterosexuelle, der (immer noch) in ihr lebt«. Die *Situation* wird gerade von diesen Verwirrten mit kräftiger staatlicher Unterstützung für die Zukunft unserer Kinder arrangiert.

Eine dieser Figuren ist Prof. Dr. Elisabeth Tuider. Sie hat die »Leitung des Fachgebiets Soziologie der Diversität« an der Universität zu Kassel inne. Diversität ist das Simsalabim der Dumm-und-doof-Studierten. Heutzutage brauchen sie dieses Wort in einer x-beliebigen deutschen Uni nur auszusprechen, und prompt bekommen Sie das monatliches Gehalt eines Chefarztes mit entsprechenden Pensionsansprüchen plus einen Freßkorb von Feinkost Käfer aus München. Vorausgesetzt Sie sind schwul, besser lesbisch und/oder besitzen einen Migrationshintergrund. Ethnie, Alter, Geschlecht, sexuelle Orientierung, Behinderung, Religion (außer das Christentum natürlich), alles ist so divers, benachteiligt und selbstredend diskriminiert, daß drum herum eine milliardenschwere Industrie mit Heerscharen von Spezialisten entstanden ist, die, gäbe es das Diversitäts-Ding nicht, sich nur noch auf das Einsammeln von Pferdeäpfeln spezialisieren könnten. Rein IQ-mäßig, meine ich. *Wikipedia* schreibt: »Seit dem Ende der 1990er Jahre wird das Konzept auch von der Europäischen Union als Leitbild verwendet. Seit 2006 sind in der deutschen Gesetzgebung die Aspekte der Vielfalt (Diversität) im Allgemeinen Gleichbehandlungsgesetz berücksichtigt und schützen Personen aus diesen Kategorien vor Diskriminierung.« Und sie schützen viele Geschwätzwissenschaftler davor, richtig arbeiten zu müssen.

Frau Prof. Dr. ist, wie man sich denken kann und wie könnte es bei einer lesbischen »Wissenschaftlerin« auch anders sein, hauptsächlich mit Sexualpraktiken des Homo sapiens beschäftigt. Das ist nämlich von großem Belang und ohne Elisabeth Tuiders Senf zu Geschlechterforschung, Feministischer und Queer-Theory, Drittem Geschlechterraum (vielleicht sowas wie die stille Ecke der Evolution, in der Schwule und Lesben mit aufgesetzten Eselsohren stehen?) und zu Sexualitäten und Vielfalt der Lebensweisen wüßten die Leutchen auf der Straße nicht einmal, welchem von den drei Millionen Geschlechtern sie überhaupt angehören und aus welchem ihrer Körperöffnungen sie urinieren sollen. Außerdem hat die ganze Welt auf solche Weisheiten gewartet, weil sie halt keine anderen Probleme hat.

Doch im Gegensatz zu anderen Geschlechtsforschern möchte die Dame nichts dem Zufall überlassen und bereits Kinder so früh wie möglich an die mannigfaltigen Spielarten der Unterleibsgymnastik heranführen. Deshalb hat sie mit ähnlich gestrickten Kollegen eine weitere epochale Handreichung für Lehrer geschrieben, auf daß diese den Sexualunterricht zu einem »Puff für alle« umfunktionieren. Nicht aufregen jetzt, das mit dem Puff erklärt sich gleich von selbst. »Sexualpädagogik der Vielfalt. Praxismethoden zu Identitäten, Beziehungen, Körper und Prävention für Schule und Jugendarbeit« heißt das bereits in der 2. Auflage erschienene Werk, selbstverständlich vom Steuergeld der Eltern jener Schüler bezahlt, die immer noch glauben, im Sexualunterricht würde ihren Kindern etwas über Befruchtung beigebracht und geübt, ein Kondom über eine Banane zu ziehen. Eigentlich müßte bei solch einem widerlichen Machwerk der Staatsanwalt wegen groben Verstoßes gegen die Jugendschutzbestimmungen eingreifen, aber in einem Deutschland, in dem inzwischen selbst Bundestagsabgeordnete sich im Reichstag Pornobildchen von Kindern auf ihren Laptop runterladen, drückt man großzügig beide Augen zu. Und hier kommen die »Übungen« aus dem Buch, die die Kleinen absolvieren sollen.

»Sex-Quiz

Ab 12 Jahren. Die Leitung stellt Fragen mit je drei Antwortmöglichkeiten, die die Kinder in Kleingruppen beantworten sollen. Darunter auch diese Fragen:

Was ist eine Vakuumpumpe? a) Ein Gerät zur Zubereitung luststeigernder Lebensmittel; b) Eine Plastikpumpe zum Aufbau und zur Verstärkung der Erektion; c) ein Gummipuppen-Sterilisator.

Was ist gang-bang? a) Sex in einer Gruppe von vielen Männern und Frauen; b) Sex zu dritt; c) Wenn eine Person mit mehreren Männern, die in einer Schlange anstehen, hintereinander Sex hat (urspr. Gruppenvergewaltigung). «

In der Gruppe wird gerne mal vergewaltigt, und wenn es Zwölfjährige sind – umso geiler. Das können die Mädels nicht früh genug lernen. Und bereits ein Jahr später ist der zarte Anus dran:

»Das erste Mal

Altersstufe: ab 13 Jahren. Die Jugendlichen bilden Vierergruppen und ziehen vier Karten, auf denen verschiedene erste Male stehen. Neben das erste Mal Eifersucht, Händchenhalten oder Küssen gibt es auch das erste Mal Petting und das erste Mal Analverkehr. Die Jugendlichen sollen dann ein erstes Mal auswählen und es in frei gewählter Form (zum Beispiel als Gedicht, als Bild, als Theaterstück oder Ähnliches) darstellen.«

Klar, mit 13 gibt es »das erste Mal Analverkehr«, gleich nach »Händchenhalten oder Küssen«. Aber das ist bestimmt nicht das Schlimmste für die kleinen Racker, sondern daß sie das Ganze auch noch »als Gedicht, als Bild, als Theaterstück oder Ähnliches darstellen« müssen. Ich stelle mir gerade vor, wie ein dreizehnjähriges Mädchen, das vermutlich unlängst zum ersten Mal menstruierte, den Analverkehr fürs Theater dramatisiert oder ein Junge, der nicht einmal seinen ersten Samenerguß hatte, darüber ein Gedicht verfaßt. Was sind das überhaupt für Menschen, die Kindern solch einen abscheulichen Dreck zumuten? Waren sie einmal selber Kinder, oder sind sie gleich als Erwachsene in diesem Geisteszustand zur Uni Kiel entflohen? Und warum finanziert dieser elende Staat den barocken Lebensunterhalt dieser Professoren und erlaubt die Verbreitung ihrer Abstrusitäten mittels seiner wichtigsten Einrichtung und seines stärksten Fundaments, nämlich der Schulbildung? Ganz simpel, weil der Staat inzwischen zur Geisel dieser verqueren Unterleibs-Aktivisten geworden ist. Oder anders ausgedrückt, man hat durch die grün-links versiffte Öffentlichkeit die duckmäuserischen und schwachsinnigen Politiker und Dekane mit der Drohung, sie sonst als rückständig, ja, als Nazi zu denunzieren, solange unter Druck gesetzt, bis sie diesen Dummschwätzern, die ausschließlich ihr eigenes verpeiltes Sexualleben im Kopf haben, völlig nutzlose, aber höchst explosive Pöstchen verschafften.

Dann endlich wird man aber abgefuckte vierzehn, die Mädels können sich endlich Vaginalkugeln einführen und die Jungs Handschellen anlegen, wie sie es in Polizeifilmen gesehen haben:

»3 – 2 – 1 – deins!

Ab ca. 14 Jahren. Bei einer gespielten Auktion sollen die Jugendlichen Gegenstände für sieben verschiedene Parteien in einem Mietshaus ersteigern. Dort wohnen eine alleinerziehende Mutter, ein heterosexuelles kinderloses Paar, ein schwules Paar, ein lesbisches Paar mit zwei Kindern, ein Senioren-Paar, eine Wohngemeinschaft mit drei Behinderten, eine Spätaussiedlerin aus Kasachstan. Ersteigern können die Jugendlichen neben Häkeldeckchen, Windeln und Schraubenzieher unter anderem einen Dildo, Kondome, Potenzmittel, Vaginalkugeln, Lack und Leder, Handschellen und Kamasutra.«

Schon wieder diese Villa Kunterbunt, in der zwar das freudlose »heterosexuelle kinderlose Paar« Trübsal bläst, dafür jedoch Gott sei's gedankt »ein lesbisches Paar mit zwei Kindern« ein bißchen Leben in die Bude bringt. Und zum Glück gibt es ja auch noch die »drei Behinderten« und die »Spätaussiedlerin aus Kasachstan« mit den Potenzmitteln, Vaginalkugeln und dem Kamasutra. Wen will die Verfasserin mit diesem Mist eigentlich verarschen? Ganz offenkundig die Insassen des Kultusministeriums, die glauben sollen, die Welt von Kindern und Jugendlichen sei ein einziger Zoo, in dem irgendwelche Minderheiten sich den ganzen Tag mit Dildos den Verstand wegpenetrieren. Auffällig auch, daß in der Hütte kein einziger Moslem wohnt. Aber auch ziemlich durchsichtig. Die Professorin will es sich offensichtlich nicht mit einem anderen sich an den Universitäten ebenfalls im Eiltempo ausbreitenden Studienfach verscherzen, mit der Lehre Mohammeds nämlich, der Kindern ebenfalls sehr zugetan war. Diese »Minderheit« kann einem ganz schnell aufs Dach steigen, wenn jemand die Impertinenz besitzt, ihren Kleinen was von Dildos und Vaginalkugeln zu erzählen.
Und ist man dann mit fünzehn endlich reif für den Puff oder wie? Ach so, das ist gar kein Witz, sondern ernstgemeint:

»Da sollen 15-Jährige zum Beispiel einen ›Puff für alle‹ einrichten. Dabei werden die Jugendlichen aufgefordert, an die sexuellen Vorlieben und Präferenzen verschiedener Gruppen zu denken. Denn es mache ja einen Unterschied, ob ein weißer, heterosexueller Mann, eine muslimische oder katholische Frau oder eine transsexuelle lesbische Frau bedient werden soll.«

Wo sie recht hat, hat sie recht, die Tante Lisbeth. So eine muslimische Hure im »Puff für alle« will ja völlig anders »bedient« werden, als eine katholische, und eine transsexuell lesbische wieder andersrum. Steht alles in dem kindgerechten Jahrhundertwerk der Professorin. Wenn man die Interviews dieser Mary Shelley-Figur liest, fällt sofort auf, wie sie ihre wahre Obsession, nämlich die zwanghafte Beschäftigung mit Lolita- und Knabensex, mit geschraubtem, nichtsdestoweniger schablonenhaftem Soziologie-Sprech bemäntelt, den man sich allerdings schon aneignen kann, indem man einfach mal die Internetseite dieses Vereins besucht. In ermüdender Häufigkeit ist da von »Vielfalt« die Rede und von »Sexualitätsentwürfen«, was immer das auch bedeuten mag, also eigentlich alles mit Fremdwörtern gespickter Bullshit. In Wirklichkeit jedoch geht es um Dinge, die klar sind wie Kloßbrühe: um die Lächerlich- und Verächtlichmachung der Heterosexualität und der Familie, die Dauerverfügbarkeit von Sex als Ware, die Degradierung des Mannes zum Wackelpudding und um die Etablierung einer römischen Dekadenz, welche die junge Generation mit der Methode »Sodom und Gomorrha« sukzessive meschugge und wehrlos machen soll.

In einem aufschlußreichen Interview, nein, nicht auf »You Porn«, sondern bei *Spiegel online* erklärt Elisabeth Tuider am 13. November 2014 ihre Sicht der Dinge. Da sie wegen ihres Leitfadens unter anderem auch von mir angegriffen wurde, fühlt sie sich verfolgt. Das Interview ist für *Spon* deshalb so ungewöhnlich, weil der Interviewer sich von dem akademisch verbrämten Gequake der Dame nicht ablenken läßt, am Schluß richtig zupackt und ihr vorhält, daß sie 2008 auf einen verstorbenen Pädosexuellen namens Helmut Kentler einen würdigenden Nachruf verfaßt hat. Helmut Kentler hatte in den Achtzigerjahren Missbrauch als fortschrittliche Sexualpädagogik verkauft und allen Ernstes völlig ungestraft behauptet, sexuelle Beziehungen zwischen Erwachsenen und Kindern könnten durchaus beide Seiten glücklich machen. Tuider distanziert sich natürlich sofort von diesem Pädera-

sten, windet sich aber dabei bis zur Ohnmacht, den Sexkri-
minellen, der unter anderem Straßenkinder in WGs mit Männern untergebracht hatte, die wegen sexuellen Missbrauchs
vorbestraft waren, als das zu bezeichnen, was er wirklich war.
Dennoch geht auch in diesem Interview als selbstverständlich
und seriös durch, was eigentlich ein Skandal ist. Gleich am
Anfang heißt es »Zur Person«: »… Ihre Schwerpunkte sind
Genderforschung, Sexualpädagogik und Prävention von sexueller Gewalt.«

Das Wichtigste »zur Person« ist zunächst einmal, welche
immensen Kosten die Frau dem deutschen Steuerzahler bis
heute aufgebürdet hat. Diesen kostet eine einzige Professo-
renstelle in Deutschland round about 280 000 Euro pro Jahr,
und wenn man die darauffolgende Pension von durchschnittlich zirka 25 Jahren dazu rechnet, round about das Doppelte,
also über Jahre hinweg Millionen und Abermillionen Euro.
Und was kriegt der Steuerzahler so Kostbares für sein Geld?
Genderforschung! Ein frei erfundener Quatsch mit Soße, mit
dessen Erziehungskonzepten beauftragte Institute wie z.B.
»Dissens e.V.« in ihren Ausführungen tatsächlich so weit gehen, daß sie mit Jungs an Grundschulen darüber diskutieren,
ob diese sich ihr Jungssein vielleicht nur einbilden und zum
gemeinsamen »Kill your Gender!« aufrufen.

Was diese Art der Sexualpädagogik angeht, stellen sich einem
Fragen: Wofür braucht man eigentlich so einen Driss, wem ist
damit geholfen? Fest steht jedenfalls, daß in Ländern, in denen
nicht irgendwelche Professorinnen sich den Kopf über Vaginalkugeln zerbrechen, mehr Kinder zur Welt kommen. Glaubt
denn tatsächlich jemand, daß eine Naturgewalt wie Sex mit
Trockenübungen des schulischen Lehrplans erlernbar ist?

Was die »Prävention von sexueller Gewalt« angeht, hat der
Spon-Interviewer das Recherchieren vergessen. Bei der vom
Bundesministerium für Wissenschaft und Forschung finanzierten »Peer Violence. Sexualisierte Gewalt unter Jugendlichen
im Kontext der Jugend- und Verbandsarbeit« geht es nämlich
um nichts anderes, als um leckere Staatsknete-Abzocke fürs

Nixtun. Auf der Website »Safer Places« wird eine bundesweite »Online-Befragung« für Jugendliche durchgeführt. Irgendwelche sich scheckig lachende Teenager fabulieren in ein vorgestanztes Formular das Blaue vom Himmel, gewürzt mit Oink-Oink-Sauereien, ohne befürchten zu müssen, daß deren Wahrheitsgehalt je überprüft wird. Ein unterbezahlter Praktikant eliminiert dann die Millionen Rechtschreibfehler und destilliert daraus einen halbwegs lesbaren Text, und schon klingelt die Sexuelle-Gewalt-Präventionskasse. Schwuppdiwupp kann man sich das nächste Häuschen in der Toskana hinstellen. In Wahrheit handelt es sich hierbei um eine Arbeit, die mit entsprechender Dressur auch Schäferhunde erledigen könnten. Aber dann geht es los mit dem Interview:

»Tuider: Warum ich als Person in diesen heftigen Shitstorm geraten bin, weiß ich nicht. Genderforschung und Sexualpädagogik kennen das Problem der Diffamierung allerdings schon länger. Bei mir war der scheinbare Auslöser ein ganz normales wissenschaftliches Buch, das ich schon vor einigen Jahren mit Kollegen herausgegeben habe.«

Weder Genderforschung noch Sexualpädagogik sind jedoch Wissenschaft, sondern irgendein kopfgeborener Müll zum Zwecke des Steuergeldabsaugens. Wo ist der Wissensfortschritt? Womit wird der Nutzen dieser Studien gemessen, mit dem Fickimeter? Wo ist der Beweis, daß durch die Lehre der beiden »Fächer« die Leute glücklicher und erfüllter werden? Sind ungegenderte Menschen unglücklicher und weniger erfüllter? Nee? Ja, Scheiße! Sehen Sie, Frau Tuider, deshalb sollte jeder gegen Genderforschung und die sogenannte Sexualpädagogik auf die Barrikaden gehen.

»SPIEGEL ONLINE: In ›Sexualpädagogik der Vielfalt‹ kommen auch Gangbang, Analverkehr und Taschenmuschis vor, es werden Fragen gestellt wie: ›Wo könnte der Penis sonst noch stecken?‹

Tuider: Unser Ansatz ist: Die Jugendlichen geben die Themen vor – nicht die pädagogisch Tätigen. Und machen wir uns nichts vor: 70 Prozent der 13-jährigen Jungs und 30 Prozent der Mädchen sehen regelmäßig Pornografie - und haben Fragen dazu.«

Blödsinn! Das ist frei erfunden. Liebe Frau, du willst uns doch nicht einreden, daß Dreizehnjährige von dir was über Taschenmuschis erfahren wollen. Meinem Sohn war der normale Sexualunterricht schon peinlich genug, und er war froh, daß das Ganze irgendwann ein Ende hatte.

Ich habe da übrigens noch eine Frage. Wie kommt Elisabeth Tuider zu ihren Ansichten? Saß sie in ihrem Unibüro, und plötzlich klopfte es an der Tür, und als sie aufschloß, stand davor ein Gruppe Zwölfjähriger? Ein Mädchen mit Zöpfen trat sodann schüchtern hervor und sagte: »Du, Tante Lisbeth, wie du vielleicht weißt, sind wir Zwölfjährige ständig im Internet und ziehen uns wie bekloppt Pornos rein. Vieles davon verstehen wir aber nicht, weil wir noch zu klein sind. Letztens sahen wir, wie ein Mann einer Frau etwas hinten reinschob. Das fanden wir geiler als ›Hello Kitty‹. Und da waren auch so Kugeln im Spiel, mit denen Frauen, die wie Mama ausgesehen haben, gespielt haben. Kannst du vielleicht nicht eine Handreichung für Lehrer machen, damit wir darüber aufgeklärt werden? Vielleicht könnten wir darüber ja auch Gedichte oder so schreiben. Ach bittöööö!«

War es vielleicht so? Oder ist es nicht eher anders gewesen, nämlich so, daß Dr. Prof. ihrer unbändigen Phantasie fern jeder Wirklichkeit freien Lauf gelassen hat, um ihre verdrehten Empfehlungen unberührt von der Einhaltung der Jugendschutzgesetze in Szene zu setzen? Ach übrigens, wenn 70 Prozent der dreizehnjährigen Jungs und 30 Prozent der Mädchen regelmäßig Pornografie sehen – woher kommen die Zahlen überhaupt, von *Pornhub*?

»(Tuider:) …Verstärkt werden die Angriffe (gegen die Frühsexualisierung unserer Kinder) durch einen anonymen Cybersexismus und einen salonfähig gewordenen Antifeminismus.

SPIEGEL ONLINE: Wer steckt dahinter?

Tuider: Studien zeigen, es sind vor allem Menschen, welche die Männlichkeit oder die Mittelschicht in Gefahr sehen, weil ihr Berufs- und Privatleben gefühlt unsicherer und unplanbarer geworden ist. Diese Ängste werden aufgegriffen, als Stimmungsmacher benutzt und geschürt von Vertretern aus ganz unterschiedlichen politischen Lagern: Linke, Konservative und Rechtsextreme sind darunter.«

Sie meint in Wahrheit uns Spießer. Allerdings ist das Programm Tuider ein selbst lernendes und vermeidet den korrekten Begriff, weil er inzwischen nicht mehr so dolle funzt. Entsprechend werden unter den »Antifeministen« klug aber durchschaubar auch »Linke« verortet, damit man ihr nicht politische Einäugigkeit vorwerfen kann. Nice try! Nichtsdestotrotz entlarvt sich die Koryphäe auf dem Gebiet der Taschenmuschi selbst, wenn sie das Berufs- und Privatleben der Mittelschicht als unsicherer und schwieriger planbar erachtet. Wissen Sie auch, warum, gnä' Frau? Weil diese Mittelschicht inzwischen fast 70 Prozent ihres Erarbeiteten an solche Sabbelköpfe wie Sie abdrücken muß – sonst kommt sie ins Gefängnis, nennt sich Steuerbescheid. Und was die Bedrohung der Männlichkeit anbelangt – geschenkt! Deutsche Männer haben eh keine Eier mehr im Beutel und nicken jede Art von Schwulheit, die man ihnen zumutet, mit einem Grienen vom Ohr bis zum Arsch untertänigst ab.

In einigen Rezensionen über mein Buch *Deutschland von Sinnen* wurde ich als ein zurückgebliebener Zausel dargestellt, der sich verzweifelt gegen »die Moderne« wehrt. Wenn das die Moderne ist und diese Frau ihr typisches Produkt, haben die Rezensionsheinis absolut recht gehabt. Falls wir Eltern gegen solche Auswüchse, die wir auch noch alimentieren müssen, nichts unternehmen, werden sie immer weiter gedeihen, jeden Tag ein Stückchen mehr. Werden wir uns später nicht fragen, wie es dazu kommen konnte? Unseretwegen wird es dann so weit gekommen sein! Weil wir uns nicht gewehrt haben. Die Politiker können wir eh vergessen. Die sind so willfährig wie die Dienstleister im »Puff für alle« und werden jede Pervertierung unserer Kinder durchwinken, solange es ihren eigenen Interessen dient und solange niemand ihnen die Grenzen aufzeigt.

Kommen wir zu den Gymnasiasten in Süddeutschland zurück, die im Dienste der Toleranz für einen Tag die Geschlechter getauscht haben. Sicher war die Sache für die Jungs und Mädels ein Heidenspaß und wurde von ihnen nicht so bierernst genommen, wie es das lokale Blatt suggeriert. Und was meine obigen Ausführungen betrifft, so geht es mir keineswegs darum, einer verklemmten Trapp-Familie-Idylle aus den fünfziger Jahren das Wort zu reden, in der Junge und Mädchen automatisch »schmutziges Zeug« assoziieren, wenn die ersten sexuellen Gefühle in ihnen erwachen, und wo Papi und Mutti aus lauter verkniffener Wohlanständigkeit jeden Sonntag die Missionarsstellung absolvieren, ohne auf dem Laken Flecken zu hinterlassen. Ich bin selbst kein Kostverächter und immer der Erste, der seinen siebzehnjährigen Sohn mit Geschmacklosigkeiten zum Fremdschämen bringt und ihn »verdirbt«.

Was ich jedoch aufdecken möchte, ist etwas anderes. Nämlich, wie eine selbsternannte Sozialingenieurskaste mit Dachschaden, ideologisch verstrahlt und von der Politik verharmlost, mittels irgendwelcher Diskriminierungswahnvorstellungen und im Namen der Befreiung des Sexus von einer herbeiphantasierten Not einen neuen Menschen ohne Moral, ohne Selbstverteidigungsreflexe gegenüber immer zahlreicher ins Land einfallenden Unkulturen, ohne Familienbindungen und ohne Ehrfurcht vor der kindlichen Unschuld zu züchten versucht. Um das Ergebnis gleich vorwegzunehmen, dieser neue Mensch wird ein armer Krüppel sein, der mit einem zahnlosen Gelächter über sich selbst vom Angesicht der Erde verschwindet und so jenen Platz macht, die sich über ihre Natur noch im klaren sind. Doch hellsichtiger als ich rückt den Sachverhalt vielleicht der Kommentar eines Lesers unter dem toleranzbesoffenen Geschlechtertausch-Artikel zurecht:

»Wahren Mut haben nur die Schüler und Schülerinnen gezeigt, die sich dieser Aktion verweigert haben. Wenn schon die Schule ihren ursprünglichen Auftrag der Wissensvermittlung immer mehr aufgibt, um Sozialisierung zu betreiben, dann sollte sie doch Jungen helfen, ihre Rolle als Mann in der Gesellschaft zu finden und Mädchen ihre Rolle als Frau. Was soll denn ein Mann mit einer Frau anfangen, die sich als Mann fühlt und umgekehrt? Der Reiz der Beziehung liegt doch in den Gegensätzen und der gegenseitigen Ergänzung. Bei dem Medienrummel um diese Aktion ist es schwer vorstellbar, dass diese Initiative tatsächlich von der SMV (Schülermitverwaltung, A. P.) ausging. Vielmehr scheint man hier ein Gegengewicht schaffen zu wollen gegen die massiven Demonstrationen gegen den neuen Bildungsplan. Noch einmal: Meine Hochachtung gilt allen, die sich dieser Aktion verweigert haben.«

III.
DAS ALLERLETZTE HURRA

Sollte etwa dieser Kommentator Unrecht haben und die Verschwuler recht? Dann hätten wir ein gewaltiges Problem. Es gibt eine Institution, die ohne Zweifel mit einem bestimmten Geschlecht zu identifizieren ist, daß sich in diesem Zusammenhang jeder lächerlich macht, der noch von »Ansichtssache« redet. Es geht um die zirka 8 000 Soldaten der Bundeswehr. So viele, oder besser gesagt so wenige sind nämlich überhaupt einsatzbereit – von insgesamt 179 046, bei einer wehrtauglichen Bevölkerung von 36,42 Millionen und einem Etat von 33,26 Milliarden Euro jährlich oder anders ausgedrückt einem Ausgabenanteil von 6,3 Prozent des gesamten Steueraufkommens. Der Verdacht liegt nahe, daß auch nur 8 000 Ausrüstungsteile einsatzbereit sind. Der Beginn einer Komödie um ein urmännliches Metier, das nur noch als Schimäre existiert.

Doch zunächst einmal eine essentielle Frage: Wat is ne Armee? Da stelle mer uns janz dumm und sage mer so: Eine Armee ist eine Ansammlung von Männern, die im Staatsauftrag andere Ansammlungen von Männern zu töten bereit ist, wenn sie frech werden, oder aber glaubhaft damit droht, diese zu töten, sollten sie frech zu werden gedenken. Dazu ist die Voraussetzung von höchster Bedeutung, daß der einzelne Soldat auf Befehl, ohne ein persönliches Motiv oder Interesse und unter Ausschaltung seines Gewissens und eigener politischer, religiöser und weltanschaulicher Sichtweise töten können muß. Ob er das aus Vaterlandsliebe tut, wegen des Solds oder aus reinem Vergnügen, spielt dabei keine Rolle. Praktisch hat er auf Knopfdruck eine Kampfmaschine zu sein, wenn auch gebunden in ein politisch und gesellschaftlich legitimiertes Regelsystem.

Wesentlich sind auch zwei weitere Eigenschaften einer regulären Armee. Zum einen ist das Ganze selbst in Friedenszeiten weder eine Show, in der man so tut als ob, noch Folklore, der man etwa wegen ihres romantisch-vergnüglichen Charakters weiterhin frönt, obgleich ihr althergebrachter Inhalt nicht mehr in die gegenwärtige Landschaft paßt. Das Militär muß es immer todernst meinen und dem unbedingten Willen zum Sieg haben. Wenn der Gegner, fachsprachlich auch »Feind« genannt, die Drohung von vornherein anzweifelt, weil in Wahrheit keine Substanz dahinter steckt, so nennt man das eine leere Drohung, eine Drohung also, die folgenlos bleibt und keine abschreckende Wirkung hat. Die militärische Gewalt ist per se eine männliche. Man mag zwar als Verbeugung vor der Frauenemanzipation ein paar weibliche Soldaten mittun lassen, doch bleibt dies nur Reklame, eine rührige Geste an den Zeitgeist.

Aber wer will so etwas im heutigen Deutschland überhaupt noch, eine legalisierte männliche Gewalt, die mit dem Gewehr in der Hand *das Vaterland verteidigt*? Gegen wen soll das Vaterland überhaupt verteidigt werden? Sowohl die echten als auch die vermeintlichen Feinde von einst sind schon seit Urzeiten verschwunden oder zu ziemlich besten Freunden geworden, zumindest zu begehrten Urlaubszielen. Selbst vom Ivan geht keine Gefahr mehr aus, auch wenn die deutsche Presse uns etwas anderes weismachen will. Sind wir nicht schon längst alle EU, also ein einziges Land, ein einziger Staat, am Ende gar ein einziges Volk? Angeführt von Gerard Butler schickt man ab und an die 300, oh pardon, die 8 000 einsatzbereiten zu sogenannten Auslandseinsätzen. Aber nicht, um dort »This is Sparta…ähm, Europa!« zu brüllen, sondern um jene Völkchen, die unter einer hartnäckigen maskulinen Meise leiden, darauf aufmerksam zu machen, daß es sich für einen Gentleman nicht geziemt, eine Frau zu steinigen. Oder man gräbt für diese Völkchen Brunnen, gewährleistet die Sicherheit des lokalen Drogenhandels, und baut, wenn sonst nix anliegt, halt die fünfzigtausendste Moschee. Aber das alles hat mit der eigentlichen Bestimmung einer Armee nichts zu tun. Falls man sich dennoch einmal auf seine Profession besinnt und wie im September 2009 zwei von Taliban entführte Tanklastwagen in Kunduz/Afghanistan bombardieren läßt, wodurch 142 Menschen starben, darunter auch Kinder, wird man im eigenen Lande postwendend vors Ge-

76

richt gestellt, als sei das Kriegshandwerk unter Todesgefahr am brandgefährlichen Arsch der Welt, wo sich Leute zum Feierabendvergnügen einfach mal so in die Luft sprengen, gefälligst mit ebensolcher lautloser Akkuratesse auszuführen wie der Dienst im Einwohnermeldeamt von Wanne-Eickel. Jedenfalls nimmt der Vorfall auf *Wikipedia* mehr Platz ein, als der Eintrag über das Grundgesetz der Bundesrepublik Deutschland.

Seien wir ganz ehrlich, wer mag schon die Bundeswehr? Und wer erkennt noch einen Sinn in ihr? Für die Auslandeinsätze, die hierzulande in Wahrheit auch keine Sau billigt oder gar befürwortet, könnte man ebensogut eine kommerzielle Privatarmee wie Blackwater engagieren, und falls etwas schiefläuft, diese Söldner an den moralischen Pranger stellen. Aus den Augen, aus dem Sinn. Seien wir noch ehrlicher, Männer in Soldatenuniform (eine Frau in solcher Uniform habe ich meinen Lebtag nicht gesehen) bringen uns in Verlegenheit. Wenn wir am Bahnhof so einem Unformierten begegnen, erfaßt uns ein unwirkliches Gefühl. Klar, in Spielfilmen treten Männer in Kampfmontur und großer Waffe immer wieder auf, da macht es auch Spaß, ihnen beim Kriegsspielen zuzusehen, Bummbumm! Aber in der Wirklichkeit?... Plötzlich wird uns gewahr (wenn auch diffus), daß es irgendwo immer noch diese Männer gibt, die vermeintlich ihr Leben einem männlichen Anachronismus widmen, nämlich dem Töten anderer Männer. Selbst die Erkenntnis, daß sie es in Wahrheit aller Wahrscheinlichkeit nach nicht tun und niemals tun werden und lediglich dafür trainieren (mehr oder weniger), kann uns über das befremdliche Gefühl beim Anblick eines Soldaten nicht hinweghelfen. Folgerichtig hat man letztes Jahr in irgendeinem entlegenen »Wald der Erinnerung« bei Potsdam den Gedenkort für die 104 Namen der seit 1993 in Auslandseinsätzen vom Balkan bis Afghanistan gefallenen oder sonstwie zu Tode gekommenen deutschen Soldaten gut versteckt. Dahin werden sich wohl nur die Angehörigen verirren. Oder die staatlich bezahlten Faschisten von der Antifa, um die Ehrenmäler mit Soldaten-sind-Mörder!-Sprüchen zu besprühen oder um anderen Unrat zu hinterlassen.

Hatten wir sie nicht schon längst überwunden, die männliche Gewalt? Jahrzehnt um Jahrzehnt wurde dieses Land auf Friede, Freude, Eierkuchen justiert und der Mann samt seinen männlichen Sitten auf die Farbe Rosa wie man unter anderem auch dem Baden-Württembergischen Bildungsplan entnehmen kann. »Es ist besser, mit den Taliban zu beten, als sie zu bombardieren«, sagte einst Margot Käßmann, eine Kapazität, wenn es um talibaneske Spiritualität geht. Ich weiß nicht, ob unsere Jungs am Hindukusch großartig beten, aber ich bin mir absolut sicher, daß die Deutschen überhaupt nichts dagegen hätten, wenn unsere Soldaten mit gefalteten Händen um Frieden bitten, statt nur eine einzige Patrone abzufeuern, während um sie herum die Granaten einschlagen. Hauptsache, es kommt bei dem diesem Event namens »Krieg« niemand ums Leben, weder auf unserer Seite noch auf Seiten der Gegner, Hauptsache, ein Konflikt wird *ums Verrecken* friedlich gelöst. Und wenn der Gegner sich bockig anstellt und auf Gewalt als Lösung beharrt, sagen wir einfach »Stell dir vor, es ist Krieg, und keiner geht hin.« Und wir werden auch nicht hingehen.

Nun ist nicht das mindeste daran aussetzen, wenn ein Volk sich kollektiv dazu entschließt, dem Militärischen abzuschwören, ja, sogar die eigene Landesverteidigung, sei diese auch nur noch dem Namen nach eine, abzulehnen und sie für überflüssig zu erachten. Dann will es das halt so. Gelegentlich eruptiert zwar die männliche Gewalt immer noch in unserer Mitte, und dann ist man froh, wenn sich so ein Bewaffneter blicken läßt, aber wie selbst der größte Ignorant inzwischen mitbekommen haben dürfte, ist das eher ein *Migrationsproblem*, das durch den neuen Übermann der Deutschen, nämlich den Sozialarbeiter, bestimmt alsbald gelöst sein wird. Gewalt geht jedenfalls vom deutschen Mann kaum mehr aus, besser gesagt, er kann sich dazu nicht mehr aufraffen. Vielleicht hat er sogar die abscheuliche Fähigkeit, sich selbst zu verteidigen, längst verlernt. Es war Anfang 2013, als in Köln ein vierzehnjähriger »Jugendlicher« zwei ausgewachsene (männliche) Straßenbahnkontrolleure krankenhausreif prügelte, die ihn beim Schwarzfahren erwischt hatten. Und es war im Mai 2014, als ein anderer vierzehnjähriger »Jugendlicher« in Berlin bei einer Überprüfung seiner Personalien gleich fünf Polizisten derart hübsch verdrosch, daß sie danach allesamt ambulant in einem Krankenhaus behandelt werden mußten und drei von ihnen ihren Dienst nicht mehr fortsetzen konnten. 5:0 für Südland. Aber gut, er hatte dabei auch Unterstützung von einem dreizehnjährigen Mädchen. Soviel zur generellen Wehrhaftigkeit. Da es zudem ziemlich unwahrscheinlich erscheint, daß wir in absehbarer Zukunft wieder in Polen einmarschieren oder Holland uns mit einem Blitzkrieg überrascht, bleibt die Frage, weshalb es dann die Bundeswehr mit fast dreihunderttausend Mitarbeitern überhaupt geben muß.

Man könnte spekulieren. Es existieren internationale Verträge und Vereinbarungen, nach denen Deutschland für den Fall der Fälle eine Sollstärke an militärischer Kraft unterhalten und bereitstellen muß. Dann jedoch müssen diese Vertragspartner, zum Beispiel die Amerikaner, verdammt geduldig sein, denn der *worst case* ist mehrmals eingetreten, ohne daß Deutschland seinem Heer zugemutet hätte, in das Kriegsgeschehen fremder Länder einzugreifen. Als es zur Abwechslung einmal dazu kam, Ende des Jugoslawienkriegs in den späten neunziger Jahren, geschah es nur in extrem limitierter, fast symbolischer Form. Dennoch wäre daran beinahe die damalige Regierungskoalition aus SPD und den Grünen zerbrochen. Wenn man also die neueren Auslandseinsätze, die ausschließlich von einer überschaubaren Anzahl von Freiwilligen absolviert werden und bei denen man nicht so genau weiß, ob diese Aufgaben nicht ebenso vom technischen Hilfswerk mit bewaffnetem Schutz erledigt werden könnten, herausrechnet, haben die restlichen 292000 Mann beim Bund die letzten Jahrzehnte vermutlich mit Bettenbauen und

PlayStation-Daddeln verbracht. Es liegt mir fern, diese Politik zu kritisieren. Ich bekomme auch das große Würgen beim Gedanken, daß sich Deutschlands Söhne für so ein *Warlord*-Paradies wie Afghanistan oder für die Stabilität irgendeines anderen Schein-Staates voller sich gegenseitig zerfleischender Moslems in Fetzen schießen lassen. »Deckel drauf und gut is« ist in dieser Sache meine humane Meinung. Nein, im Ernst. Es sei hier noch einmal die Frage nach der Existenzberechtigung eines solches Riesenheeres und seiner ebenso riesigen Verwaltung gestellt.

Als Antwort kommt dann irgendwann auch die bekannteste Verschwörungstheorie ins Spiel. Die Regierung brauche die Bundeswehr in Wahrheit nur deswegen, um heraufziehende Konflikte, Revolten, Verteilungskämpfe, Bürgerkriege usw. im Inland niederzuschlagen. Ich sehe schon die Leopard 2 und Marder-Panzerdivisionen über die Düsseldorfer Kö rollen, um Rotten von verrenteten Wutbürgern zu Klump zu ballern, und Kampfhubschrauber vom Typ NH90, die Widerstandsnester von Schalke-Fans mit eingeschraubter Bierdose im Rachen in Gelsenkirchen bombardieren. Allerdings gibt es gerade bei diesem Modell ein paar Problemchen. Von den 35 Exemplaren sind nach internen Unterlagen lediglich sieben einsatzbereit. Beim Kampfhubschrauber »Tiger« sieht es nicht besser aus, so daß irgendwann der Flugbetrieb komplett eingestellt werden muß, wenn sich die Lage nicht verbessert. Die Malaise wurde so bekannt: Der Hausmeister schloß irgendwann die Tore zum spinnwebenverhangenen Hangar, in dem das »Gerät« geparkt ist, auf und stellte entsetzt fest: »Scheiße, die sind ja alle kaputt!« Soldaten, die Soldaten nur spielen, spielen eben mit Spielzeugwaffen. Oder mit defekten.

Für die Mutmaßung, die Regierung behalte sich die Bundeswehr klammheimlich als Unterdrückungsinstrument gegen das künftige eigene Rebellenvolk vor, spricht noch ein anderes Argument. Vermutlich sind die rebellischen Bürger in spe physisch fitter als die Soldaten selbst - von den Soldatinnen ganz zu schweigen. Siebzehn- bis achtzehntausend gibt es von den Letzteren beim Bund, die meisten im Dienstgrad Witzbold. Eine solche Rambo-Elevin mit dem Namen Tanja Kreil erstritt – auf Anregung der damaligen CSU-Staatssekretärin im Verteidigungsministerium, Michaela Geiger, und mit Unterstützung des Bundeswehrverbandes – vor dem Europäischen Gerichtshof das Frauenrecht auf Zugang zur Bundeswehr. Die Europa-Richter befanden: Im Sinne der EU-weit geltenden Gleichbehandlung müssen auch deutschen Frauen – über Sanitätsdienst und Militärmusik hinaus – alle militärischen Laufbahnen uneingeschränkt offen stehen. Inklusive Dienst an der Waffe. Allerdings hat Tanja Kreil ihren Dienst bei der Bundeswehr nie angetreten. Die übrigen weiblichen Kommißköppe eigentlich auch nicht so richtig.

In der Bundeswehr existiert inzwischen eine Zweiklassengesellschaft: Soldaten mit Kampfeinsatz und Soldaten ohne Kampfeinsatz. Frauen können nicht in eine Gruppe mit Kampfeinsatz gezwungen werden. Deshalb gibt es in Afghanistan auch keine gefallenen weiblichen Soldaten. Sie erhalten allerdings trotzdem denselben Sold wie männliche Soldaten mit Kampfeinsatz. Was ihre körperlichen Kräfte betrifft, so sind die stärksten Frauen gerade mal so stark wie die schwächsten Männer. Wie sich bei der Rekrutierung in den USA zeigte, sind Frauen im Schnitt zwölf Zentimeter kleiner und 14,3 Kilo leichter als Männer, sie haben 16,9 Kilo weniger Muskeln und 2,6 Kilo mehr Fett. Bei Gefechtsübungen wurde offenbar, daß weibliche Soldaten beim Werfen von Handgranaten Schwierigkeiten hatten und sich dabei sogar in die Luft zu sprengen drohten. Im November 2010 stürzte während eines Hafenaufenthalts (sic!) der Gorch Fock im brasilianischen Salvador da Bahia eine fünfundzwanzigjährige Offiziersanwärterin bei Kletterübungen aus der Takelage der Dreimastbark und verstarb. Schon immer sind Männer bei Militärübungen ums Leben gekommen. Manöver gab es trotzdem. In Kriegen sind Männer bei Unfällen verstümmelt, von Granaten zerfetzt, im Kugelhagel durchsiebt und in Schützengräben vergast worden. Sie sind in Stalingrad erfroren, aber der Krieg ging trotzdem weiter. Dann aber kam bei einer Hafenübung ein weiblicher Soldat zu Tode. Die Ausbildung wurde auf der Stelle abgebrochen und die Fahrt der Gorch Fock nicht weiter fortgesetzt.

Das streng geheim agierende Kommando Spezialkräfte (KSK) ist die Speerspitze der Bundeswehr. Die Elitekrieger werden äußerst sorgfältig aus den besten männlichen Soldaten ausgewählt. Die hohen Standards sind überlebenswichtig bei ihren lebensgefährlichen Einsätzen. Nach neueren Plänen jedoch sollen ausgerechnet auch weibliche Soldaten in dieser Elitetruppe ausgebildet werden, was nichts anderes bedeutet, als daß abermals die Auswahlkriterien und die Ausbildungsinhalte nach unten angepaßt werden müssen, damit Frauen überhaupt mitmachen können. So wird aus einer knallharten Spezialeinheit eine Gurkentruppe.

Gerne bemängeln Soldatinnen auch, daß sie in fast allen (militärischen) Kleidungsstücken bieder und weder weiblich noch männlich aussehen würden. Offenbar ist den Damen die Bedeutung des Wortes Uniform nicht klargemacht worden. Ich bin mir aber sicher, daß Karl Lagerfeld das Problem aus der Welt schaffen könnte. Dann würde natürlich auf das elementar Weibliche Rücksicht genommen. Die *Frankfurter Allgemeine Zeitung* berichtete wiederum am 6. Februar 2015, daß die Auslieferung von 350 Schützenpanzern des Typs Puma sich unter anderem verzögere, weil diese auch für hochschwangere Soldatinnen geeignet sein müßten. Es sei zwar mittlerweile eine »Fruchtwasserschädigung bei der weiblichen Puma-Besatzung« ausgeschlossen, aber dennoch habe sich die Produktion verzögert. Wolle mer se reinlasse? Tatah Tatah Tataaah!

Bei der zum Schießen lustigen Klamotte mit dem Titel »Frauen bei der Bundeswehr« geht es in Wahrheit so zu wie bei allen anderen arbeitspolitischen Maßnahmen, die einem in die Irre gelaufenen Feminismus huldigen. Es geht um eine erzwungene Quote, die die Frau *par ordre du mufti* auf Podeste hievt, auf denen sie sich nicht halten kann, um gleichwohl für die Öffentlichkeit den Anschein zu erwecken, daß Frauen mit Männern in *jeder* Beziehung mithalten können. Aber vielleicht ist beim Komiß doch noch nicht aller Tage Abend. Vierzig Prozent der Frauen, die bei dem Männerclub anheuern, werden innerhalb kürzester Zeit schwanger, bevor also überhaupt die richtige Ochsentour beginnt. So werden sie zur Züchtung neuer Bundeswehrangehöriger unter Weiterzahlung des Solds in den verdienten Mutterurlaub geschickt. Ist auch besser so. Es geht aber noch cleverer: »Daniela S. hatte sich 2005 als Soldatin für 17 Jahre verpflichtet. Kurz darauf wurde sie freigestellt, und begann ein Studium der Humanmedizin auf Kosten der Bundeswehr. Im Anschluß sollte sie beim Fachsanitätszentrum Hannover ihren Dienst antreten. Doch S., die ihr Studium mittlerweile mit der Examensnote ›sehr gut‹ abgeschlossen hat, will auf keinen Fall mehr Soldatin sein. ›Die Entscheidung ist sehr lange gereift‹, erklärte ihr Anwalt vor dem Verwaltungsgericht. ›Ihr Gewissen verbietet es ihr, an kriegerischen Handlungen teilzunehmen.‹« (*Hannoversche Allgemeine Zeitung* vom 17. Dezember 2011).

Will damit ein unverbesserlicher Militaristenmacho (der nebenbei bemerkt weder in seiner alten noch neuen Heimat jemals Wehrdienst abgeleistet hat) etwa sagen, daß bei der »Truppe« alles wieder paletti wäre, wenn nur die Weiber wieder verschwänden und durch die Kasernen wie ehedem nur noch der Schweißgeruch des Mannes nach einem Tausend-Meter-Lauf und hundert anschließenden Kniebeugen wehte? I-wo! Denn ins Schwitzen kommen sollen die Kerle auch nicht mehr so dolle. Unsere auf der ganzen Welt gefürchtete Verteidigungsministerin Ursula von der Leyen hat nämlich derweil eine Überprüfung der Eignungsmerkmale für die Bundeswehr angekündigt, um die Armee als Arbeitgeber attraktiver zu machen. Man müsse bewerten, »was eine moderne, hochtechnisierte Armee braucht«. Na, bestimmt nicht irgendwelche Wandervögel, die mit 28-Kilo-Marschgepäck durch den Wald irren. Wofür gibt es iPhone-Apps?

Dazwischen jedoch eine kurze Einlassung zu UvdL. Bei der Ursula handelt sich nämlich nicht um einen herkömmlichen Menschen so wie du und ich, sondern um das deutsche Pendant zum Auserwählten Neo aus der Science Fiction-Filmreihe *Matrix*. Wie Neo besitzt diese Frau eine im Nacken implantierte Kabelanschlußbuchse direkt zum zentralen Nervencortex, wodurch sie sich in den Supercomputer Tianhe-2 einloggen und im Bruchteil einer Sekunde das ganze Wissen des Universums aufs Großhirn downloaden kann. Anders ist es nicht zu erklären, wie sie binnen weniger Jahre und stets von heute auf morgen in so unterschiedlichen Ämtern wie der niedersächsischen Ministerin für Soziales, Frauen, Familie und Gesundheit, der Bundesministerin für Familie, Senioren, Frauen und Jugend, der Bundesministerin für Arbeit und Soziales und schließlich der Bundesministerin der Verteidigung reüssierte. Nebenher gebar sie sieben Kinder, zog sie auf und schmiedete jeden gottverdammten Morgen an ihrer beeindruckenden Helmfrisur. Vorher war sie natürlich auch nicht gerade faul. Sie studierte Volkswirtschaftslehre, besuchte die London School of Economics and Political Science, erlangte eine Promotion zum Dr. med. und erwarb an der Medizinischen Hochschule Hannover den akademischen Grad eines Master of Public Health. Ein großes Vorbild für die Rabenmütter dieser Welt! Daß sie sich an Feiertagen als ein gewisser Stephen Hawking verkleidet, weil sie so lustig ist und gern die Leute verarscht, ist ein Gerücht. Allerdings wurde unlängst nachgewiesen, daß sich das Drehbuch zu dem Blockbuster »Forrest Gump« eng an ihren Lebenslauf hält. Da wird sogar Chuck Norris blaß vor Neid. Dem hat sie übrigens Karate beigebracht.

Da UvdL eine atomschnelle Auffassungsgabe besitzt, hat sie das eigentliche Wesen der derzeitigen Bundeswehr schon in der ersten Minute ihres Amtsantritts als *Kriegsherrin* erkannt: Es handelt sich dabei um eine Geisterarmee, die Potemkinsche Jobs generiert, mit Ausnahme des Soldaten, der seinen Namen auch verdient, versteht sich. Exakt so wie es der Bundeswehr-Werbeclip »Karriere mit Zukunft« von 2013 wahrheitsgetreu abbildet, in dem ein als Lackaffe im gebügelten weißen Hemd getarnter Anwerber der Bundeswehr einer blonden Sexbombe von wegen Verantwortung das Ohr abkaut und so tut, als sei der Laden ein Arbeitsamt de Luxe, während im Hintergrund seine »Kameraden« irgendwelchen zoophilen Ziegenhirten im Schlafrock völkerverbindend die Hand schütteln. Dennoch müssen am Ende leider, leider auch eine Korvette und ein Bomber im Schlafmodus gezeigt werden, damit der Zuschauer weiß, worum es überhaupt geht. Das heißt, die Bundeswehr ist ein sich selbst verwaltender und ebenso selbst verleugnender, seinen eigentlichen Zweck als bloße Fassade benutzender und im Grunde als Zumutung empfindender, völlig überflüssiger »Konzern« (von der Leyen), der seinen ursprünglichen Kern, namentlich die (kontrollierte) männliche Aggression, in Abrede stellt, Kriegshandlungen für etwas Museales hält und von denen, die er zu beschützen vorgibt, nämlich den Bürgern, mit »freundlichem Desinteresse« (Horst Köhler) bedacht wird.

So gesehen hielt sich UvdL erst gar nicht mit Belanglosigkeiten auf, als sie den Verteidigungsthron bestieg. Ein paar Flugtransporter werden schon noch funktionieren, wird sie sich wohl gedacht haben, als der Ami wieder mal um ein bißchen Beistand gegen durchgedrehte Arabboys bat, und statt einer Eliteeinheit *zum Saubermachen* ein paar Konservenbüchsen und Decken für die geflüchteten Opfer des IS (Islamischer Staat oder Islamisches Kalifat) bekam. Dabei könnte das eigentlich auch EDEKA erledigen. Ursula war sogar nach gründlicher Sondierung der auf Pazifismus eingeschworenen Mainstreammedien, von denen sie in Wirklichkeit ihre *Marschbefehle* bekommt, bereit, qua Bundeswehr Waffen an gerade zu prima Freunden gewordene Kurden zu liefern. Nur, warum kann Heckler & Koch das nicht gleich über Amazon erledigen, ohne daß dabei vier Piloten der Luftwaffe extra aus ihrem Kryoschlaf geweckt werden müßten? Und das mit den Drohnen ist auch so eine heikle Sache, wie die schlaue Ursula durchschaut hat. Die Deutschen, das Volk des ewigen Friedens, mag die Dinger nicht, weil so eine Drohne halt nicht wie ein Mensch denkt und ihre Raketen zuweilen dorthin feuert, wo sich auch Zivilisten befinden könnten. Im Gegensatz zu Panzern, die millimetergenau treffen. Also läßt sie die leidige Drohnen-Angelegenheit vorerst im Vagen.

Stattdessen kümmerte sich UvdL sofort nach ihrem Amtsantritt um die Lösung jener echten Probleme der Armee, die keinen Aufschub mehr dulden, weil sonst der Feind »nachrüsten« und uns zur bedingungslosen Kapitulation zwingen könnte – und zwar am Wickeltisch. Die *Tagesschau* berichtet:

> »Verteidigungsministerin Ursula von der Leyen will die Bundeswehr zu einem familienfreundlichen Unternehmen umbauen (...) Besonders wichtig sei ihr dabei die ›Vereinbarkeit von Dienst und Familie‹. Die Truppe müsse ›Dienst- und Familienzeiten besser aufeinander abstimmen‹. Nach dem Willen der Ministerin sollen Soldaten künftig etwa ganz selbstverständlich Teilzeit und Elternzeit nutzen können. ›Wer etwa in der Familienphase die Option einer Drei- oder Viertagewoche nutzt, muß weiter Karriereperspektiven haben‹ (...) Um Flexibilität zu ermöglichen, plant von der Leyen als erste Maßnahme den Ausbau der Kinderbetreuung in den Kasernen: ›Wir sollten gerade für die Betreuung in Randzeiten sehr viel stärker mit Tagesmüttern arbeiten. Denn das ist eine besonders flexible Form der Kinderbetreuung und wir haben den großen Vorteil, daß es in vielen Kasernen den Platz dafür gibt.‹«

Genau, Platz für Kindergärten, Abenteuerspielplätze, Eiscafés, Jahrmärkte, Zirkusse, Yoga-Schulen, Swingerclubs, Paartherapiepraxen und Ringelpiez mit Anfassen gibt es ja in den vielen Kasernen genug. Zur Not könnte man auch diesen ganzen Bumm-Bumm-Kram rausschmeißen und so noch mehr Platz fürs Familiengedöns schaffen. Ist eh alles am Arsch, das Zeug. Und vielleicht könnten auch die Soldatenkinder in der Kasernenschule wie die Schüler in Süddeutschland regelmäßig einen Geschlechtertausch-Tag einlegen. Die Jungs ziehen sich dann eine Burka über und die Mädchen verkleiden sich mit einem Nachthemd à la Taliban. Wegen der Vielfalt. Aber Vorsicht vor dem nervösen Finger am Abzug des Wachpostens am Kaserneneingang! Könnte so ein altmodisches Frontschwein sein, der den Job noch ernst nimmt.

Selbstverständlich trägt die gute Frau dem Umstand Rechnung, daß seit der Aussetzung der Wehrpflicht nur noch solche Leute beim Bund anheuern, die nicht einmal spaßeshalber davon ausgehen, jemals in eine kriegerische Auseinandersetzung zu geraten, und deshalb immer eindringlicher Forderungen wie an jeden anderen x-beliebigen »attraktiven Arbeitgeber« stellen. Der eigentliche Sinn und Zweck der Übung gerät dabei im Eiltempo immer mehr in den Hintergrund (wenn er überhaupt noch existent ist), weil in Wahrheit der Soldaten ein Beruf wie jeder andere geworden zu sein scheint und selbst der Ambitionierteste sich im »Ernstfall« krank schreiben läßt, die Kündigung einreicht oder sich urplötzlich auf sein Gewissen berufen wird. Mit schwerwiegenden Konsequenzen hat keiner zu rechnen, denn betrachtet man die einschlägigen Paragraphen und Gerichtsurteile, glaubt der deutsche Staat selber nicht an die große Born-to-kill-Show und bewertet den Dienst an der Waffe nicht anders als den des Eisverkäufers an der Waffel. Wir sind ja schließlich nicht bei den kriegslüsternen Amis. Und nicht Kriegshelden bekommen hierzulande Denkmäler, sondern Deserteure. Die *Tagesschau* weiter:

> »Auch die häufigen Versetzungen der Soldaten will von der Leyen begrenzen: ›Karriere bei der Bundeswehr darf im Regelfall nicht bedeuten: immer im Dienst und alle paar Jahre ein Umzug.‹ Da die Lebenspartner der Soldaten häufig selbst berufstätig seien, sorgten Versetzungen für große familiäre Spannungen (…) Wenn jemand eine steile Karriere macht, dann geht das auch in großen Wirtschaftskonzer-

nen nicht ohne häufige Positions- und Ortswechsel. Aber die Frage ist, ob dies für die große Mehrheit der Soldatinnen und Soldaten immer sinnvoll ist.‹«

Stationierung war gestern. Heute bleibt der Soldat, der in Wahrheit sowenig Soldat ist wie ich Astronaut, dort, wo er sich seine Doppelhaushälfte für die nächsten achtzig Jahre angeschafft hat, und wartet ab, bis die Bundeswehr den Krieg mit dem Unimog in seinem Vorgarten ablädt. Zumindest theoretisch, denn der Krieg, meinetwegen der Verteidigungskrieg, ist in den Köpfen dieser Soldatendarsteller eine ebenso geisterhafte Erscheinung wie die Armee selbst. Wie gesagt, es ist überhaupt nichts dagegen einzuwenden, wenn man das Soldatenhandwerk zum alten Eisen wirft, zumal von einer echten kriegerischen Bedrohung von außen wirklich nicht die Rede sein kann. Aber muß denn dann dieses Kasperletheater, bei dem alle Beteiligten so tun, als wären sie U.S. Marines und nicht Marshmellow-Männer, vom deutschen Steuerdepp unbedingt jährlich mit schlappen 33,26 Milliarden Euro finanziert werden?

Schauen wir auf die zweite Möglichkeit einer Bedrohung, der sich dieser aufgeblähte und völlig feminisierte Apparat namens Bundeswehr furchtlos entgegenstellen könnte, und fragen wir uns nach der Wahrscheinlichkeit dieser Option. Der Gedanke liegt nahe, daß durch den bereits hier lebenden rückständigen Teil der Migranten, namentlich der Moslems, und dadurch daß die Deutschen geradezu krankhaft die Tatsache relativieren, daß deren vormoderne Sitten und Gebräuche mit der deutschen Lebensweise absolut unvereinbar sind, sich in diesem Land spätestens in zehn Jahren orientalische Zustände fest etabliert haben werden. Vorzeichen davon sind bereits unübersehbar. Religiös motiviertes, kriegerisches oder schlicht kriminelles Chaos würde dann die Folge sein sowie ein von ungebildeten, aber dafür um so aggressiveren jungen Männern diktierter gesellschaftlicher Umgang. Dafür sprechen drei Gründe.

Zunächst altert die indigene Bevölkerung rasend schnell. Auch wenn die Zahlen der sogenannten Mehrheitsbevölkerung auf den ersten Blick noch ansehnlich wirken mögen, so sind sie auf den zweiten Blick beängstigend. Es kommt nämlich nicht auf die Größe einer Bevölkerungsgruppe an, sondern allein auf die Anzahl ihrer jungen Männer (zwischen zwanzig und vierzig Jahre alt) und deren *Manier*. Nur sie schaffen durch ihre virile Kraft, jugendliche Unerschrockenheit, Neugier, Abenteuerlust, großen Ehrgeiz, ja, auch kreativen Leichtsinn gesellschaftliche und wirtschaftliche Fakten von nennenswertem Umfang und nur sie können Familie, Eigentum und schließlich das eigene Land mit seiner angestammten Kultur und Lebensweise wirklich schützen. Man denke nur an die vielfältigen Jugendkulturen aus der Vergangenheit, zuletzt die digitale Revolution, die ausschließlich von jungen Männern initialisiert wurden. Die Frauen zogen stets nach. Der ältere, der alte Mann baut nicht nur an Kräften ab, sondern auch an Wagemut, geistiger Beweglichkeit und Entschlossenheit. Er wird bequem, manchmal sogar hasenfüßig und läßt die Dinge eher über sich ergehen, als sie zu bestimmen. Durch den Geburtenrückgang in den letzten fünfzig Jahren werden jedoch schon eine Dekade später von den vielen indigenen jungen Männern nur noch wenige da sein. Dafür umso mehr alte Männer, die in Ruhe gelassen werden wollen, auch um den Preis der Unterwerfung unter die neuen jungen Herren. Zudem wird der junge deutsche Mann von morgen in einer irrealen Parallelwelt sozialisiert worden sein, in der die Eindeutigkeit des eigenen Geschlechts als Frevel gilt, die Lösung von Konflikten mittels Gewalt per se als verachtenswert und die Akzeptanz selbst der widerlichsten Fremdkultur als obligatorisch. Er ist der Luschi *par excellence*.

Der zweite Grund, weshalb uns bereits in einigen Jahren das Deutschland, das wir bisher kannten, um die Ohren fliegen wird, ist die besinnungslose, ja, masochistische Aufnahme von kräftigen, gesunden jungen Männern aus *failed states*, überwiegend aus muslimischen und afrikanischen Gefilden, die Dreiviertel der immer zahlreicher hereinströmenden »Flüchtlinge« ausmachen und in Wahrheit nichts anderes als Glücksritter sind, ohne tatsächlich verfolgt zu sein. Wir dürfen ihre Qualität, Bildung, Geisteshaltung, schon gar nicht ihren IQ überprüfen, bevor wir sie ins Land lassen, weil das gemäß gutmenschlicher Doktrin menschenverachtend wäre. Sobald Protest erfolgt, werden neben den üblichen Nazi-Beschimpfungen hanebüchene Statistiken herbeigezaubert und neunmalschlaue »Experten« zitiert, wonach dieses Klientel angeblich nur aus Hirnchirurgen und Molekularbiologen bestehe und uns demnächst einen satten Überschuß an Steuergeldern bescheren werde. Und wenn gar nichts mehr zieht, behauptet man, daß sie uns mit ihrer lustigen Art einfach unglaublich bereichern. Bleibt die Frage, warum dann bei 16,5 Millionen Migranten im Lande (20,5 % der Einwohner), von denen 5,5 Millionen hier aufwachsen und kostenfrei qualifiziert werden, der durchschnittliche Intelligenzquotient der Bevölkerung trotzdem stetig sinkt, warum Deutschland inzwischen nur noch vierzig Prozent der Patentbilanz Japans erreicht, jene Nation, die sich strikt vor Einwanderung abschottet, und weshalb bei der zweiten Generation der hier Geborenen nur 7,5 Prozent gute und sehr gute Mathenoten erreichen und fast einundfünfzig Prozent der Migrationsmathematiker bei den Noten »Mangelhaft« oder »Ungenügend« enden. Diese Talentfreien radikalisieren sich zunehmend, gewinnen mit tatkräftiger Unterstützung unserer hirnlosen Politiker gesellschaftlichen Einfluß und verströmen immer dreister das ekelhafte Odeur salafistischer Pseudo-Religiosität. Und bevor wir die überhaupt auf das Niveau deutscher Verhältnisse heben können, kommt schon der nächste Schub.

Die *alternativlose* Aufnahme von Flüchtlingsströmen scheint jedoch, wie man so hört, ein personelles Problem zu sein. Am 5. Januar 2015 gaben Forscher vom Rat für Migration, einem bundesweiten Zusammenschluß von Wissenschaftlern, in der Berliner Bundespressekonferenz recht absonderliche Dinge von sich. Sie verweisen darauf, »daß sich die Migration nur in begrenztem Maße steuern« lasse. In Zeiten, wo derartig viele Menschen auf der Flucht wären, sei es eine Illusion zu glauben, man könne dem »durch Grenzziehungen Herr werden«.

Ähm, wodurch denn sonst? Bei 300 000 Bundeswehrangehörigen, 250 000 Polizisten, zirka 30 000 Grenzschützern und etwa 100 000 Bediensteten der Ordnungsämter schafft es Deutschland nicht, seine Grenzen zu kontrollieren? Zumal die meisten »Flüchtlinge« ja nicht in der Nacht mühsam eine mit Stacheldraht und Elektrozäunen gesicherte Grenze überwinden, sondern ganz bequem mit dem Bus, Zug, oder Flugzeug kommen. Wieso sagt man nicht einfach die Wahrheit? Daß nämlich sämtliche EU-Länder auf das Dubliner Übereinkommen einen Dreck geben. Dieses Übereinkommen beinhaltet eine Drittstaatenregelung, die besagt, daß Flüchtlingen, die in ihrer Heimat verfolgt werden, die aber über einen sicheren Drittstaat einreisen, kein Asyl gewährt wird. Zwar trat das Übereinkommen 1997 in Kraft, aber Deutschland ist immer noch Abladehalde für den Überschuß aus Afrika und Arabien, weil hier dank eines überbordenden Sozialstaats selbst für Analphabeten und Debile ein Leben mit allem Komfort winkt und die Wenigsten wieder abgeschoben werden. Die butterweiche deutsche Justiz möchte sogar den im Asylverfahren längst abgelehnten Zigeunern und Albanern nicht zumuten, wieder in die Heimat zurückzukehren. Wahrscheinlich weil es dort im Winter so kalt wird. Zu diesen Wahrheiten gehört auch, daß der Deutsche ein von einer milliardenschweren Migrations- und Asylindustrie und von toleranzfanatischen, vergrünten Medien abgerichteter Seehund ist, der der rasenden Überfremdung seiner Heimat mit schlappen Flossen gefälligst Beifall zu klatschen hat, wobei er auf seiner Nase den bunten Ball der »Willkommenskultur« balanciert. Und was die echten Flüchtlinge angeht, so sind diese keineswegs unschuldige Aliens, die mit ihrem Raumschiff zufällig im Irak oder Syrien havariert sind, sondern ebenfalls Moslems. Aus ihrem islamischen Schoße sind ihre bestialischen Söhne erwachsen, die sie jetzt vergewaltigen, foltern, köpfen und mit Eisenstangen erschlagen. Es ist ganz einfach: Entweder überwinden sie die grausamen Suren ihrer Religion oder sie bleiben dort, wo sie hergekommen sind und kämpfen gegen ihre Peiniger. Wir brauchen sie bei uns so dringend wie eingewachsene Fußnägel.

Da eine Gegenwehr unserer entmannten Männern ohne jeden Abwehrreflex natürlich ein Wunschdenken bleiben wird, gibt uns der Forscher Werner Schiffauer vom Rat für Migration auch noch folgenden Tip: »Es ist wichtig, daß wir den Begriff ›Wir Deutsche‹ neu definieren.« Warum nicht, nennen wir uns doch einfach »Wir Garnixe«, und unsere Nationalhymne soll heißen: »Willkommen, Gesell, in unserm Bordell!« Aber offenbar glaubt der Migrationsheini nicht so recht, daß das ohne Spannungen abgehen könnte. Deswegen solle die Kommission herausfinden, wie der Zusammenhalt in einer pluralistischen Gesellschaft gelingen könne. Das Leitbild müsse auch Eingang in die Lehrpläne der Schulen finden. Verstehe ich nicht, das »Leitbild« ist doch in allen Schulbüchern schon drin. Meint er etwa damit, daß der »Flüchtling« fürderhin auch noch als »Sir« angesprochen werden muß und daß man vor ihm zu salutieren hat? So in etwa erklärt es uns auch die »Wissenschaftlerin« Naika Foroutan vom »Berliner Institut für empirische Integrations- und Migrationsforschung«, der Deutschland stets fremdgeblieben ist, nicht aber der deutsche Steuertopf, an dem ihr Institut klebt wie eine Fliege am Marmeladenglas. Sie ist nämlich der Ansicht, daß man sich in der Integrationspolitik nicht nur auf Migranten fokussieren dürfe. Im Gegenteil, die Deutschen bräuchten eigentlich »selbst Integrationskurse«. Die Einwanderungsgesellschaft sei nicht selbsterklärend, sondern sehr kompliziert, so die »Forscherin«. In der Tat, so kompliziert wie die Arbeitsteilung von Bakterien in meinem Enddarm. Komisch, daß bei all der Komplexität jeden Morgen unten immer noch ganz gewöhnliche Scheiße rauskommt.

Und so werden die Deutschen auch noch von sich an lek-
ker Steuergeld labenden »Migrationsforschern« bis zu ihrem
sicheren Untergang paralysiert und verschwult, wobei sie
unaufhörlich dieses ewige Migranten-Mantra von der ulti-
mativen Bereicherung auswendig lernen und immer wieder
aufsagen müssen. Bis irgendwann alle Migrantenforscher fort
sein werden. Doch die Messer an unseren Kehlen bleiben.
Schließlich wachsen die Parallelgesellschaften vornehmlich
durch den demographischen Faktor (das erste in Hannover
geborene Kind des Jahres 2015 heißt Mohamad), die Scharia
verdrängt die deutsche Justiz, deutsche Kinder sind in Kindergärten und Schulklassen immer öfter in der Minderheit
und werden gemobbt, in Kantinen wird bisweilen religions-
sensibel auf Schweinefleisch verzichtet, christliche Gebräuche
und Sitten verschwinden immer mehr, Ehrenmorde sind an
der Tagesordnung, die Separierung der Geschlechter wird
zur Regel, Massaker an Islamkritikern wie die Auslöschung
großer Teile der Zeitungsredaktion von »Charlie Hebdo« am
7. Januar 2015 in Paris werden zum Alltag gehören. Dies alles, weil der Islam in eine Machtlücke stößt, die sich auch
durch uns naiv-native Steigbügelhalter aufgetan hat. Ein oft
vernachlässigtes Detail kommt noch hinzu.

In meiner Jugend begegneten mir kaum Schwarze. Doch
war seinerzeit für mich das Zusammentreffen mit einem
Schwarzen keineswegs ein Anlaß zum *Fremdeln*, sondern geradezu eine freudige Sensation. Ich war neugierig auf diese
Menschen, wenngleich sie höchstwahrscheinlich auch nicht
anders waren als ich. Da ein Großteil der »Flüchtlinge« heutzutage Schwarzafrikaner sind und deren Anzahl sich bereits
in den nächsten Monaten und Jahren im Schulterschluß mit
den Moslems enorm potenzieren wird, werden sie bald zum
normalen Alltagsbild gehören. Allerdings kommt dadurch ein
»indisches« Problem auf uns zu.

Afrika ist ein hervorragender Industriestandort – für die
Produktion von Kindern. Jeden Monat wächst der schwarze Kontinent um etwa zwei Millionen Menschen, jedes Jahr

um 24 Millionen. Ein Ende des Wachstums ist nicht in Sicht. Keine Rückständigkeit, keine Armut, keine Hungersnot, kein Terror, keine Kriege, keine Malaria und kein Ebola konnten bis heute verhindern, daß die Bevölkerung in Relation zu ihrem zivilisatorischen und technischen Fortschritt und in Anbetracht ihrer Ressourcen in einem absurden Ausmaß wächst. Schon in fünfzehn Jahren werden 1,5 Milliarden und in fünfundzwanzig Jahren zwei Milliarden Menschen diesen Erdteil bevölkern, ohne daß sie anständig ernährt werden, geschweige denn ein menschenwürdiges Leben führen könnten. Auch breitet sich dort das Virus des Islam mit atemberaubender Geschwindigkeit aus, siehe Boko Haram, eine Terror- und Sexsekte ganz im Sinne des sexbesessenen Propheten Mohammed. Daß Europa infolge derart suizidalen Verhaltens noch nicht millionenfach bestürmt wird, liegt an den cleveren Chinesen. Ohne die Gefühlsduselei des Westens deichseln sie in erheblichem Ausmaß die dortige Infrastruktur, Energieversorgung und Nahrungsmittelherstellung im Austausch gegen begehrte Rohstoffen und üppige Ländereien. Der gelbe Mann würde an den schwarzen Mann jedenfalls nicht einen einzigen Cent abdrücken, wenn er nicht im Gegenzug einen Euro dafür erhielte. Der ganz große Sturm auf Europa und besonders auf Deutschland, als weltweit bekanntes Sozialparadies auf Erden, wird trotzdem erfolgen. Gegenwärtig erleben wir nur die ersten Wehen.

All die schrillen Stimmen, die in früheren Jahren den Papst für die Afro-Kinderüberproduktion verantwortlich gemacht haben, weil er den »Zehn kleinen Negerlein« gemäß seiner Katholo-Denke das Benützen von Kondomen oder anderen Verhütungsmittel für glaubensinkompatibel erklärt hat, sind inzwischen verstummt. Vermutlich weil selbst der glühendste Vatikan-Hasser und der schwachsinnigste Linke inzwischen eingesehen haben, daß dem Afrikaner die Worte des Papstes in Wahrheit schon immer am Arsch vorbei gegangen sind. Oder wie die Schnacksel-Wissenschaftlerin Gloria von Thurn und Taxis im September 2008 äußerte: »Der Schwarze schnackselt halt gerne.« Damals haben sich sämtliche deutsche Intellektuellendarsteller ob dieses lustig dahergeträllerten Spruchs, dem sie einen rassistischen Unterton attestierten, bis zum Kollaps echauffiert. Aber können wir uns heute sicher sein, daß sie Unrecht hatte? Wer schnakselt schon nicht gerne? Nur hat es eben nirgendwo so fatale Folgen wie auf dem afrikanischen Kontinent.

Man braucht keine aufwendige Wissenschaft, um zu dem Resultat zu kommen, daß bei afrikanischen Männern eine andere Art der Virilität vorherrscht als beim gewöhnlichen Mitteleuropäer, sofern bei diesem überhaupt noch davon gesprochen werden kann. Wir werden es in sehr naher Zukunft hierzulande mit einem Schlag von jungen Männern zu tun haben, der dem in unseren Schulen eingebimsten Ideal des verschwulten Mannes diametral entgegensteht. Noch einmal: Zwei Drittel der Asylbewerber/Flüchtlinge waren 2013 Schwarze und Mohammedaner, zwei Drittel der Asylanträge wurden von Männern gestellt, und von diesen sind 71,5 % jünger als dreißig Jahre. Wenn wir also von einem Status quo in der Zuwanderungspolitik ausgehen, an dem sich auch in Zukunft nichts ändern wird, und der von verantwortungslosen Politikern in Berlin und Brüssel ohne Rücksicht auf die einheimische Bevölkerung und gegen jede demographische Vernunft betrieben wird und de facto auf Invasion und Landnahme hinausläuft, so ist eine Frage – dringender als die arbeitsmarktpolitische – zu stellen: Gibt es genügend Frauen in Deutschland, um den Kräfteüberschuß dieser Einwanderer zu binden?

Sie finden meine Gedanken hart und obszön? Dann haben Sie keine Ahnung davon, welche Ausdrücke und Bilder in Köpfen von jungen Männern am Zenit ihrer Testosteronära kursieren, wenn sie frühlings und sommers junge Frauen sehen, von denen sie angezogen werden. Der jüngere deutsche Mann ist im Hinblick auf Frauen im sexuell attraktiven Alter ohnehin unterversorgt und immer mehr zum unfreiwilligen Zölibat gezwungen. Rein zahlenmäßig existiert heute bis zum 60. Lebensjahr ein Männerüberschuß, der erst im Rentenalter »kippt«, weil Frauen länger leben. Das hat komplexe Gründe. Zunächst einmal werden mehr Jungen als Mädchen geboren, und zwar durchschnittlich 105 Jungen auf 100 Mädchen. Das Ungleichgewicht, so wird vermutet, diente einst der Natur zur Bekämpfung der relativ hohen Sterblichkeit der Männer. Allerdings hat sich dieses Mißverhältnis inzwischen noch verschärft. Laut Daten der Weltbank aus dem Jahr 2011 kommen 107 Jungen auf 100 Mädchen.

Viel gravierender ist jedoch die Tatsache, daß auf den legendären »Babyboom« der Nachkriegszeit eine prolongierte Geburten-Flaute folgte. Zwischen heterosexuellen Geschlechtspartnern besteht ein durchschnittlicher Altersabstand von rund drei Jahren, daß heißt, etwas jüngere Ladies sind in aller Regel mit etwas älteren Gentlemen liiert. Der amerikanische Psychologe Douglas Kenrick hat nachgewiesen, daß diese Differenz *interkulturelle* Stabilität besitzt und von Kuba bis hin zu den Fidschi -Inseln zum Tragen kommt. Als die Geburtenziffern noch stiegen, stand aber nur eine relativ kleine Zahl von Männern aus den älteren Semestern einem überbordenden »Angebot« von potentiellen (jüngeren) Partnerinnen gegenüber. Der Grund: Viele heiratsfähige Männer waren im Krieg gefallen, wurden vermißt oder befanden sich noch in Kriegsgefangenschaft. Heute, da sich das Blatt gewendet hat, können die jungen (und kleineren) Frauen-Jahrgänge die Nachfrage der älteren (und größeren) Männer-Jahrgänge nicht mehr befriedigen: Immer mehr Mannsbilder bleiben »solo« und gucken in die Röhre. Der Trend ist ungebrochen, wie jetzt die neuesten Daten aus dem Bundesinstitut für Bevölkerungsforschung zeigen. Im Alter zwischen fündundzwanzig bis dreißig scharwenzeln heute etwa 2,1 Millionen ledige Männer um lediglich 1,2 Millionen unbemannte Frauen.

Zu allem Überfluß existiert wie überall auf der Welt auch bei uns eine kleine, aber feine Gruppe von älteren Männern, die dank ihrer hohen finanziellen Ressourcen (großes Vermögen und/oder hohes Einkommen) immer wieder in den Pool junger Frauen greifen und sie ihren jungen Geschlechtsgenossen abspenstig machen. Doch der Hauptgrund, weshalb der indigene junger Mann beim Schnackseln immer weniger zum Zuge kommen wird, liegt im erschreckenden Übergewicht junger Männer bei den heutigen Migrationsströmen, deren weiterer Zunahme er in aller Ahnungslosigkeit auch noch Beifall zollen muß, weil er in Bildungseinrichtungen sozialisiert wurde, die den grünen Vielfaltsquatsch lehren, und unter der Dauerbeschallung von Massenmedien steht, die ständig »Bereicherung, Bereicherung, Bereicherung!« brüllen. Höre ich da eine gestrenge Frauenstimme, die mich mit den Worten zurechtweist »Einerlei, wie der deutsche Mann dastehen wird, allein die Frau selbst hat zu bestimmen, mit wem sie sich einläßt und mit wem nicht«? Dann weißt du nicht, meine Liebe, was ein Sexkrieg ist, der in der Wissenschaft auch »Spermienkonkurrenz« genannt wird. Gleichgültig, was dich deine feministische Lektüre lehrt, deine Selbstbestimmung kann letzten Endes nur durch Ausübung männlicher Gewalt durchgesetzt werden. Wenn junge Männer, insbesondere die aus »Südland«, keine entsprechenden Ventile für ihr Verlangen finden, dann kann ganz schnell Schluß sein mit dem manierlichen Schnattern über frauliche Selbstbestimmung beim Latte macchiato. Den Schutz der Frau gewährleistet immer ein Mann, ob personalisiert oder institutionalisiert. Allerdings wird dich der deutsche Mann in Zukunft nicht mehr schützen können.

Kann dieser Sexkrieg in Deutschland bald eskalieren? In Indien ist es schon soweit. Bestialische Vergewaltigungen, stets von größeren Männer-Gruppen verübt und immer öfter mit tödlichem Ausgang für die Opfer, sind dort inzwischen an der Tagesordnung. Deren Ursache wollen soziologische Schlaumeier in der landestypischen Geringschätzung der Frau ausgemacht haben. Mag sein, doch zunächst liegt es an etwas viel Profanerem, und zwar an dem Mangel an Frauen. Ob heute in Indien ein Mädchen zur Welt kommt, hängt nicht selten vom guten Willen seiner Familie ab, die in ihm oft nur einen Kostenfaktor sehen, weil bei seiner Hochzeit ein teures Fest und eine hohe Mitgift fällig werden. Beides müssen die Brauteltern zahlen. Die bis zu 15 000 Euro sind für arme Leute eine horrende Summe. Manche Schwiegerfamilien sind unersättlich, fordern auch nach der Hochzeit weiterhin »Geschenke«. Der einzige Ausweg heißt dann für schwangere Frauen oft: Das Mädchen muß weg! Obwohl es verboten ist, werden weibliche Föten jedes Jahr zehntausendfach abgetrieben. 90 Prozent aller Abtreibungen in Indien entfallen auf weibliche Föten, und wer sich den Klinikaufenthalt nicht leisten kann, bringt das Mädchen zur Welt und tötet es danach. Nach einer kandischen Studie kommen in Indien auf 100 Frauen 113 Männer. Ein Zahlenverhältnis, das für die Frauen weit mehr als bedrohlich ist.

Auch in Deutschland gibt es in dieser Hinsicht keinen Grund, gelassen in die Zukunft zu schauen. Nur ein Beispiel: Unter großem Wohlwollen, ja, sogar gefördert von der Bezirksbürgermeisterin Monika Herrmann von den Grünen, wurde mitten in Berlin bereits ein Veranstaltungsort der ganz speziellen Art geschaffen, der sich mittlerweile institutionalisiert hat. Die Rede ist von der von »Flüchtlingen« besetzten ehemaligen Gerhart-Hauptmann-Schule im Bezirk Friedrichshain-Kreuzberg, deren illegale Aneignung und Ausbau zur regulären Wohnstätte, inklusive Putzdienst, Essen auf Rädern und Securityservice rechtswidrig ist, aber dennoch mit so hohen Summen aus der öffentlichen Kasse gefördert wurde, daß am Ende sogar der Bezirk dabei pleite ging. Es handelt sich bei diesen Flüchtlingen, die zwischenzeitlich auch ein illegales Camp auf dem Kreuzberger Oranienplatz errichtet hatten, um junge schwarze Männer, die ihre Pässe vernichteten, um einer Abschiebung in ihr Herkunftsland vorzubeugen. Während jedoch deutsche Medien in dieser Sache nur über den Hickhack berichteten, ob nun die Flüchtlinge aus dem Ex-Schulgebäude wieder ausziehen würden oder nicht, lief darin in Wahrheit ein ganz anderer Film ab. Die linksradikale Seite *de.indymedia.org* veröffentlicht am 24. Mai 2013 folgenden Bericht einer jungen Dame, die unter der einschlägigen Weltsicht ihres Milieus in besonderer Weise zu leiden hat:

»Als das Refugee-Protest-Camp am Oranienplatz in Kreuzberg noch in den Kinderschuhen steckte, gehörte ich, wie viele andere, zu den Supporter_innen, die teils in verschiedenen Arbeitsgruppen aktiv waren oder auch einfach nur hin und wieder eine Schicht im Infozelt übernahmen. Ich verbrachte viel Zeit dort (...) Schon von Anfang an waren wir Supporter_innen vielen Anmachen, Sprüchen, Annäherungen und Berührungen von männlichen Refugees/Supportern ausgesetzt (...) Es wurde wie selbstverständlich ein Arm um mich gelegt, wie selbstverständlich umarmte man sich, küsste man sich auf die Wange. Zu der freundschaftlichen und kuscheligen Umgangsweise im Camp paßte dieses Verhalten sehr gut. Daher war es schwierig, erstens überhaupt diese Formen der Übergriffe als solche wahrzunehmen, genauso aber sich schließlich dagegen zu wehren. Ich bekam langsam mit, daß immer mehr Frauen, die supporteten, vom Camp weg blieben (...) Mein persönlicher Kontakt zu besonders einem Mann innerhalb der Campstruktur wurde sehr eng, bis es schließlich zu der Situation kam, daß er sich (in der Gerhart-Hauptmann-Schule) nahm, was ihm, seiner Ansicht nach, zustand. Nachdem es mir gelungen war zu flüchten, wandte ich mich sofort an Menschen aus meinem direkten Umfeld. Ich hatte bis dahin aufgrund meiner politischen Auseinandersetzung mit sexuellen Übergriffen und ›Rape‹ sowie durch die feministische Erziehung meiner Mutter, gelernt, diesen Vorfall nicht für mich zu behalten, sondern mich an Menschen, denen ich vertraue, zu wenden (...)«

Man kann sich nur an den Kopf fassen. Egal wieviel Wohlwollen auf der einen Seite vorhanden ist, bei diesem Zusammentreffen zweier Welten endet es wenig überraschend in einem Desaster. Dazu kommt, daß die junge Frau nicht zur Polizei gegangen ist, »da ich mich den Verhören nicht aussetzen konnte und wollte«. Hier scheint zu allem Unglück auch noch eine ideologische Verblendung durch, die die Polizei als einen sich an sexuellen Details aufgeilenden Altmänner-Verein betrachtet, der Opfer sexueller Gewalt mit üblen Verhören demütigt, obgleich diese Art von Vernehmungen heutzutage von dafür geschultem weiblichem Personal durchgeführt werden. Stattdessen wandte sie sich an »weiblich sozialisierte« Personen innerhalb der Campstruktur. »Was nun folgte, war fast schlimmer, als die Tat selbst.« Mehr oder weniger gaben ihr diese weiblich sozialisierten Personen zu verstehen, daß sie den mißlichen Zwischenfall gefälligst für sich behalten solle, damit das Strahle-Image vom Flüchtling als Opfer unbefleckt bleibe.

> »Dieser Vorgang zog sich unglaublich lange hin und ich hatte währenddessen immer den Eindruck, daß er (der Vergewaltiger) mehr geschützt wird als ich. Irgendwann also zog ich mich zurück, kapitulierte. Warum ich nun doch möchte, daß diese Geschichte publik wird, liegt daran, daß ich hundertprozentig weiß, daß ich zu diesem Zeitpunkt bereits der dritte ›Rape‹-Fall innerhalb des Refugee-Protest-Camps war. Inzwischen ist die Anzahl der Fälle wohl gestiegen. Es heißt, daß sich in die besetzte Schule keine Frau traut, da sie dort ›sofort vergewaltigt würden‹.«

Doch trotz allem scheint ihr Weltbild unangetastet zu bleiben. Hinter dem gekünstelt anklägerischen Antifa-Sprech, das sich dank Pidgin-Gebräu aus *refugee* und *rape* noch stärker verschanzt, scheint die Wirklichkeit keinen Platz zu finden. Kann sich überhaupt jemand ausmalen, was für ein hoch explosives Gebräu aus aufgestautem Testosteron, abgrundtiefem Gutmenschentum und hochgezüchteter Wehrlosigkeit sich bald über dieses Land ergießen kann? Besitzt denn keiner unserer Politiker Hirn genug, um zu erkennen, daß die Folgen der gegenwärtigen Politik verheerend sein können? Sie zeigen sich bereits in mehreren Ländern Skandinaviens, wo inzwischen fast ein Großteil der Vergewaltigungen auf das Konto von Migranten gehen. Wieso stoppt niemand diese gefährlichen Türaufreißer, die jedem Fremden als erstes den Weg zu ihrem Schlafzimmer zeigen?

Ach, beinahe hätte ich sie vergessen, die Bundeswehr. Die »Truppe« wird in dieser von mir beschriebenen nahen Zukunft bestimmt hart durchgreifen, wenn die Kacke so richtig am Dampfen ist. Wenigstens dafür wird sie doch noch gut sein, unsere teure Armee, deren Krippenbetreuung und Elternzeitmodelle schon jetzt auf Weltniveau angelangt sind, so daß die Soldaten sich wieder voll auf ihre eigentliche Aufgabe konzentrieren können. Fragt sich bloß, wer zukünftig in dieser Armee den Soldaten mimt. Der Single-Mann Sören-Tobias, der zur Vermeidung eines beinharten Konkurrenzkampfes in der Eros-Arena und aus Angst vor Regreßansprüchen bei einem falschen Schuß sich lieber dem Ölen seines G36-Gewehres mit Platzpatronen hingibt? Oder vielleicht doch Ali und Abeeku mit Doppelpaß, die bei dem Verein überhaupt erst anheuern konnten, weil die Anforderungen, insbesondere im sprachlichen Bereich, noch weiter herabgesetzt wurden, und die sich schon bestimmt darauf freuen, auf ihre Brüder zu feuern? Ich kenne die Antwort, behalte sie jedoch für mich.

Also, was ist mit dem deutschen Mann? Er verharrt in Duldungsstarre vor einer Phalanx aus Irren, die ihn in »Blümchenröcken« stecken wollen und glauben, daß er in Wahrheit eigentlich schwul, transgender oder etwas ganz anderes, aber auf jeden Fall nicht hetero ist. Oder er verkriecht sich hinter dämlichen Hobbies, läßt sich einen Vollbart wachsen, trinkt Milchkaffee, was sich auf Italienisch natürlich viel hipper anhört, und zieht sich Coldplay in der Dauerschleife rein, weil der weinerliche Sound so schön das Selbstmitleid zelebriert, nachdem seine Alte mit einem Lenny-Kravitz-Klon aus Ghana durchgebrannt ist. Eigentlich genügt aber auch ein Blick in den Supermarkt.

Dort ereignet sich das Trauerspiel vorzugsweise samstags. Männer mit leerem Blick im Schlepptau einer zänkischen Frau, die sie anweist, die Tampons auf das Transportband an der Kasse zu packen. Sie funktionieren wie Marionetten, wehrlos, ohne Substanz. Lassen sich vor anderen Kunden ankeifen und zurechtweisen, wie die Einkaufstasche *korrekt* zu packen sei. Der Griff zur Zigarettenausgabe wird mit einem bösen Blick untersagt. Dafür liegen Maggi-Fix-Produkte, Erasco-Dosen mit Kartoffelsuppe und Fertigburger auf dem Band, die der Mann später am Abend vortrefflich zuzubereiten weiß. Meist ißt er allein, während er seiner Frau dabei zuhört, wie sie am Telefon mit ihrer besten Freundin über ihn lästert. Es gibt kein Aufbäumen mehr, keine vernehmliche Abwehr der überflüssigen, stutenbissigen Attacken, die aus dem Mund einer griesgrämigen Frau mit erdwärts hängenden Mundwinkeln stammen. Das Wort »Selbstaufgabe« beschreibt dieses Schicksal wohl am besten. Desillusioniert, ein Hamster im Laufrad. Kaum vorstellbar, daß sich diese Paare in grauer Vorzeit wild in den Laken gewälzt, sich schmutzige Wörter ins Ohr geraunt, einander Komplimente gemacht, euphorisch und glücklich die Tage verbracht haben. Jetzt trotten sie wie Zombies nebeneinander her. Geblieben ist eine große Bitterkeit, die sich in den Gesichtern widerspiegelt und darin tiefe Furchen gräbt. Es ist wohl häufig eine lähmende Gleichgültigkeit, fehlender Stolz und mangelnde Selbstachtung des mittelalten Mannes, was ihn in diesen unerträglichen Situationen erstarren läßt. Der Sinkflug dieser Männer wird immer weiter gehen, bis zur völligen Selbstaufgabe. Sie werden kraftlos und ohne Energie ihr Dasein fristen, gezwungenermaßen asexuell leben, den in der Brigitte publizierten feministischen Scheiß für die Realität halten, weiterhin brav die gleiche Jack-Wolfskin-Jacke zum Einkaufen tragen wie ihre Frauen, sich die Wahl des PKWs vorschreiben und das dritte Bier am Abend verbieten lassen.

Ein Schicksal, das freiwillig gewählt wurde.

IV.
UM FRAUEN MUSS MANN
SICH KÜMMERN

Bin ich der einzige Mann, dem es so geht? Gut, ich bin 56 Jahre alt, also nur etwas älter als jung, und habe mir seinerzeit sogar noch die alten Schwarz-weiß Filme im Spätprogramm des Fernsehens angeguckt, in denen Männer Maßanzüge und Hut trugen und wie bekloppt Filterlose aus dem Goldetui rauchten. Weil es keine Smartphones gab (meine Eltern besaßen nicht einmal ein Telefon), waren wir Jungs komplett auf das telepathische Erspüren der Begehrlichkeiten von Frauen und ihrer Zusammenrottungstätten angewiesen.

Ich weiß nicht, ob es an meiner damaligen sogenannten Sozialisation liegt, wie es heute so schön heißt, jedenfalls habe ich mich immer als echten Mann empfunden, wenn ich Frauen etwas Gutes tun konnte. Ob ich sie zum Essen einlud, ihnen ein besonderes Geschenk machte, einfach so schöne Sachen kaufte, die sie sich schon immer gewünscht hatten, oder ihnen das Gefühl und das Versprechen gab, daß sie sich auf mich, *ihren* Kerl verlassen könnten, ja, da war ich stets ein ganzer Mann und fühlte mich auch so. Warum? Ich liebe alles an den Frauen, alles, alles, alles! Schon wie sie aussehen, so ganz anders … Ganz gleich, ob mit Beinen wie Kartoffelstampfer oder einer bleichen Haut wie bei einer Wasserleiche, mir gefällt's. Es ist die Neugier auf das andere Geschlecht, ich bin absolut verrückt nach Frauen! Ich liebe ihre zarten Gesichter, vor allem den entrückten Ausdruck darin, wenn es »Klick« macht, und sie damit signalisieren, sich hingeben zu wollen; ihren Duft, so muß es auch im Himmelreich riechen; ihren Körper, kleine Busen, große Busen, ist mir wurscht, ich mag ihre Ärsche – Apfel, Birne, platt oder drall wie eine überreife Frucht, her damit! Und schlußendlich ihren geheiligten Kristallisationspunkt, von dem mir ein Idiot von einem Freund einmal sagte »na, da sehen sie doch wirklich alle gleich aus« – von wegen!

Nein, es sind nicht nur Äußerlichkeiten. In meinem Roman »Der Rumpf« erklärt der Bösewicht: »Frauen sind komische Wesen, Daniel. Im Gegensatz zu uns machen sie Wandlungen durch. Erst sind sie betörend, gleichen unnahbaren Engeln, als gehörten sie nicht in diese Welt, als kämen sie von einem exotischen Stern, um uns nur einen kleinen Besuch abzustatten. Dann aber verwandeln sie sich mit einem Mal in hemdsärmelige Praktiker, indem sie Haushalte aufbauen, Wohnungen einrichten und Kinder aufziehen. Mann ist dann versucht, zu glauben, daß sie für diese Dinge ein heimliches Studium absolviert haben. Männer sind anders. Sie setzen sich für jede Gelegenheit, für jede erdenkliche Situation eine andere Maske auf. Doch in ihrem Innern bleiben sie immer die gleichen.«

Ich sehe schon meinen Richter vor mir, eine Kombination aus einem Anstaltspsychiater (spezialisiert auf Schwerstgestörte) und einem Professor für feministische Theorien. Er sagt: »Ganz ruhig, Herr Pirinçci, ganz ruhig. Sehen Sie, Ihr Fall ist nichts Außergewöhnliches in ihrer Generation. Sie sind halt ein Relikt, ein altmodischer Typus, der sich erst als Mann bestätigt fühlt, wenn er eine Frau in ein Abhängigkeitsverhältnis genötigt hat, ja, wenn er, verzeihen Sie die harte Formulierung, eine Frau *kauft*. Männer wie Sie haben gegenüber Frauen einen anerzogenen Minderwertigkeitskomplex, sie weigern sich, ihnen auf Augenhöhe zu begegnen, sie wollen sie korrumpieren und unmündig und klein halten, indem sie den spendablen Macker heraushängen lassen. In der Hoffnung, daß die Frau dann das gefügige kleine Mädchen für sie mimt. Männer wie Sie sind aber inzwischen outer als *outer space*.«

Das hat gesessen! Allerdings hätte ich zwei Einwände gegen diese Standpauke vorzubringen. Um mit dem brutaleren anzufangen: Klar kaufen sich Männer Frauen, überall auf der Welt, immer schon. Am offensichtlichsten tun sie es bei der Prostitution, sie tun es aber ebenso bei einer arrangierten Ehe durch den Brautpreis. Am stärksten hintenherum und in unseren Breitengraden auch am häufigsten verbreitet ist die Variante unserer Obere-Mittelschicht-Habitate, bei denen sich zum Beispiel der etwas ältere Manager und die junge Philosophiestudentin trotz des großen Altersunterschieds so super verstehen, daß es sowohl für sie selbst und als auch für Außenstehende nach einer »kultivierten« Beziehung aussieht. Wenn man die Hurerei, bei der der Frauenkauf selbst mit zwei zugedrückten Augen nicht mehr zu leugnen ist, ausklammert, ist es jedoch eine Überlegung wert, ob die stillschweigenden Abkommen der gehobenen Variante von den betroffenen Frauen bewußt auch als solche wahrgenommen werden und ob nicht vielmehr die ihnen eigene (evolutionäre) weibliche Strategie die Wahrnehmung derart umschwindelt, daß sie durch einen selbst auferlegten Liebestunnelblick allein das Angenehme der »Romanze« sehen und nicht das merkantile Tauschgeschäft. Der geilste Sugardaddy heißt übrigens weder Horst noch Dieter, sondern »Sozialstaat«, und alimentiert Millionen von Frauen plus ihren Nachwuchs, der rund 15 Prozent, also etwa 1,6 Millionen Kinder in Deutschland ausmacht. Und das, ohne eine Gegenleistung zu verlangen. Wie sagte doch mein Vater immer: »Für Frauen muß man immer zahlen!«

Bei Punkt zwei möchte ich zu bedenken geben, daß es einen großen Unterschied macht, ob ein Mann eiskalt und strategisch seine Ressourcen einsetzt, um an ein Sexabenteuer oder überhaupt an eine Frau zu gelangen, oder ob er seine Männlichkeit althergebracht dadurch streichelt, daß er einer Frau seinen Schutz und seine finanziellen Mittel angedeihen läßt und in einem Gentlemen's Agreement romantischer Manier die Grenze zwischen selbstloser Hingabe und Eigennutz verwischt. Augenzwinkernd oder schwärmerisch, versteht sich. Gern wird heutzutage diese zweifelhafte Sache namens Männlichkeit sogar von der Feministenfraktion mit dem Übernehmen von Verantwortung in Zusammenhang gebracht, wenn sie überhaupt noch im positiven Sinne besetzt wird. Aber hat jemand mal daran gedacht, daß das gerade heute übelst verpönte Modell des Patriarchen, der zwar mit gestrenger männlicher Hand über die Seinigen herrscht, insbesondere über die Frauen seines Hausstands, sie jedoch zugleich gegen jede Unbill des Lebens versichert? Auf eigene Kosten?!

Selbstverständlich gibt es im gegenwärtigen Deutschland keine Patriarchen mehr, ach was, es gibt nicht einmal mehr Männer, die nur für eine einzige Frau die Verantwortung übernehmen wollen, geschweige denn die »Bezahlung«. Jedenfalls nicht bei den »Bio-Deutschen«. Eine sechsundzwanzig Jahre alte Freundin erzählte mir die folgende Geschichte, die ich zunächst nicht glauben konnte. Ein Mann, charmant und sehr an ihr interessiert, fragte sie, ob sie mit ihm essen gehen wolle. Da sie ihn ebenfalls sympathisch fand und sich sehr gut so manches mit ihm vorstellen konnte, nahm sie seine Einladung an. Der Anfang im Restaurant verlief vielversprechend, man aß und kam sich dabei näher und näher, und in welcher Weise der Abend in die Nacht münden würde, schien beiden klar zu sein. Als aber der Kellner am Ende des Mahls mit der Rechnung erschien, kam die große Überraschung: Auf die unvermeidliche Frage »Zusammen oder getrennt?«, antwortete der Kerl allen Ernstes »Getrennt«!

Ich möchte mich hier nicht als den großen Frauenverwöhner aufspielen, zumal mich diese Rolle bei meinem Einkommen *nichts kostet*. Aber auch ich wurde nicht mit einem goldenen Löffel im Mund geboren, und trotzdem wäre es mir in meiner jugendlichen Pennerära selbst in meinem peinlichsten Alptraum nicht eingefallen, eine Frau zum Essen einzuladen und sie dann ihren Teil selbst zahlen zu lassen. Da fraß ich lieber einsam und allein in meinem Kabuff aus der Konservenbüchse. Außerdem gibt es Ausnahmen von der Regel. Wenn die Frau von vornherein weiß, daß sie es mit einem armen Teufel zu tun hat und seine prekäre Situation kennt, kann »getrennt« völlig in Ordnung sein.

Doch wie sich herausstellte, konnte der arme Kerl gar nichts dafür, daß er gleich beim ersten Date die erste und wichtigste Anstandsregel brach. Meine Freundin, einigermaßen geschockt, erzählte die Geschichte ihren Freundinnen, und die Frauen lächelten nur abgeklärt und waren recht erstaunt darüber, daß sie die modernen Gepflogenheiten in Sachen Annäherung zwischen Männern und Frauen nicht

kannte. Die jungen Männer seien heute mehrheitlich so gestrickt, und sie betrachteten es sogar als ein Zeichen ihrer
abgeschlossenen Emanzipation, meinten die Freundinnen,
wenn das weibliche Liebes-Gegenüber nicht mit der groß-
kotzigen und eigentlich total chauvinistischen Geste der
Rechnungsübernahme beleidigt würde, da diese impliziere,
daß man die Frau mittels eines doofen Abendessens zum Sex
verpflichte, sie dadurch zumindest einem sexistischen Druck
aussetze. Schön und gut, wenigstens spart Mann so jede
Menge Kohle, nicht wahr?

Der Trick »Sex-durch-Candle-Light Dinner« funktioniert
natürlich nicht im Puff. Da wird vorher nicht fein gespeist,
sondern für den Fick prompt und ganz unromantisch vorab gelöhnt. Das Geschäftsmodell bei der BbB (Beine-breit-
Branche) hat sich seit 10 000 v. Chr. um kein Jota verändert.
Und diese Branche besteht keineswegs aus einem rührigen
kleinen Haufen, der eine selten nachgefragte Dienstleistung
anbietet. Soll ich Sie mal schocken? Was glauben Sie, für welches »Start-Up« sich 25 Prozent, also ein Viertel von zirka
1 600 000 weiblichen Selbstständigen in diesem Lande entschieden haben? Genau, für eins in der BbB! Wenn man die
nicht registrierten Amateur- und Studentenhuren und abhängig beschäftigten Sexarbeiterinnen dazu zählt, kommen wir
sogar locker auf eine halbe Million Frauen, die davon leben,
daß der Mann für sein Begehr gefälligst zu zahlen hat, und
das nicht zu knapp. Um sich die Dimension dieser »Arbeits-
marktzahlen« vorzustellen, hier ein Vergleich: Im Prostituti-
onsgerwerbe arbeiten fast so viele Menschen wie in der Au-
tomobil-Branche, die schließlich als wirtschaftlich stärkster
Muskel Deutschlands gilt. Es entbehrt also nicht einer gewissen Schizophrenie, daß einerseits der Mann nach feministischem Tenor die Frau nicht einmal in Form eines harmlosen
Werbungsrituals wie der Einladung zum Essen zum käufli-
chen Sexobjekt degradieren darf, andererseits jedoch für einen
lieblosen, kalten Fick in einem anonymen Zimmer ganz tief
in die Tasche greifen muß.

Ich erzähle diese Anekdote deshalb, weil das moderne Mann-Frau-Muster nicht allein privater Natur ist, sondern sich mittlerweile bis in die hohe Politik, explizit in die Familienpolitik, hinaufgefressen hat. Das höchste Ideal der deutschen Familienpolitik ist nämlich wundersamerweise gar nicht mehr die Familie als solche, sondern deren Abschaffung in geordnetem Rückzug. Die Frau soll so schnell wie möglich erwerbstätig werden und auch als frisch gebackene Mutter am besten schon direkt nach der Entbindung sofort wieder vor Freude jauchzend zu ihrer Arbeitsstelle rennen, wobei das Kind sich derweil in eine niedliche Puppe verwandelt, die, wenn Spielzeit ist, wieder aus der Spielzeugtruhe, besser gesagt aus Kita, Krippe oder Kindergarten rausgeholt wird. Zweck der Übung ist ähnlich gelagert wie der beim Erlebnis meiner Freundin. Auf gar keinen Fall darf die Frau, insbesondere die junge, finanziell von einem »Ernährer« oder »Versorger« mit XY-Chromosomen abhängig sein, weil sie sonst in die Hölle kommt. Nicht daß irgendein deutscher Mann sich um diese Ehre reißen würde, das Gegenteil ist inzwischen die Regel. Vielmehr soll die Frau Familie und Kinder lediglich als eine erträumte Großanschaffung wie den Erwerb eines Cabriolets oder die Unternehmung einer dritten Urlaubsreise innerhalb eines Jahres, also als einen nicht unbedingt notwendigen Lifestyle betrachten. Bestenfalls soll die Familiengründung ein in sehr weiter Ferne liegendes Zukunftsprojekt sein, wogegen das Schuften bis zum Burnout gar nicht früh losgehen kann, weil erst das sie wirklich zur Frau macht, oder, noch besser, zum neuen Mann. Dabei ist in all dem debilen Blabla aus dem Hause der Familienministerin Manuela Schwesig von »Fehlanreizen« die Rede, als ob die Frau einen unverzeihlichen Fehler macht, wenn sie ihre Erfüllung in der Familie findet, und von »Verschwendung von Potentialen«. Auf diese verschwendeten Potentiale werde ich gleich zu sprechen kommen.

Offenbar soll die klassische Familie sukzessive zerstört werden, und zwar unter Mithilfe von lesbisch-feministischen

Theoriegeschützen, vereinsamten, gleichwohl an den Schalt-
stellen der Sozialpolitik befindlichen Menschenfeinden und
emotional gescheiterten Existenzen, denen das heterosexuelle
Familienglück schon immer ein Dorn im Auge war. Dazu hat
man sich von Seiten des Staates zwei Tricks einfallen lassen.
Der erste funktioniert folgendermaßen: Das wertschöpfende
Individuum, namentlich der Mann, muß über Steuern, Abgaben, Gebühren und Beiträge derart gründlich gemolken
werden, daß keines der beiden Geschlechter ein Einkommen
erwirtschaften kann, das für den Unterhalt einer Familie aus-
reichen würde, nicht einmal mehr in der Mittelschicht, die
in Wahrheit längst keine mehr ist. Männer und Frauen sollen nach Ansicht des Staats nicht mehr ihren von der Natur vorgegebenen Rollen entsprechen, sondern sich nur noch
als ökonomisch *Gleichberechtigte* begegnen, als zwei Habe-
nichtse, die nur noch den kümmerlichen Rest einer Familie
finanziell über die Runden bringen. Hübscher Nebeneffekt:
Sie treffen sich jetzt als entmännlichte und entweiblichte Figuren, die auf ihre geschlechtsspezifischen Strategien nicht
mehr bauen können, als Entseelte und Geschäftspartner (da
man ständig in der Angst schwebt, daß ohne das Gehalt des
anderen der Ofen aus ist), als unverbindliche Lover, zuletzt
als Bedarfsgemeinschaften, aber sicher nie als eine Familie
oder Sippe, in der ein Mann Liebe und Hochachtung genießt,
weil er ganz alleine Frau und Kinder zu versorgen imstande
ist, und wo die Frau mit sanfter Hand »den Laden schmeißt«.
Nein, man soll, wie das Familienministerium mit seinen
familienfeindlichen Verlockungen und Erlassen suggeriert,
aus dem angeblich längst auf Grund liegenden Kahn namens
Familie jederzeit wieder auftauchen, an die Wasseroberflä-
che und in die Freiheit zurückkehren können, wo einen nach
dem ersten befreiten Luftholen nichts anderes als die Ödnis
eines einsamen Ozeans erwartet. Nun also arbeiten beide Geschlechter in Eintracht zusammen - und länger. Das wiederum
beschreibt exakt Manuela Schwesigs »Vision« von »Familienarbeitszeit«, wonach beide Ehepartner drei Jahre lang auf

einer 80-Prozent-Stelle arbeiten sollen, bei staatlichem Lohnausgleich, was sich natürlich vor allem gegen die Halbtagstätigkeit vieler Mütter richtet. Bei »Familienarbeitszeit« handelt es sich um eine absolute Glanzleistung aus dem Repertoire des familienpolitischen Neusprechs, ist doch genau jene Zeit gemeint, die Familien jetzt *nicht* mehr haben, weil die Eltern insgesamt mehr arbeiten sollen, nämlich 64 statt 60 Stunden pro Woche (zweimal 32 Stunden statt 40 plus 20). Hört sich ab 17 Uhr im Büro aber großartig an: »Arbeitest du noch lange, Liebling?« - »Nein, ich mach Familienarbeitszeit.«

Das Aufteilen von Arbeits- und Familienzeit unter den Eltern nach der neuen 50:50-Doktrin nennt sich dann »partnerschaftlich«, erhöht den Frauenerwerbsanteil und dient damit nicht etwa dem Bedürfnis des Marktes nach billigen Arbeitskräften und des gefräßigen Staates nach noch mehr Steuergeld, sondern selbstredend der Befreiung der Frau. Gegen die »Teilzeitfalle« hilft Ministerin Schwesig mit dem »Recht auf Vollzeit«, das Mütter nachweislich nicht selbst fordern, aber natürlich brauchen, um länger arbeiten gehen zu *dürfen*. Wie sollen sie auch sonst familiär, finanziell und fiskalisch zu Rande kommen? Immer, wenn die Politik die Vereinbarkeit von Familie und Beruf fordert, meint sie die Maximierung der Arbeitszeit auf Kosten der Frau und damit der Familie. Während man früher jedoch tunlichst vermied, das offen auszusprechen, ist das w*ording* heute deutlicher. Da sitzen Mütter in der »Kinderfalle« und fristen am Herd ein elendes, unproduktives Dasein. Wo es doch deutlich befriedigender wäre, als Tagesmutter fremde Kinder großzuziehen und fremde Menschen gegen Geld zu pflegen, anstatt die eigene Familie zu versorgen. Das weiß man doch inzwischen. Allein für den Gebrauch des Wortes »Kinderfalle« müßte man Politikern nonstop Backpfeifen geben. Mit »Falle« assoziiert man automatisch etwas Negatives, Gefangenschaft, Ausweglosigkeit, Verletzung und Blutverlust. Das in jeder Kultur verehrte, wenn nicht sogar sakrosante Bild der Mutter, die ihr Kind ernährt und behütet, wird hierdurch pervertiert, entweiht und ins genaue Gegenteil verkehrt. Das Kind ist nach dieser Sichtweise eine Art Dämon, der wie in einem schlechten Exorzistenfilm in die Frau hineingefahren ist, sie quält und in Gefangenschaft hält. Die süßen Kleinen seien in Wahrheit gar nicht so süß, heißt das, und ein Segen erst recht nicht. Wer braucht sie schon, die Gefährten aus eigenem Fleisch und Blut, die so wundersam mit der eigenen Biographie verwachsen sind, die man im gesetzteren Alter so schätzt und auf die man irgendwann in jeder Hinsicht, vor allem aber emotional, angewiesen sein wird? Nein, nach der familienfeindlichen Denke des Familienministeriums stellen sie eine besonders katastrophale Karambolage auf der Lebensautobahn dar, die unzählige Opfer fordert. Wegen der Kinderfalle kann die Frau nämlich jetzt nicht mehr morgens um fünf Uhr aus dem Bett springen und zur Arbeit flitzen, um dort vor lauter »Unabhängigkeit vom Mann« einen Orgasmus zu kriegen. Die nackte Lüge, denn in Wahrheit wird die Zubereitung des Mittagsmahls für das eigene geliebte Kind die Rumhockerei im fremden, grauen Arbeitsalltag immer und allemal aufwiegen. Es hat wirklich etwas Beruhigendes, daß die neue Generation der Berufspolitiker, die die Realität nur aus Talkshows kennt, in denen sie selbst auftritt, sich mehrheitlich nicht mehr fortpflanzt.

Mit dem vom Staat geplünderten Geld der real und hart arbeitenden Männer und Frauen sollen nach den Vorstellungen von Manuela Schwesig, die früher wohl nicht von ungefähr das zweifelhafte Metier der Steuerfahndungsprüfung ausgeübt hat, das *fuck-and-go*-Prinzip und die Fruchtbarkeitsexplosionen der ausländischen Macho-Männer, hauptsächlich Moslems und Schwarze, bezahlt werden, die niemals finanziell zu Rechenschaft gezogen werden. Das deutsche Familientier kann deshalb nicht mehr aus eigener Kraft seine Familie versorgen, weil es darüber hinaus noch die Zeugungswut Anderer alimentieren muß. Das schimpft man hierzulande sozial, und die blondgefärbte Frau Schwesig nickt es auch noch ab. Schlimmer geht es nicht!

Der zweite Trick dieses Unstaates, vornehmlich des Familienministeriums, zwecks Abschaffung der traditionellen Familie, ist im Grunde ein fester Bestandteil des ersten Tricks. Er ist inzwischen in die Hirne junger Frauen so tief implantiert, daß dessen Wirkung und Falschheit erst bemerkt wird, wenn frau (immer öfter kinderlos) auf die Vierzig zugeht oder es vollends zu spät ist. Eigentlich besteht der Trick aus einem einzigen Wort: Karriere. In meinen Jugendtagen verwendete man diesen Begriff für den kometenhaften und unglaublichen Aufstieg von Hollywood-Stars, ganz selten auch für den von Selfmade-Millionären. Unter »Karriere« verstand man zu jener Zeit nicht eine gewöhnliche Berufslaufbahn, schon gar nicht einen Universitätsabschluß und noch viel die Ausübung eines 08/15-Berufs. »Karriere« bezeichnete stets eine außergewöhnlich steile Laufbahn, und deshalb sagte man auch halb bewundernd, halb neidisch: »Na, der/die hat vielleicht eine Karriere gemacht!«

Anfang der 80er Jahre begann man das Wort »Karriere« hinsichtlich seiner ursprünglichen Bedeutung schleichend zu banalisieren. Der Begriff wurde entwertet und demokratisiert. Jedermann und Jedefrau strebte jetzt um Gottes willen keinen doofen Beruf oder einen x-beliebigen akademischen Abschluß an, sondern gleich eine Karriere, die eigentlich schon ihren Gipfelpunkt erreicht hatte, sobald man den ersten Arbeitstag antrat. Bei *Spiegel online* gibt es eine Rubrik mit dem Titel »Karrierespiegel«, in der allen Ernstes darüber berichtet wird, in welchen Branchen sich ein Praktikum für lau lohnt und wie man den Chef daran hindern kann, den Mindestlohn zu umgehen. Bald kann sich auch die Klofrau bei McDonald's einer Karriere rühmen. Da gemäß der Sozialdemokratisierung der Gesellschaft jeder Blödmann ein Star sein kann, kann folgerichtig auch jeder Blödmann eine Karriere hinlegen. Jedenfalls dem Anschein nach.

Ich kann mich noch genau an diese früheren Jahre erinnern, in denen mich die Eltern meiner damaligen Freundinnen überschwenglich in ihren properen Wohnzimmern empfingen und während der Gespräche bei Kaffee und Kuchen mit gehäkeltem Deckchen auf dem Tisch den Stolz über ihre Töchter kaum verhehlen konnten, weil die irgendetwas studierten, egal was es war. Dabei handelte sich ausnahmslos um Eltern, die ihre Kinder innerhalb eines traditionellen Familienmodells gezeugt und aufgezogen hatten, in dem die Mutter höchstens gelegentlich irgendwo als Aushilfe arbeitete. Diese einfachen Leute konnten sich vor Freude kaum einkriegen ob der Aussicht, daß aus ihren Töchtern »etwas Besseres« würde, etwas Angeseheneres als sie selbst, eine »Studierte«, wie man damals in ehrfurchtsvollem Ton von weiblichen Akademikern sprach. Aber auch die jungen Damen, die einen nur Ausbildungsberuf erlernten, sorgten dafür, daß ihre Mütter vor Stolz mächtig anschwollen, denn viele Nachkriegsfrauen verbrachten ihr Arbeitsleben »lediglich« als Gattinnen und Mütter. Nichtsdestoweniger besaßen sie, wie sich später herausstellte, zwei Talente, die ihren Töchtern völlig abgingen: Sie wußten nämlich, wie man eine Ehe ein Leben lang erhält und waren versiert darin, das Familienvermögen auf kluge Weise zu mehren, so daß man sie in geselliger Runde nicht von Ungefähr halb witzelnd, halb neidvoll die »Schatzmeisterin« oder »Finanzministerin« nannte. Und genau aus diesem Grund erben heutzutage die in die Jahre gekommenen Töchter, deren sexuelle Biographien so Fifty-Shades-of-Grey-mäßig daherkommen wie die von Pornodarstellerinnen, von ihren »Alten«, den Müttern, die den Lebensabend im Seniorenstift verbringen, ein kleines Vermögen, während sie ihren eigenen Töchtern lediglich eine Kiste voller Foto-CDs von *fuck buddies* vererben werden, auf denen irgendwelche Idioten in Stretch-Badehosen auf Mykonos zu sehen sind. Man kann nicht alles haben. Und ich kenne mittlerweile keine einzige Frau meines Alters mehr, die keine Antidepressiva nimmt oder noch keine genommen hat.

Doch zurück in die Vergangenheit, auf deren Illusionen unsere Gegenwart basiert. All die Eltern von damals, die der Töchterveredlung huldigten, bedachten eine Kleinigkeit nicht. Sie gingen nämlich wie selbstverständlich von der problemlosen Überlappung zweier weiblicher Lebensentwürfe aus – und das tut die deutsche Politik in verbissener Realitätsverkennung heute noch. Sie glaubten, die Karriere-Töchter würden nun, da sie den tollen Job oder den akademischen Titel nebst einem üppigen Gehalt in der Tasche hatten, von einem beruflichen Erfolg zum nächsten eilen, aber dann ad hock und ganz *easy* auf das traditionelle Modell umswitchen, wenn ihre weiblichen Bedürfnisse und Sehnsüchte sie heimsuchten. Ein Paradoxon, an dem man staatlicherseits bis heute mehr schlecht, als recht herumlaboriert und dem man mit viel Gleichberechtigungsverrenkungen und Abermilliarden Steuerkohle Herr zu werden versucht. Oder Frau. Doch vergebens. Denn dies ist ein eisernes, evolutionäres Naturgesetz: Der durchschnittliche Mann tut alles, um erfolgreich zu sein und erfolgreich zu bleiben (Spermienkonkurrenz). Er könnte hierfür anderen Männern die Fresse polieren, Heere befeligen, rauben und vergewaltigen, doch viel ungefährlicher, vor allem jedoch bequemer und für alle Beteiligten segensreicher geht das über die Arbeit, meinetwegen mittels einer »Karriere«. Der Mann hat dabei nichts zu verlieren, er kann theoretisch noch mit achtzig Nachwuchs zeugen und so seine Gene weitergeben, ohne sich dabei existentiellen gesundheitlichen Risiken auszusetzen. Außer vielleicht dem Herztod bei Ausübung der »Offenen Blüte« (Kamasutra, Nr. 12) nach Einnahme einer Viagra zu erliegen. Aber was kann's schöneres geben?

Eine Frau dagegen zieht hinsichtlich der Fortpflanzung bereits mit fünfunddreißig die Arschkarte. Je älter eine Frau ist, desto häufiger endet eine Schwangerschaft mit einer Fehlgeburt. Einer der Gründe: Die Eizellen unterliegen wie der gesamte Körper dem natürlichen Alterungsprozeß. Bis zum 30. Lebensjahr enden zehn Prozent der Schwangerschaften im ersten Drittel mit spontanen Fehlgeburten, die Gefahr steigt ab dem 35. Lebensjahr deutlich an. Mit Anfang 40 endet schon fast jede dritte Schwangerschaft mit einer Fehlgeburt, mit 45 sogar jede zweite. Doch nicht nur, daß die Frau mit zunehmendem Alter immer mehr ihre Fruchtbarkeit verliert, auch die Wahrscheinlichkeit, ein behindertes Kind zur Welt zu bringen, steigt immens. Ein Beispiel: Die allgemeine Wahrscheinlichkeit für eine Frau im Alter von fünfundzwanzig Jahren mit einem Kind mit Down-Syndrom schwanger zu werden, liegt bei weniger als 0,1 Prozent, im Alter von fünfunddreißig Jahren bei 0,3 Prozent, im Alter von vierzig Jahren bei 1 Prozent und mit sechsundvierzig Jahren bei fünf Prozent.

Mit jedem weiteren Jahr, in dem die Frau mit fruchtbarem Schoß sich den Männerkram in selbstbewußt scheinemanzipatorischer Weise freiwillig aufhalst, büßt sie an Fortpflanzungschancen ein. Mit Männerkram meine ich den monetären, emotionalen und besonders den zeitlichen Schutzraum, den der Mann der Frau in ihren fruchtbaren Jahren durch eine stabile Beziehung zur Verfügung stellen muß. Der Mann muß für Frau und die Kinder die Kohle ranschaffen, wenn er die Bezeichnung Mann für sich beanspruchen will. Erst dann ist er ein richtiger Mann, egal ob einsfünfundsechzig groß oder Alkoholiker oder eine Pfeife. Tut er es nicht, kommt es zu Deformationen im Verhältnis der Geschlechter, noch schlimmer, zu ihrer Gleichheit, was den Tod der bipolaren sexuellen Anziehungskraft bedeutet. Das wird jetzt viele Emanzen und Gender-Verwirrte schocken, aber die überwältigende Mehrheit der Frauen steht auf dominante Männer. Anderseits ist nichts schwieriger zu faken, als männliche Dominanz. Die Frau durchschaut relativ rasch, ob es sich um etwas Substanzielles handelt oder bloß um doofes Getue. Sie finden meine Worte antiquiert? Daß Sie sich da mal nicht irren. Über kein anderes Thema streiten sich Paare so häufig und erbittert wie über das Geld. Früher, als in der Regel der Mann die ganze Familienparty bezahlte, lag man sich bestimmt nicht weniger in den Haaren, wenn auch zumeist aus anderen Gründen, doch führten diese Explosionen nur selten zur Sprengung der ganzen Familie wie heutzutage.

117

Aus der Retrospektive des hohen Alters erkennt man leichter das Wichtigste, das einen Menschen im Kern erfüllt. Es ist nicht sein Vermögen, die Anzahl der absolvierten heißen Sexnächte, volles Haar und Top-Body noch mit Sechzig, auch nicht Urlaub auf tausendundeiner tropischen Insel. Nein, es sind die wunderhübschen jungen Gesichter um einen herum, die man selber erschaffen hat. Ganz gleich, ob sie im »Alten« den Senilen sehen oder die Peinlichkeitsgranate, ganz gleich, ob sie sich im Laufe der Jahre immer mehr von uns entfernen, so weit, daß sie uns irgendwann nur noch *besuchen*. Sie bleiben doch in unseren Köpfen unsere Kinder, ein ewiges innerliches Bild, das wir immer mit uns tragen, gezeugt von unseren Lenden und geboren aus unseren Schößen. Wie sie ihre ersten Schritte taten, wie sie lachten und weinten, wie sie zum ersten Mal ohne Stützräder Fahrrad fuhren, wie sie sich auf Weihnachten freuten, als käme tatsächlich der Heiland hernieder, wie sie wegen ihres ersten Liebeskummers litten und wie sie ihre Triumphe feierten, weil sie es allen gezeigt hatten … Ein Mensch, der keine Kinder mag, ist zu bemitleiden. Auch das ist keine spinnerte Theorie von mir, weil nämlich samt und sonders alle, die in ihrer jugendlichen oder auch nicht mehr so jugendlichen Lebensphase Kinder ablehnten, im Alter hingegen ihre ungeborenen Kinder umso schmerzhafter vermissen. Und ob ihres Kardinalfehlers bitterlich weinen. Denn es gibt einen Tod schon vor dem Tod, doch den »im Dunkeln sieht man nicht«: *Dying inside.*

Noch einmal: Ein Mann, der seine Fortpflanzungschancen, die Versorgung seiner Lieben und den damit verbundenen Kampf einer Organisation namens Staat überantwortet, bei dem es sich auch Versager, Heuchler, Perverse, Faule, Schmarotzer und Geschwätzwissenschaftler wie Maden im Speck gut gehen lassen, ist kein richtiger Mann. Okay, manche liegen schon am Boden und können nicht mehr anders. Ich gehe aber jede Wette ein, daß 90 Prozent der Männer nicht so hoch verschuldet oder sogar total pleite wären, wenn dieser gefräßige Staat ihnen nicht alles weggenommen hätte. Sie seien entschuldigt – wenn auch nur unter Vorbehalt. Das ist inzwischen auch exakt die Agenda einer jeden Partei in Deutschland, die in Wahrheit so deutsch ist, wie eine Hure eine Jungfrau ist: die Füsilierung des deutschen Volkes und sein Austausch durch ein *anderes*. Dazu bedarf es nicht einmal eines Erschießungskommandos. Das Finanzamt und vergleichbare staatliche Inkassounternehmen erledigen die Arbeit ohne großes Aufheben und leiten unsere Kohle an die *Richtigen* weiter. Schreit da jemand wieder »Nazi«? Ach was, schon heute bewirkt in der Bundesrepublik jeder Migrant – unter Einbezug auch der Infrastruktur- und Bildungskosten etc. – ein jährliches fiskalisches Minus von durchschnittlich 1 800 Euro. Rechnen Sie das mal zusammen.

Irgendwann kam auch eine psychologische Komponente hinzu. Mit Karl Marx, der bei allen seinen Offenbarungen so ziemlich daneben lag, wissen wir, daß er zumindest einmal den Nagel auf den Kopf getroffen hat, als er postulierte: Das gesellschaftliche Sein bestimmt das Bewußtsein. All die damaligen gut ausgebildeten jungen Frauen entwickelten sowohl hohe Ansprüche an sich selbst als auch an ihre potentiellen Geschlechtspartner. Einerseits wollten sie wie Männer ihrem Freiheits- und Erlebnisdrang frönen, insbesondere in sexuellen Dingen, und ihnen auch im beruflichen Wettbewerb in nichts nachstehen, anderseits verlangten sie von ihren Partnern unterschwellig, sich peu à peu zu verweiblichen. Diese sollten ihren altmodischen Eifersuchtskomplexen abschwören und die Frau der freien Liebe wegen ohne zu murren einfach ziehen lassen, wenn sie Bock auf einen anderen Mann hatte. Schließlich ist die Frau kein Besitztum, obgleich die Praxis des Scheidungsrechts immer noch so aussieht, daß die Frau auch noch dreißig Jahre nach der Scheidung auf das Eigentum des Mannes zugreifen kann. Kinderaufzucht und Hausarbeit will sie sich überdies mit ihm teilen, was einen Mann praktisch kastriert, da es ihn von dem wohlstands-schaffenden (Spermien-)Konkurrenzkampf unter Seinesgleichen ablenkt. Und dann soll er auch noch die harmonische

Bussi-Bussi-Denke der Frau übernehmen, die seine Männlichkeit bis zur Unkenntlichkeit verwässert. Ein Problem dieser Umwandlung: Im Bett soll er trotzdem den Stier mimen.

Ist die sogenannte Gleichberechtigung von Mann und Frau seit den Achtzigern durch zweifelhafte Gesetze wie »Vergewaltigung in der Ehe« und »Elternzeit« und dank der Dauerpropaganda der dem Feminismus huldigenden Mainstreammedien so weit gediehen, daß die Geschlechter sich nun endlich ebenbürtig gegenüberstehen, wie genormte Klötzchen aus ein und demselben Guß? Ja – und zwar zu Lasten der Frau! Wobei allerdings der Mann, ohne es zu merken, weiterhin für die Frau zahlt, sogar wesentlich mehr als früher. Hört sich paradox und kompliziert an, aber ich will es gern erklären.

Wie oben schon beschrieben, spielt der Mann nunmehr den Modernen, der wie von Politik und Gesellschaft erwünscht ganz generös die Frau sowohl jobmäßig als als auch in allen anderen Lebensbelangen ihr eigenes Ding machen läßt. Niemand nimmt es ihm krumm, im Gegenteil. Eine Frau, die heutzutage offen sage: »Mein Mann/Freund sorgt für mich«, würde man angucken, als hätte sie nicht alle Tassen im Schrank. Noch vor dreißig Jahren, da selbst der einfache Arbeiter diese Konstellation nicht nur gewährleisten, sondern darüber hinaus manchmal noch ein hübsches Häuschen für die ganze Familie bauen konnte, galt das nämliche Eingeständnis einer Frau noch als ein Anlaß zur Bewunderung und schelmischem Augenzwinkern, daß ausgerechnet *sie* es geschafft hatte, so eine gute Partie zu machen. Der Satz geht nämlich noch weiter: »... weil ich im Gegenzug dies und das für ihn tue und die Familie stets auf Betriebstemperatur halte«. Apropos Zwinkern und Blinzeln: Laut einer Studie blinzeln Frauen nicht nur schneller als Männer, sondern mit etwa 19 gegenüber 11 Lidschlägen pro Minute auch öfter. Ältere Frauen blinzeln zudem häufiger als junge. Was das mit dem Thema zu tun hat? Gar nix. Wollte es nur loswerden. Wegen Geschlechtsunterschieden und so.

Ich weiß, das alles hört sich an wie »Frauen gehören an den Herd«. Allerdings dürfen Sie nicht vergessen, daß diesen der Diffamierung des Mannes und der Vertreibung der Frau aus dem Haus dienenden Spruch in Wahrheit keine Partei Bibeltreuer Christen wählende Spießer hinterm Jägerzaun erfunden haben (z. B. mußten Frauen in landwirtschaftlich geprägten Regionen schon von je her harte Männerarbeit verrichten), sondern linksdrehende Feministinnen mit dem Aussehen Leonid Iljitsch Breschnews (Bild bitte googeln). Die sind in der Regel lesbisch und besitzen weder von der Lebenswirklichkeit einer normalen Frau noch von der Funktionsweise eines modernen Herdes einen Schimmer, ganz zu schweigen von einer Familie. Und wenn die Frau auf gar keinen Fall in die Nähe eines Herdes darf, so kann sie sich wenigstens bei ihrer öden Tätigkeit als Verkäuferin von Nasenhaartrimmern und T-Shirts für 3 Euro 80 mit solch einem Managersprech trösten: »Brainsharing mit dem Customer könnte die Topics, Key Points und Top Issues der High-Level-Performer doch ein wenig easier targeten, um einen Standstill am Point of Sale zu evaden, was stattdessen das Product asapst wieder monetizen würde«. Mit diesem hirnlosen Blabla im Business-Kostüm kann sich frau ihr selbstgewähltes und enorm langweiliges Sklavendasein im Namen der Unabhängigkeit vom Mann im wahrsten Sinne des Wortes schönreden. Dafür verdient sie ihr eigenes Geld, könnte man argumentieren. Ja klar, und zwar meistens so viel, daß sie ihr Business-Kostüm bei H&M selbst kaufen muß.

Aber das Ganze funktioniert auch in der Hardcore-Variante. Okay, jetzt übertreibe ich ein bißchen, aber Sie werden schnell merken, worauf ich hinaus will. Vor einiger Zeit sah ich spät abends eine Dokumentation über Escort-Damen im Fernsehen, die von solventen Herren über Agenturen als »Begleitung« für den Abend gebucht werden, um nach dem feinen Essen im Hotelrestaurant als »Nachtisch« zu dienen. Upper class-Prostitution sozusagen. Es handelte sich um jene Art von Privatsender-Dokus, die eine aufregende Investigation und knallharte Authentizität vorgaukeln, aber in Wahrheit nur dazu gedacht sind, das mehrheitliche Prekariatspublikum mit geilem Untenrum-Zeug zu stimulieren. Die meisten dieser Luxushuren (die Luxus mit einer Hermes-Tasche im Werte von 7950 Euro verwechseln, obwohl sie mit der Summe die Jahresmiete für eine anständige Wohnung aufbringen könnten) waren jung und wollten das Geld.

Doch bei aller Verirrung, die Sehnsüchte, Ziele und Glücksvorstellungen sind offenkundig noch die gleichen wie vor tausend Jahren, wenn es vielleicht auch nur noch Reste sind. Immer noch zieht es einen Mann zu einer Frau und umgekehrt, sie wollen sowohl emotional als auch sexuell als auch in ihrem Alltag eine Einheit bilden. Und beide schätzen mehrheitlich ein uraltes, doch unverwüstliches Modell, nämlich das der Familie. Erst recht, wenn der Nachwuchs an die Tür klopft. Das Bild wird abgerundet durch ein Zuhause, ein Haus, eine Wohnung, jedenfalls einen abgeschirmten Ort, wo nur »wir« sind und nicht die anderen, wo wir es uns mit unseresgleichen gemütlich und heimelig (dies ist wohl eines der schönsten deutschen Wörter) machen und wo wir selig werden mit unserem »Blut von unserem Blute«. Von wegen »Familie ist da, wo ein Kühlschrank steht«! Das mag Manuela Schwesig nicht schmecken, aber Familie ist stets etwas Trennendes, und nicht die besinnungslose Umarmung eines jeden Knallkopfs, der gerade durch den Hausflur latscht.

Verändert hat sich allerdings das Fundament des Modells so radikal, daß sich kein Statiker für die Sicherheit des Tragwerks verbürgen würde. Heutzutage fährt Papa Mama morgens in der Frühe zur Arbeit, damit die Eigentumswohnung endlich in greifbare Nähe rückt, vielleicht auch nur der Billigurlaub auf Malle. Aber eben auch und immer häufiger, um die Familie zu ernähren, weil selbst unter Akademikern ein Gehalt oft nicht mehr ausreicht. Dies liegt nicht selten daran, daß Mann und Frau zugunsten von Abermillionen Transfergeld-Empfängern vom Staat geplündert werden, anderseits das Wirtschaftsleben, besonders wenn es den Mann betrifft, vom Staat durch Quoten und Verordnungen gebremst und gegängelt wird. Doch der Staat ist sinister und gibt dem Mann gleich ein Argument an die Hand, damit sein Gewissen Erleichterung erfahre. Das Argument lautet: Frauen unterscheiden sich nicht von Männern, allenfalls bei der Schuhgröße. Geht man nach den Zauberlehren der Gender-Mainstream-Apologeten, nicht einmal da. Demnach reißt sich die Frau für Arbeit außerhalb der Familie genauso enthusiastisch den Arsch auf wie ein Mann.

Wissen wir es nicht schon längst? Familie ist sowieso nur eine Illusion von kurzer Dauer. Schluß mit Familie! Familiäre Treuepflichten, die ausschließlich auf geschlechtlichen Rollenzuordnungen beruhen können, sind obsolet. Alle trennen sich, weil das wahre Glück immer nur in der Zukunft liegt. Die Frau ist jetzt immerfort auf der Suche nach Mr. Right, der, wenn er ihr schon nicht die Bürde des unweiblichen Selbstversorgerdaseins abnehmen mag, so doch den Knuddelbär mit erlesenem Modegeschmack markieren und das beste Brunch-Bistro für den kommenden Sonntag kennen soll. Und der Mann ist jetzt immerfort auf der Suche nach dem nächsten Schuß, als ob nach dem Sex mit der Neuen irgendetwas besser würde. Scheiß auf die Kinder! Noch nie gab es so viele Unterhaltspreller in diesem *Anything goes wrong*-Land, was aufs Ganze gesehen natürlich auf Gegenseitigkeit beruht, und niemals zuvor mußte der Staat für die Schutzbedürftigsten der Gesellschaft in einem so gigantischen Ausmaß finanziell in die Bresche springen. Und Scheiß auf das Alter! Das existiert eh nicht mehr, wo wir doch in den Medien nur noch von »Best Ager«, »Generation Gold«, »Generation 50plus«, »Silver Ager«, »Golden Ager«, »Third Ager«, »Mid-Ager«, »Master Consumer«, »Mature Consumer«, »Senior Citizens« lesen, die noch mit Fünfundachtzig am New York City Marathon teilnehmen und beim Fotofinish mit zum Triumph gereckten Armen ihre verkorksten Familienverhältnisse und ihre Alterseinsamkeit weglächeln, während uns in der Fußgängerzone nur ächzende Greise mit Depressionsfratzen entgegenhumpeln. Wer begleitet uns auf unserem letzten Weg, wenn nicht unsere Kinder, die uns lieben werden, bis eines Tages schließlich das große Schwarze kommt? Und vielleicht noch darüber hinaus.

Ist es da ein Wunder, daß für die Frau »Karriere« mittlerweile in Wahrheit nichts anderes als eine schäbige Notlösung bedeutet? Die sogenannten Karriere-Frauen sind zu bedauern. Das bestätigt sogar die Wissenschaft. In der Pressemitteilung zu der von Bund und Ländern finanzierten und unter 25 000 Befragten in knapp 15 000 Haushalten geführten Langstudie »Der sozialstrukturelle Kontext der zunehmenden Partnerlosigkeit in Deutschland« von 2014 heißt es unter anderem (Hervorhebungen von mir):

> »Auch gesellschaftliche und kulturelle Veränderungen begünstigen das Singleleben. Ein Beispiel hierfür ist die zunehmende Erwerbstätigkeit von Frauen. ›Durch das eigene Einkommen der Frauen verliert die traditionelle Versorgungsfunktion einer Beziehung an Bedeutung‹, sagt Jan Eckhard (der Studienleiter, A. P.). ›Beziehungen, die nicht funktionieren, werden nicht mehr wie in der Vergangenheit aus rein finanziellen Gründen aufrecht erhalten.‹ Das weit verbreitete Bild, daß vor allem beruflich erfolgreiche ›Karrierefrauen‹ ohne Partner leben, würden die Daten jedoch nicht bestätigen. Jan Eckhard: ›Die Entscheidung für ein Singledasein ist unabhängig von der beruflichen Position der Frauen. *Ausschlaggebend ist viel mehr, ob die Frauen überhaupt ein eigenes Einkommen haben.*‹«

Und:

> »Daß Frauen immer öfter ohne Partner leben, liegt teilweise auch an der immer häufigeren Erfahrung, als Kind einer allein erziehenden Mutter aufzuwachsen. Eckhard erklärt diesen Unterschied durch den sogenannten ›Transmissionseffekt‹. Darunter versteht man in der Familiensoziologie,

daß die Frauen Verhaltensmuster und Bewältigungsstrate-
gien ihrer allein lebenden Mütter lernen können und *somit
gut auf ein Leben ohne Partner vorbereitet sind.*«

Ja super, die Frauen sind »gut auf ein Leben ohne Partner
vorbereitet«! Und die Männer bestimmt auch auf ein Leben
ohne eine Partnerin. Und die Kinder? Da wird's etwas eng,
könnte man meinen. Aber auch hier weiß der Menschen-
freund, also der deutsche Politiker Rat. Man könnte ja schon
mal die ganz kleinen Kinder auf ihr zukünftiges Leben als
Freaks vorbereiten. Je jünger, desto besser. Dann verinnerlichen sie die Halluzination, daß die Welt ein einziges Mutan-
tenkarussell sei und Mama und Papa so austauschbar wie
Glühbirnen, oder zeitgemäß, wie Energiesparlampen. Ab nun
sollen die Grundschüler die wirklich wichtigen Basics lernen. Das Land Schleswig-Holstein geht mit gutem Beispiel
voran und verwendet jetzt als Lehrmaterial, Fach Deutsch
(dritte bis vierte Klasse), die Broschüre »Echte Vielfalt unter dem Regenbogen. Methodenschatz für Grundschulen zu
Lebens- und Liebesweisen«. Sie basiert auf einem Beschluß
der Landesregierung (SPD, Grüne, SSW). Für deren Erarbei-
tung beauftragte das Sozialministerium unter der Sozialde-
mokratin Kristin Alheit wie es sich gehört den Lesben- und
Schwulenverband Schleswig-Holstein. Wohlgemerkt, bei diesem Machwerk, auf dessen Cover ulkigerweise auch ein be-
kopftuchtes Moslemmädchen zu sehen ist und das mit vielen
Übungen aufwartet, durch die die sexuelle Verwirrung in den
Kinderköpfen so richtig zementiert werden soll, soll es sich
um Lehrmaterial zum Thema »Familie« handeln – oder was
man so dafür hält. Denn die Sache scheint komplizierter zu
sein, als man denkt. Es geht schon gut los:

»Manchmal gibt es zwei Mamas oder zwei Papas. Gelegentlich gibt es einen Papa, der früher einmal eine Frau war oder
eine Mama, die früher einmal ein Mann war. Bei lesbischen
Mamas, schwulen Papas oder Eltern, die ihr Geschlecht än-

dern, sprechen wir von einer Regenbogenfamilie. Eigentlich ist es egal, wer mit wem wie genau verwandt ist.«

Total egal! Ich zum Beispiel dachte immer, mein Onkel sei der Bruder meines Vaters, bis sich herausstellte, daß er in Wirklichkeit die Schwester meiner Oma war. Hätte ich mir auch gleich denken können, wo doch dieser Homunkulus alle drei Tage sein Geschlecht wechselte. Familienbande und Verwandtschaft sind sowieso oberscheiße, weil sie für ein Kind immer noch voll nazimäßig Geborgenheit und Sicherheit darstellen und Zugehörigkeit zu einer bestimmten Sippe assoziieren. Für den zukünftig Orientierungslosen, der sich stets auf den Staat oder besser noch auf Mario Draghis Notenpresse verlassen soll, ist es völlig wurscht, aus welchem Loch er gekrochen ist. Das sieht Jona ähnlich:

»Wir sind fünf Kinder und leben mit unseren beiden Vätern und Opa Mika zusammen. Wir haben drei Mamas.«

Du hast die Eselin Erika im Stall vergessen, Jona, die Opa Mika regelmäßig zu bespringen pflegt. Und ob du mal mit den drei Mamas wirklich hinkommst? Zähl doch sicherheitshalber nochmal nach.

»Marian erklärt: ›Meine Mama Loris kommt aus Dänemark und hat dort Samenzellen von einem netten Mann bekommen. Dann bin ich in ihrem Bauch gewachsen. In Deutschland hat mich dann meine Mama Dani adoptiert.‹«

Die Schilderung der zugegebenermaßen etwas vertrackten Familienverhältnisse Marians ging noch weiter, wurde aber des besseren Verständnisses halber verkürzt. Der »nette Mann«, der die Samenzellen gespendet hat, hieß nämlich Ogundu und hat hauptberuflich als Tierpfleger Elefanten in der Savanne gewaschen. Und dieser Papa … nee, Mama … Mist, komme ganz durcheinander bei der Geschichte hier! … Also diese

Loris oder wie die hieß, war eine staatlich geprüfte Animier-
dame in einem Amsterdamer Etablissement.

»Dilan berichtet: ›Zusätzlich zu meinen Eltern gibt es in
meiner Familie noch Robin und Noa. Robin ist die Lieb-
ste meines Papas und Noa ist die beste Freundin meiner
Mama.‹«

Aufpassen, Dilan, aufpassen! Sei bei so viel Liebe in der Familie besser mal auf der Hut, sonst wirst Du noch zum Ob-
jekt dieser starken Gelüste. Ach so, du bist ein Junge – naja,
macht auch keinen Unterschied.

»Kay sagt: ›Mein Vater ist jetzt eine Frau. Sie meint, sie war
irgendwie immer schon eine Frau. Ich finde, wir sind eine
coole Familie.‹«

Das ist nicht nur cool, sondern obercool, Kay. Und praktisch.
Dein nächstes Geschwisterchen wird dadurch nämlich nicht
geboren, sondern kommt per Luftpost im versiegelten Be-
cherchen aus der Samenbank. So stellt man sich in Schleswig-
Holstein eine Familie vor, besser gesagt, man hat wohl keine
Vorstellungen mehr und ist völlig ahnungslos.
   Wenn da bloß nicht diese lästige Sache mit dem Austausch
von Körperflüssigkeiten wäre – und die Sehnsucht der Geschlechter nach einander, ihr Wunsch, unbedingt eine ganz
normale Familie zu sein. Aber das kriegen wir mit absoluter
Sicherheit auch noch in den Griff, ganz nach den Vorstellungen solcher Lehrmaterialien. Die Frauen können ja schließlich
ihre Eier neuerdings einfrieren lassen und die Kinder dann
über eine »Spende« bekommen, wenn sie mit 67 in Rente
gehen. Das bißchen Familienzugehörigkeit holt man sich bei
Facebook. Wofür sonst hat man dort so viele »Freunde«?
   Aber es gibt noch Widerstandsnester. Doch doch, die gibt
es. Und gar nicht mal so wenige. Wenn man die Lage scharf-
sichtig sondiert, offenbart sich unter dem von Feministen ge-

webten Kinderfalle-und-Recht-auf-Vollzeit-Teppich Marke Manuela Schwesig eine völlig andere Frauenwelt, eine geheime, aber vielleicht ist das Partizip »verleugnete« das passendere. So über den Daumen gepeilt sind es etwa fünfzig Prozent der in diesem Land lebenden erwachsenen Frauen, meiner bescheidenen Meinung nach sogar um die neunzig Prozent. Genau so viele trauen sich nämlich nicht, die politisch inkorrekte Wahrheit zu sagen und die Sehnsucht nach einem anständigen männlichen Versorger zuzugeben (unter einander tun sie es doch; es herrscht die nackte Panik unter ihnen, vor allem unter jungen Frauen).

Ja, sie haben richtig gehört. Haben sie im Ernst geglaubt, ich stelle mich hier hin und lasse mich mit faulen Tomaten und Eiern bewerfen, ohne etwas in der Hand zu haben? Nur weil die grün-links versifften Medienschimpansen, aber auch die hirngewaschenen Männlein »von der Straße« der von oben angeordneten Doktrin huldigen, die besagt, daß die Frau entgegen meinen Opa-Ansichten nichts lieber tut, als mannhaft und wie blöde, vor allem aus freien Stücken einer Erwerbstätigkeit nachzugehen, muß das ja nicht stimmen. Das sage nicht ich, sondern Anna Papathanasiou.

Wer das ist? Tja, das weiß ich auch nicht so genau. Jedenfalls veröffentlichte die baß erstaunte Autorin am 27. Dezember 2014 einen Artikel auf *Zeit online*, der eigentlich die Grundfesten der deutschen Familienpolitik hätte nicht nur erschüttern, sondern in sich zusammenbrechen lassen müssen, was er aber nicht tat, weil man es so genau gar nicht wissen wollte. Das liegt daran, daß unsere Politpfeifen nur das lesen, was ihnen ihre Lakaien vorsetzen, also nur das, was sie hören wollen. Schon gar nicht hat diesen Artikel unsere Ministerin Manuela Schwesig unter die Lupe genommen, der unter der Überschrift »Ach du Schreck, so viele Schneewittchen!« den folgenden Untertitel beinhaltet:

»Früher war unserer Autorin ihre feministische Mutter peinlich. Jetzt hat sie selbst zwei kleine Kinder, möchte be-

rufstätig sein und fühlt sich umgeben von gut ausgebildeten Frauen, die lieber zu Hause bleiben ...«

»Grundgütiger!« möchte man da ausrufen wie anno dunne-
mals vornehme Damen sich dergestalt zu echauffieren pfleg-
ten. Hat doch die Anna schon zwei Kinder (mit dem dritten
ist sie wieder schwanger, wie der Text verrät), versteht aber
jetzt die Welt nicht mehr. Dabei bleibt es recht rätselhaft,
weshalb sie unbedingt berufstätig sein möchte, obgleich doch
bald die Wehen einsetzen. Vielleicht liegt das an ihrer Mutter,
hat diese doch für »die Rechte der Frauen« gekämpft, also
eine echte Heldin. Obwohl:

> »Mit 15 fand ich Feminismus peinlich. Während meine
> Freundinnen shoppen gingen oder in aller Ruhe die *Bravo*-
> Foto-Lovestory lesen konnten, musste ich als Vertreterin
> der nächsten Frauengeneration den Kampf meiner Mutter –
> und den ihrer Freundinnen mit den lila Tüchern – unter-
> stützen.«

Die liebe Anna vergißt allerdings zu erwähnen, daß der
»Kampf« dieser Mütter mit dem lila Tuch damals in den
Achtzigern keineswegs für die Forderung stand, daß Frau-
en endlich arbeiten gehen dürfen – das verbot ihnen nämlich
niemals jemand. Vielleicht ging es eher um die sehr aggressiv
vorgetragene Forderung nach der Legalisierung von Abtreibung, der auch erstaunlich schnell nachgegeben wurde. Es
existiert inzwischen keine einzige Partei mehr (auch die AfD
weicht dem Thema aus), die eine Diskussion über die Tötung
ungeborenen Lebens wieder aufs Tapet bringen möchte. Und
wer glaubt, daß die knapp drei Millionen Abtreibungen seit
dem Jahr 2000 bis heute nach § 218a Abs. 1 (Fristenlösung
mit Beratungspflicht) auf eine tatsächliche Notsituation der
Frau und nicht meistenfalls auf Bequemlichkeit und Dekadenz (noch stärker bei den sie manipulierenden Männern) beruht hätten, hat nicht mehr alle Latten am Zaun. Es handelt

sich vielmehr um einen politisch und juristisch genehmigten Genozid am eigenen Volk. Haben Sie darüber mal nachgedacht, Frau Schwesig? Ach ja, ganz vergessen, Sie sind ja rund um die Uhr damit beschäftigt, Anna und ihresgleichen zur Arbeit zu schicken. Denn was gilt schon das urweibliche Bild einer künftigen Mama mit einem Babybauch gegenüber dem einer genervten Frau mit grauem Gesicht, die acht Stunden hinter der Kasse gesessen und nun noch eine Stunde Straßenbahnfahrt bis nach Hause vor sich hat? Wir drücken Ihnen alle fest die Daumen, denn wenn sie und ihre Klone den Endsieg bewerkstelligt haben, hat sich die Sache mit den (deutschen) Kindern erledigt. Aber Annas kluge Mutter gab ihr auch noch den folgenden Tipp:

> »›Mädchen, sieh zu, daß du im Notfall deine Kinder auch alleine durchbringen kannst.‹ Im Notfall. Wahrscheinlich meinte sie den Tod des Vaters, vielleicht sogar eine Scheidung (…) Für meine Tochter würde ich hinzufügen: Es ist angenehm, Kollegen zu haben, den Rhythmus des Arbeitstages mit ihnen zu teilen.«

Das mit dem Tod des Vaters soll ja wohl ein Witz sein, wogegen die Gefahr der Scheidung durchaus wie ein Damoklesschwert über der Frau schwebt, allerdings eines, das sie selbst heraufbeschworen hat, verläßt doch zu drei Viertel aller Fälle die Frau den Mann und nicht umgekehrt. Weil es mit dem nächsten Kerl ja bestimmt wieder geradewegs in den Rosengarten gehen wird. Dann aber kommt der absolute, unfaßliche und sich ins Mark bohrende Schock, gerade so, als sei ein Raumschiff mit Außerirdischen in Annas Vorgarten gelandet und sie blicke entgeistert in schleimige Aliengesichter. Ja ist das denn die *possibility*?:

> »Anscheinend ist das aber kein Konsens unter jungen Frauen unserer Gesellschaft. Ich kenne nicht wenige Frauen, die nach der Geburt des ersten Kindes dem Arbeitsmarkt den

Rücken kehren und auch nicht vorhaben, jemals wieder zurückzukommen.«

Wie bitte?! Dem Arbeitsmarkt (ich kann mir nicht helfen, klingt irgendwie nach Viehmarkt) den Rücken kehren? Ja, sind die denn völlig verrückt geworden, diese jungen Konterrevolutionärinnen, die den »Konsens« einfach so aufgekündigt haben, den uns die lila Tücher und die noch lilaneren Latzhosen in all den Jahren so mühsam aufgebockt haben? Es ist wirklich traurig und macht einen ein Stück weit betroffen, daß die gute Anna nun vor den Trümmern des Weltenplans ihrer feministischen Trümmerfrau-Mutter steht:

»Da wäre zum Beispiel Moni, studierte Medizinerin. Gleich nach der Uni lernte sie Alex kennen, der deutlich älter ist als sie, dafür aber sehr vermögend. Innerhalb weniger Jahre bekamen sie vier ansehnliche Kinderlein. Moni sieht sehr gut aus, ist klug und eine wunderbare Mutter. Sie wäre bestimmt auch eine großartige Ärztin geworden … Über die Jahre ihres Studiums und die Visionen, die sie einst damit verband, verliert sie kein Wort.«

Jaja, die Moni und ihre Visionen. Sie wollte einst Menschen helfen, sie in Mullbinden wickeln, ihnen die Hämorrhoiden herausoperieren, aber nun das! Geht einfach hin und heiratet diesen alten Sack, nur weil der vermögend ist. Bei einem Sozialpädagogen mit 2455 Euro brutto im Monat und angegrautem Vollbart, der ihr die Vermüllung der Meere durch Plastiktüten vor Augen führt, ansonsten jedoch stur auf getrennte Konten besteht, hätte man das ja noch verstanden, aber so … Und nicht allein das, Moni macht auch noch die Legebatterie und bekommt gleich vier Kinder. Allerdings hätte Anna auch durch bloßes Nachdenken hinter dieses so verschlungene Geheimnis kommen können, indem sie den für alle Welt offensichtlichen Zusammenhang zwischen dem hohen Verdienst eines Mannes und seiner dadurch in der Wahrnehmung des Weibchens gesteigerten Attraktivität durchschaut.

> »Oder Tanja. Mit Mitte 30 wurde sie schwanger und verabschiedete sich mit Handkuß von ihrem Beruf als Bankkauffrau. Sie war sowieso nicht mehr gern zur Arbeit gegangen und freute sich, den lästigen Job sein zu lassen. Jetzt, fünf Jahre später, sind dieses Kind und noch ein weiteres längst in der Vollzeitbetreuung. Doch Tanja bleibt zu Hause. Bald bekommt sie ein drittes Kind. Braucht sie noch mehr, um ihre Existenz als Hausfrau zu rechtfertigen? ...«

Nö, eigentlich nicht. Denn Tanja macht genau das, was jede Frau mit unvernebeltem Verstand tun sollte, Kinder in die Welt setzen und kopfüber in das Abenteuer Familie hechten, und zwar schon in sehr jungen Jahren, weil in Wahrheit genau dieser Weg des Weibes der vorherbestimmte ist – ist mir vollkommen egal, ob ich für diese Aussage gekreuzigt und geviertelt werde. Sogar Anna muß das zähneknirschend zugeben:

> »Ihr Mann muß viel arbeiten, um den Verdienstverlust seiner Frau auszugleichen und den Lebensstandard zu erhalten. Tanja holt nachmittags ihre Kinder vom Kindergarten ab, bringt sie zum Ballett oder spielt mit ihnen in ihren Kinderzimmern. Das Paar ergänzt sich perfekt. Die Absprachen sind klar, die Familie ist glücklich. Es funktioniert.«

Na also. Dann aber kommen viele Oders:

> »Oder Susanne, 15 Jahre lang erfolgreiche Rechtsanwältin. Dann wurde sie Mutter und sagt heute: ›Ich habe genug gearbeitet. Jetzt möchte ich ganz Mama sein.‹ (...) Oder Melanie. Sie hat BWL studiert, einen Physiotherapeuten geheiratet, zwei Kinder (...) ›Ich wollte vor allem die Kinder‹ (...)«

Herr im Himmel, was ist nur mit diesen Frauen los? Muß das Familienministerium jetzt Sonderschichten einlegen und die Propaganda zur Familienpulverisierung und Frauenverschickung in die so lustige Arbeitswelt in Dauerschleife betreiben? Ich sehe Frau Schwesig schon bitterlich weinen, allerdings lediglich Tränen des Krokodils, denn sie ist ihren oben erwähnten Geschlechtsgenossinnen sehr ähnlich und könnte sich jederzeit unvermittelt in den Mutterurlaub verabschieden.

Zunächst ist Anna verwirrt, sie versteht die Entscheidung dieser dummen Gänse nicht. Die Frau als solche ist doch die geborene Managerin und Vorstandsvorsitzende. Außerdem ist doch unlängst das Gesetzt durchgegangen, wonach per Quote dreißig Prozent der Aufsichtsräte in börsennotierten Unternehmen, in denen zudem die Belegschaft voll mitbestimmungspflichtig ist, weiblich sein müssen. Diese Mamas könnten doch Ammen, Hausmädchen und Diener beschäftigen, die die familiäre Drecksarbeit erledigen, und nach getaner Arbeit einfach die Beine hochlegen. Dann jedoch deckt Anna wie nebenbei und ohne es selbst zu merken zwei Ungeheuerlichkeiten auf, die im Familienministerium eigentlich die Alarmglocken hätten schrillen lassen müssen. Hört sich ziemlich pirinçciesk an, die Sache:

»Diese Frauen sind eine Tatsache. Das Statistische Bundesamt hat erhoben, daß 26 Prozent aller Mütter nicht arbeiten und auch keine Arbeit suchen. Über die Hälfte von ihnen gibt als Hauptmotiv dafür die mangelnde Kinderbetreuung an. Doch immerhin gibt es heute deutlich mehr organisierte Kinderbetreuung, vor allem für die unter Dreijährigen, als noch vor 30 Jahren (…) *Klar ist, daß die nicht erwerbstätigen Mütter einem Milieu angehören, in dem Frauen überhaupt die Wahl zwischen Berufstätigkeit und Vollzeitmutterdasein haben. Sehr viele Familien in Deutschland sind auf zwei Gehälter angewiesen.*« (Hervorhebung von mir, A. P.)

Nee, echt jetzt?! Sehr viele Familien in Deutschland sind auf zwei Gehälter angewiesen? Wieso das denn? Ich verrate es dir, Anna: Weil wir damals mit unserem hart erarbeiteten Geld nicht die aberwitzige Staatsquote von heute finanzieren mußten! Da gibt es zunächst den elefantösen Wohlfahrtsstaat, der beinahe ohne Ausnahme jeden Einzelnen von sich abhängig gemacht hat. Von direkten Transfers lebt inzwischen fast jeder Zehnte in Deutschland. Das ist aber nur ein Bruchteil dessen, wodurch der Staat die Menschen mit seinem süßen Gift süchtig macht. Ob Beamtenschaft, Öffentlicher Dienst, die Sozial- und Migrationsindustrie, Aufstocker, Solarzellen-Inhaber, und noch viele andere Arten von Subventionshubern, alle werden sie gelockt mit den Banknotenbündeln aus der Hand des Staates.

Dann kommen die Alten, ob Rentner oder Pensionär oder Grundsicherungsberechtigter, die zu jener Zeit eben nicht reaktionär und spießig genug waren, um ihren Söhnen, insbesondere aber ihren Töchtern mit der enervierenden Frage »Wann heiratest du endlich und bekommst Kinder?« Beine gemacht zu haben. Und weil die Fortpflanzungskette durch dieses beharrliche Ignorieren sukzessive unterbrochen wurde, sind Oma- und Opalein jetzt ebenfalls auf Gedeih und Verderb auf den Staat angewiesen, der die Rentenkasse mit bis zu vierzig Prozent aus dem Steuergeldtopf bezuschußt. Die alten Leutchen wissen noch, daß man die Hand, die einen füttert, nicht beißt, sie im Gegenteil anbetet und mit Wählerstimmen belohnt. Es folgt das Monstrum namens EU, für das Deutschland seit Jahren mit Abstand der größte Beitragszahler ist. Nicht zu vergessen, der bizarre Zuwanderer-Kult, der aus jedem Migranten den »Guten Mensch von Sezuan« macht. Kurzum, alles hängt am Staat. Siehst du, Anna, das alles muß ja von irgend jemandem bezahlt werden. Und das ist der wahre Grund, weshalb »sehr viele Familien in Deutschland auf zwei Gehälter angewiesen« sind.

Selbstverständlich läuft die Frauenarbeit-Ermunterungsmaschine am effektivsten mit Hilfe der deutschen Lügenpresse, bei der man allerdings nicht weiß, ob ihr die eigenen Lügen noch auffallen. Ebenfalls in der ZEIT, und zwar am 21. Februar 2015, räsoniert ein Chefreporter namens Stefan Willeke in einem sechsseitigen Artikel mit dem Titel »Die Kassierer« über die deutsche Mittelschicht, also jenen Schlaraffenlandbewohnern, die in steuerlicher Hinsicht die schwersten Lasten zu tragen haben. Zur Veranschaulichung dieser Fabel dient ein Foto einer sich auf der Designer-Couch lümmelnden Familie mit anmaßend selbstzufriedenem Gehabe. Der Untertitel lautet:

»Eine weit verbreitete Meinung lautet: Die Mittelschicht wird ausgequetscht. Das ist falsch. Viele Angestellte und Selbstständige schimpfen auf den Staat – dabei verwöhnt er sie, wo er kann.«

Der Chefreporter will den Beweis antreten, daß diese widerwärtigen Mittelschichtler in Wahrheit gar nicht die eigentlichen Stützen der Gesellschaft sind, sondern selbst Profiteure, die sich klammheimlich vom Staat Zucker in den Hintern blasen lassen:

»Über die Mittelschicht werden pausenlos Märchen erzählt. Doch weil nicht nur die Verfasser der Märchen aus der gesellschaftlichen Mitte stammen, sondern auch diejenigen, die Märchenbücher lesen, fällt ihnen nicht auf, daß sie sich etwas vormachen.«

Das Seltsame dabei ist, daß Willeke erstaunlich wenige Beispiele dafür findet, daß die Mittelschichtler tatsächlich vom Staat »verwöhnt« werden. Er zählt nur die paar üblichen Verdächtigen auf, zu allererst natürlich und stereotyp das Ehegattensplitting, dessen Abschaffung seit fünfhundert Jahren ein Herzenswunsch der Grünen ist, damit bloß kein Allein- oder Besserverdiener (denn dahinter vermuten die Grünen den Mann) begünstigt wird, der auf diese Weise die Institution der Ehe am Laufen hält:

»Bis zu 15 761 Euro Steuern im Jahr – rund 1 300 Euro im Monat - kann ein Paar sparen, wenn der eine besonders viel verdient und der andere besonders wenig ... Es ist ein Modell zur Belohnung des Gehaltsvorsprungs. Rund zwölf Millionen Deutsche profitieren davon.«

Übrigens schweigt sich der Chefreporter darüber aus, wieviel ein Paar insgesamt verdienen müßte, um durch das Ehegattensplitting bis zu 15 761 Euro Steuerermäßigung zu erhalten, und raunt was von »besonders viel«. Immerhin ist von 1 300 Euro Steuern die Rede, die ohne das Splitting im Monat fällig wären. Nach meinen Berechnungen müßten es 170 000 bis 200 000 Euro Jahreseinkommen sein. Das ist aber nicht die Mittelschicht, sondern die Oberschicht. Von der ersteren wird nämlich laut »Sozio-oekonomischem Panel« bei Singles mit einem monatlichen Nettogehalt zwischen 983 (Einkommensschwache) und 4 095 Euro (einkommensstarke Mitte) und bei Familien mit zwei Kindern unter 14 Jahren von 2 064 bis 8 600 Euro gesprochen. Selbst wenn Mann und Frau solcherlei Gehälter erwirtschaften würden, kämen sie zusammen nicht einmal auf die Hälfte der obengenannten Summe. Nach Willekes Milchmädchenrechnung würden sie überhaupt keine Steuern mehr zahlen. Statt dessen zahlen sie so viel wie nie zuvor. Der Spitzensteuersatz von 42 Prozent wurde 1958 beim Zwanzigfachen des Durchschnittseinkommens fällig. Heute wird schon das 1,6-fache Durchschnittseinkommen mit dem höchsten Steuersatz belegt, und das sind Jahresgehälter ab 52 882 Euro. Die Mittelschicht bewegt sich also schon jetzt knapp unterhalb der Höchstbesteuerung in einem Bereich, in dem sich Mehrarbeit kaum lohnt, weil der Staat auf die Steigerungen mit einem fünfzigprozentigen Steuersatz zugreift. Der Mann macht uns also etwas vor! Dann kippt die Arie von der verwöhnten Mittelschicht ins Groteske:

»Ein besonders maßloses Geschenk ist das Elterngeld, das bei denen üppig ausfällt, die es am wenigsten benötigen – den

Gutverdienenden. Bis zu 1 800 Euro überweist der Staat pro Monat, wenn eine Mutter oder ein Vater Elternzeit nimmt oder wenn beide es tun. Das Geld fließt bis zu 14 Monate lang. Es ist Steuergeld, und deswegen trägt der Gebäudereiniger auch ein wenig zu dem Elterngeld bei, das die Abteilungsleiterin erhält, sobald sie in Elternzeit geht. Er zahlt dafür wie für die Bundeswehr, die Straßenlaternen und die Polizei. Ginge aber der Gebäudereiniger in Elternzeit, bekäme er viel weniger ausgezahlt als die Abteilungsleiterin, weil sich diese Unterstützung nach dem letzten Nettogehalt richtet.«

Das ist wohl eine starke Übertreibung. Der Gebäudereiniger zahlt »für die Bundeswehr, die Straßenlaternen und die Polizei« fast nichts bis überhaupt nichts, weil er in Wahrheit gar keine Steuern zahlt und wenn ja nur läppische Summen, die nicht der Rede wert sind. Von dieser Gehaltsklasse werden lediglich fünf Prozent des gesamten Steueraufkommens aufgebracht, also beinahe Nullkommanix. Und wenn der Gebäudereiniger ein Aufstocker ist, hat sich das mit dem Steuernzahlen auf Krümelniveau ohnehin erledigt. Stefan Willeke will nicht rechnen. Der Autor versucht es auch auf lustig, wenn es um den Beweis geht, wie dekadent und wehleidig der Mittelschichtler ist, aber das will ich uns ersparen.

Am Ende des Artikels führt der Klassenkämpfer Willeke seine Zahlen-Jonglage ad absurdum, indem er all die vermeintlichen Verwöhnbemühungen des Staates gegenüber der Mittelschicht unfreiwillig als Danaergeschenk enttarnt:

»Danach hat sie (Judith Niehues vom Institut der deutschen Wirtschaft, A. P.) ermittelt, wie viel Geld der Staat an die Mittelschicht verteilt - Kindergeld, Elterngeld, Arbeitslosengeld, Steuerrückzahlungen, Mutterschaftsgeld, Erziehungsgeld, Bafög, Leistungen der Pflegeversicherung, Berufsausbildungshilfe. Am Ende stellte sich heraus, daß ein Mittelschichtsbürger im Schnitt 167 Euro im Monat mehr zahlt, als er einnimmt.«

Was nichts anderes bedeutet, als daß der Mittelschichtler all die oben aufgezählten Leistungen in Wirklichkeit bereits aus der eigenen Tasche bezahlt hat und eben nicht der Staat und er noch *zusätzlich* netto 167 Euro im Monat den 1+1=3-Rechengenies von der Politik einfach so zum Geldverbrennen hinterherwirft (wenn's mal nicht noch mehr ist). Was wiederum bedeutet, daß alle unterhalb der Mittelschicht diese Leistungen geschenkt bekommen. Überdies sollte der Verfasser sich vor Augen führen, was eine Steuerrückzahlung und das Arbeitslosengeld mit einem Geschenk zu tun haben. Bei dem einen handelt es sich um eine rechtmäßige Erstattung zuviel gezahlter Steuern und bei dem anderen um eine Versicherungsleistung, für die man jahrelang in Vorleistung getreten ist. Doch diese Verdrehung ficht ihn nicht an, wenn er trotzig mit den Worten »Deutschlands dicke Mitte. Sie gibt dem Staat viel, holt sich von ihm alles unauffällig zurück, läßt sich verhätscheln und beglücken - doch sie hört nicht auf zu jammern.« Genau, der Staat soll endlich aufhören mit dem »Verhätscheln« und »Beglücken« der Mittelschicht. Die Gehälter dieser verwöhnten Bagage können gleich konfisziert und einfachheitshalber Lebensmittelgutscheine verteilt werden.

Kehren wir aber zum Klageweib Anna Papathanasiou zurück, das an der harten Nuß schwer zu knabbern hat, daß eine nicht geringe Anzahl von Frauen am liebsten zu Hause bleibt, um Kinder aufzuziehen und sich überhaupt um weiblich familiäre Belange zu kümmern. Auch ahnt die Gute offenbar, daß immer noch die große Mehrheit der Frauen diesem schändlichen Wunsch nachgäbe, wenn ihnen nicht der Ausfall des männlichen Versorgers einen Strich durch die Rechnung machen würde. Zunächst täuscht Frau Papathanasiou Verständnis für die zurückgebliebenen, armen Geschlechtsgenossinnen vor:

»Auch die österreichische Journalistin Angelika Hager hat dieses Phänomen bemerkt. Sie nennt es ›Schneewittchenfieber‹. So heißt ihre Streitschrift. Der Titel ist eine Anspielung auf die Grimmsche Märchenfigur, die den Zwergen mit Freuden den Haushalt führt und darüber hinaus vor allem umwerfend aussieht (...) Vielmehr beobachte ich, daß die Frauen kapitulieren. Sie sehen keinen Sinn darin, die Strapazen der sogenannten Doppelbelastung auf sich zu nehmen, und bleiben lieber ganz zu Hause. Dort machen sie ihre Sache dann perfekt. Sie hegen und pflegen die Brut, lassen ihr jede erdenkliche Förderung zukommen, backen ihr Brot selber, planen Kindergeburtstage und Erwachsenenpartys und sehen bei alledem auch noch adrett aus. Selbst wenn sie wollten: Bei diesem Pensum bliebe ihnen gar keine Zeit mehr zum Arbeiten. Die Frauen, die so leben und die ich kenne, wirken zufrieden.«

Zufrieden schon, aber nach Meinung ihrer Kritiker auch hirnamputiert wie in dem beängstigenden Science-Fiction-Thriller *Die Frauen von Stepford* von Ira Levin aus dem Jahr 1972, in dem Frau Papathanasious Befürchtungen in unübertroffener Weise persifliert werden. Der geneigte Leser sollte sich zumindest die Verfilmung von 1975 mit der großartigen Katharine Ross zu Gemüte führen, und der Abend ist gerettet. In der Geschichte geht es um das stadtmüde Intellektuellenehepaar Walter und Joanna Eberhart, das mit seinen Kindern von New York ins ländliche Stepford zieht. Walter findet schnell Anschluß bei den Männern des Ortes, wird gar in den städtischen Herrenclub aufgenommen. Die emanzipierte Joanna dagegen fühlt sich angesichts des Verhaltens der Stepforder Frauen um hundert Jahre in die Vergangenheit versetzt. Sie scheinen allesamt einer patriarchalischen Männerphantasie entsprungen zu sein, und als wollten sie nur die Stereotypie ihres Geschlechts bestätigen, beschäftigen sie sich Tag und Nacht ausschließlich mit Weiberkram. Sie kochen und backen rund um die Uhr, machen sich für ihre Männer hübsch, denen sie devot entgegentreten, treffen sich untereinander alle naselang zu Kaffeekränzchen, kümmern sich gluckenhaft um ihre Kinder und warten offenbar nur auf einen Pfiff ihrer Herren, um ihnen sexuell dienstbar zu sein. Zum Glück lernt Joanna bald eine geistesverwandte Freundin kennen, die dem Hausmütterchen-Theater ebenfalls nichts abgewinnen kann. Die Versuche der beiden Frauen, die weibliche Bevölkerung Stepfords für die Vorzüge eigenständigen Denkens zu begeistern, scheinen jedoch von vornherein zum Scheitern verurteilt. So geht etwa ein von beiden initiierter Gesprächskreis zum Thema »Spezielle Frauenprobleme« schnell in die Diskussion über, welches wohl das bessere Spülmittel sei. Die Situation wird erst recht beklemmend, als Joannas Freundin plötzlich wie umgedreht erscheint und ebenfalls nur noch Kuchenbacken im Kopf hat. Bevor Joanna aus der Stadt fliehen kann, wird sie unter einem Vorwand zum Herrenclub gelockt. Dort wird das Geheimnis um die Frauen von Stepford gelüftet. Sie alle wurden von ihren Ehemännern durch Androiden ersetzt, und Joannas eigener Liebster Walter, der offenkundig von emanzipierten Frauen ebenso die Nase voll hat, machte in Sachen »Frauentausch« keine Ausnahme. Daraufhin wird Joanna von ihrer eigenen Kopie ermordet, die anschließend ihre Stelle einnimmt.

Der Bestsellerautor Ira Levin (1929–2007), der in vier Jahrzehnten nur sieben Romane schrieb, die jedoch eine Gesamtauflage von mehreren Millionen Exemplaren erreichten und auch in Hollywood großen Anklang fanden, war ein genialer Beobachter des Geschlechterverhältnisse, insbesondere der Frauen und ihrer wahren Bedürfnisse, die mit der Moderne kollidieren. Kein anderer Schriftsteller zuvor, schon gar keine Schriftstellerin, hat die panische Himmelhoch-jauchzend-zu-Tode-betrübt-Stimmungslage einer Erstgebärenden zugleich in so unterhaltsamer und erschütternder Weise gezeichnet wie Levin im Roman *Rosemaries Baby*, das von keinem Geringeren als Roman Polanski mit einer jungen beindruckenden Mia Farrow in der Hauptrolle auf die Leinwand übertragen wurde. In beiden Werken wird die Zwickmühle gezeigt, in der sich die moderne Frau befindet. Die Männer werden als Teufel ausgemacht, in *Rosemaries Baby* sogar leibhaftig, die verführen, hinter dem Rücken der Frau konspirieren, sukzessive von ihr Besitz ergreifen und durch ihre Macht des *Etwas-Einpflanzens*, namentlich der Zeugung, das weibliche Konzept der Selbstbestimmung untergraben.

Obgleich man zu jener Zeit *Die Frauen von Stepford* als eine »köstlich makabre Komik« interpretierte, die »das Leben in der stockkonservativen amerikanischen Provinz verspotte« (Cinema), steckt doch wesentlich mehr dahinter. Und zwar der urfeministische Verdacht, daß Männer eine Verschwörung anzetteln, um die Frau daran zu hindern, ein Leben zu führen, das frei und unabhängig ist wie das eines Mannes. Rosemarie, zu Beginn noch Zeitgenossin der Swinging Sixties, wird von Satan höchstpersönlich vergewaltigt. So wird der Akt der Zeugung selbst zu etwas Dämonischem. Als sie, zunächst hell entsetzt, ihrem Mutterinstinkt schließlich nachgibt, den »Teufelsbraten« austrägt und ihn zu lieben beginnt, hat der Mann sie endgültig besiegt und unterworfen, ihr die letzten emanzipatorischen Flausen ausgetrieben.

Benötigt der Mann in *Rosemaries Baby* noch eine echte Frau aus Fleisch und Blut, um seine schändliche Dominanz zu demonstrieren, braucht er in *Die Frauen von Stepford* nur noch einen Roboter, der sie täuschend echt kopiert. Kuchenbacken, Vagina, große Titten, Lippenstiftmund, Maulhalten und dem Gebieter nach Feierabend die Pantoffeln anziehen reichen völlig aus. Die feministische Verschwörungstheorie, wonach (westliche) Männer in der Frau lediglich den Geschlechtspartner, die repräsentative hübsche Puppe, die Gebärmaschine, die Hausfrau und die Putze sehen, findet hier ihre szenische Vollendung, und ob man es glaubt oder nicht, exakt in diesem Wahn wurzeln sämtliche staatlichen Gesetze, Bestimmungen, Quotenregelungen, Antidiskriminierungsparagraphen und Privilegien zugunsten der Frau. Um sie von sich selbst und ihren ureigenen Bedürfnissen zu *befreien*.

Das Problem ist nämlich, daß die Frau sich nicht selbst befreien kann. Befreite sich der Mann noch mit eigener Kraft aus dem Joch der Feudalherrschaft, später der sogenannten kapitalistischen Ausbeutung, noch später von dem Verdacht, krank und kriminell zu sein, wenn er schwul war, und sogar von dem Vorwurf mangelnder Empathie, so ist dies beim goldenen Kalb »Befreiung der Frau« nicht so ohne weiteres möglich. Die Frau steckt – wie auch der Mann – in einem von der Natur vorgegebenen Korsett, das ihr immer wieder ein Bein stellt. Nicht daß sie pausenlos schwanger wäre, schon gar nicht heutzutage, da die deutsche Frau pro Kopf nur mehr 1,41 Kinder bekommt (bei Akademikerinnen 0,98). Vermutlich ist diese Zahl noch ein Euphemismus, weil man bei der Zählung keinen Unterschied zwischen den Geburten mit »Migrationshintergrund« und ohne macht. Es ist eher das Frausein an sich, das ich am Anfang dieses Buches mit der These »Die Form folgt der Funktion« beschrieben habe. Auch wenn Umwelt, Gesellschaft, Politik, Gepflogenheiten und Wahrnehmungen sich ändern, sogar radikal ändern – das evolutionäre Programm bleibt davon letzten Endes völlig unberührt. Das wußte schon der römische Dichter Horaz: »Mag man die Natur auch mit der Heugabel austreiben, sie kehrt stets zurück.«

Die Crux besteht nun einmal darin, daß die durchschnittliche Frau in körperlicher Hinsicht hauptsächlich für eine Funktion geschaffen wurde, nämlich um Kinder zur Welt zu bringen. Sie hat einen kleineren Kehlkopf und kürzere Stimmlippen als ein Mann und infolgedessen eine hohe Stimme, weil Babys und kleine Kinder positiver auf hohe Stimmen reagieren als auf tiefe. Alle Moden, Kopfgeburten, Ideologien und staatlichen Eingriffe werden daran nichts ändern, und über kurz oder lang wird sich ein Frauenleben stets nach dem weiblichen Prinzip richten, selbst wenn die Frau keine Kinder bekommt, ja, nicht einmal welche bekommen möchte. *It's the evolution, stupid*! Aus diesem simplen biologischen Grund sind bei der Frau drei wichtige psychomechanische Elemente in wesentlich geringerem Ausmaß als beim Mann vorhanden, die sie aber bräuchte, um sich als autarkes Wesen zu behaupten und sich vom Mann zu emanzipieren. Diese Elemente sind Entdeckungslust (die Triebfeder des Erfindungsgeistes), Aggression und Abenteuerlust, alles Charakteristika, die gewiß die Welt schon mehrmals in den Abgrund gerissen haben, aber ohne die unser Wohlstand, die hohe Lebenserwartung und ein Zauberkästlein wie das Smartphone undenkbar wären. Entdeckungslust, Aggression und Abenteuerlust sind anderseits wirklich das Allerletzte, das ein Lebewesen, welches vor allem dafür konstruiert wurde, die Bürde der Geburt und Aufzucht von Nachwuchs auf sich zu nehmen. All die viel beschworenen »Potenziale« der (meisten) Frauen sind in Wahrheit aus fiskalischer Sicht so bedeutend, wie alte Schuhe bei eBay. Ausnahmen bestätigen die Regel, erst recht, wenn die Frau ihre eigentliche Bestimmung erfüllt hat. Nochmals: Um Frauen muß Mann sich kümmern. Anna Papathanasiou scheint zunächst mit mir einer Meinung zu sein:

> »Vielleicht ist das Retro-Modell einfach nur die endgültige Kapitulation vor der Biologie. Die Frauenbewegung hat ein paar Jahrzehnte nach Kräften versucht, den Primat der Gebärmutter zu verleugnen, aber jetzt müssen wir feststellen: Es funktioniert nicht. Frauen und Männer sind eben nicht gleich, also lassen wir doch die Männer sich nach Herzenslust im Job profilieren, und wir Frauen akzeptieren einfach, daß es nun einmal unsere Aufgabe ist, Kinder zu bekommen (...)«

Ein Satz später aber schwingt das Pendel schon wieder zurück, und die hypnotisierende, zur Staatsdoktrin gewordene femiextremistische Lehre ergreift wieder Besitz von Anna Papathanasiou, die geradezu automatenhaft aufschreit: »Nein. Natürlich nicht. Niemals.« Und dann tritt noch ein anderer Grund für die Erwerbstätigkeit der Frau zutage, ein Grund, der äußerst skurill ist:

»Aus eigener Erfahrung weiß ich, daß ich an meinem Arbeitsplatz einen anderen Teil von mir zeige als zu Hause. Die Kollegen kennen eine Seite an mir, die meinem Mann und meinen Kindern wahrscheinlich unbekannt ist. Es tut gut, etwas für sich zu haben.«

Frauen und ihre lustigen kleinen Geheimnisse, man kennt das ja. Früher hätte so eine Schreiberin in diesem Zusammenhang noch etwas von Steigerung des Selbstwertgefühls und »eigenes Geld verdienen« gefaselt. Aber das traut sich Anna nicht mehr, weil inzwischen jeder Depp weiß, daß die Quälerei im Job bei einer Frau mit Familie eher Übelkeit anregt, als ihr Selbstwertgefühl, von der Haushaltskasse ganz zu schweigen. Und von wegen »etwas für sich haben«: Bitte, wo wäre man mehr für sich, wo ist man natürlicher, als in der eigenen Familie? Und was kann so erfüllend sein, daß man es vor der eigenen Familie verbergen will?

»Schneewittchens Entscheidung wird fatale Folgen haben. Sie macht sich abhängig von ihrem Mann, davon, daß er seinen Job behält, daß ihre Ehe langfristig besteht. Sollte ihr Mann sich nämlich gegen das gepflegte Familienidyll und für die unverbrauchte Endzwanzigerin entscheiden, wird sie ihren Lebensstandard drastisch zurückschrauben müssen (...) Ach, und noch was: Was will sie ihrer Tochter über das Leben beibringen? ›Mädchen, sieh zu, daß du dir einen reichen Mann angelst, einen Stall voll Kinder bekommst und immer recht hübsch zurechtgemacht bist.‹«

Tja, was ist denn dagegen einzuwenden? Habe noch von keiner Frau, die sich einen reichen Mann geangelt, einen Stall voll Kinder bekommen und sich immer recht hübsch zurechtgemacht hat, gehört, daß sie gesagt hätte: »Am liebsten würde ich Überstunden im Büro schieben«. Ist es in Wahrheit nicht vielmehr so, daß gerade diese mit einem sehr praktischen Sinn ausgestatteten Frauen von jenen Zukurzgekommenen heimlich bewundert werden, wenn sie auch nach Außen hin derlei Lebensweise mit aggressivem Spott überziehen? Klingt wie der Fuchs, der nicht an die süßen Trauben herankommt und sie kurzerhand als sauer deklariert. Und was die unverbrauchte Endzwanzigerin anbelangt, die in die Parade des »gepflegten Familienidylls« fährt und die verwöhnte Mama zwingt, ihren Lebensstandard drastisch zurückzuschrauben – kann passieren, Anna, kann passieren. Aber mach dir mal da keine allzu große Sorgen, die deutsche Rechtsprechung wird schon verhindern, daß sie allzu tief fällt.

»Ich habe keinen Lösungsvorschlag für das Dilemma, das Frausein bedeutet. Wir wollen einen Beruf haben, der uns erfüllt, und wir wollen Kinder, für die wir auch da sein können. Wir sollten nicht warten, bis Väter vom Gesetzgeber verpflichtet werden, ein Jahr lang beim Kind zu bleiben, und Mütter nach der Rückkehr aus der Babypause automatisch mit einer höheren Gehaltsstufe belohnt werden.«

Der Gesetzgeber sollte Väter *verpflichten*, ein Jahr lang beim Kind zu bleiben? Wieso nicht gleich für zehn Jahre? Und wo überhaupt? Zuhause oder gleich im Gefängnis? Wie muß man sich das konkret vorstellen, etwa derart, daß der Frauenarzt eine Meldung beim Familienministerium und beim Arbeitgeber des Erzeugers macht, sobald die Schwangerschaft der Frau festgestellt wurde, damit vorab die justitiable Verpflichtung terminiert ist? Wie verfährt man bei Fällen von renitenten Vätern, die dem kleinen Hosenscheißer ums Verrecken nicht das Fläschchen geben wollen und sich im Büro ihrer Firma verbarrikadieren? Fährt dann die Streife vor und befördert die nicht mehr resozialisierbaren Workaholics in den Knast? Und wie verhält es sich bei One-Night-Stands, aus denen Kinder hervorgehen? Werden die Väter dann per Rasterfahndung lokalisiert, mit Fangnetzen überwältigt und ins Kinderzimmer geschleppt? Sind Ausnahmen bei Fußball- und Popstars vorgesehen? Ich meine, damit ein für die Ablösesumme von vierzig Millionen Euro zu FC Bayern München gewechselter Javi Martínez nicht in die Verlegenheit kommt, dem Trainer sagen zu müssen: »Lo siento, dieses Jahr spiele ich nur mit Bauklötzchen statt mit einem Fußball. Die nächsten vier Jahre übrigens auch, weil ich mir schon immer eine große Familie gewünscht habe.« Wie viele Kontrolleure müssen vom Staat eingestellt werden, um unangemeldet die Konsistenz des Babybreis zu messen, den der Papa zubereitet hat, und bei Ungenießbarkeit Geldbußen zu verhängen? Kommen elektronische Fußfesseln zum Einsatz, die sofort das Spezialkommando aktivieren, wenn der reaktionäre Schlawiner von den staatlich festgelegten Kontrollpunkten Supermarkt, Kinderarzt, Spielplatz und Stadtpark abweicht und den Weg zur Kneipe einschlägt? Und die allerwichtigste Frage: Gilt die *Verpflichtung* auch für konservative Moslem-Männer? Wenn ja, wird's bestimmt sehr lustig ...

Anna träumt aber noch weiter, nämlich von einer Belohnung für Mütter in Gestalt einer automatisch höheren Gehaltsstufe nach ihrer Rückkehr aus der Babypause. Allerdings vergißt sie dabei zu erwähnen (ich nehme an, bewußt), wer ihnen diese Belohnung gewähren soll. Das ist nicht schwer zu erraten. Wenn man ein Unternehmen als eine Wärmestube für Frauen betrachtet und erwartet, daß es in erster Linie die von weltfremden Politversagern verbrochenen marktfeindlichen Auflagen erfüllt, statt Gewinne zu erzielen und die Konkurrenz in Schach zu halten, dann ist der Goldesel wohl der Arbeitgeber. Würde man diesen Gedanken weiterspinnen, braucht die Frau eigentlich überhaupt nicht mehr arbeiten zu gehen oder müßte sich nur kurz irgendwo einstellen lassen, um danach sofort schwanger zu werden. Wenn sie aus der Babypause zurückkäme, winkte ja die *Belohnung* »höhere Gehaltsstufe«. Und so weiter, und so fort. Wenn deutsche Unternehmen unter solchen Bedingungen überhaupt noch jüngere Frauen einstellen würden, wären sie wohl ziemlich bald zugrunde gerichtet. Das könnte auch Anna einleuchten, und so liegt der Verdacht nahe, daß Anna eher den Staat und somit den Steuerzahler in der Pflicht sieht.

Das Elterngeld ist schon einmal ein Schritt in die richtige Richtung. Der Staat zahlt Leuten eine Weile Geld, damit sie nicht arbeiten gehen müssen, um ihre Familie selbst zu versorgen. Welt verkehrt. Was wie eine Familienhilfe daherkommt, ist in Wahrheit eine exorbitant kostspielige Schmierenkomödie, erdacht von Sozialingenieuren mit dem Aussehen Arnold Schwarzeneggers, die es geschafft haben, Politikern ihre destruktiven Pläne unter dem Deckmantel »Selbstverwirklichung der Frau durch Schuften« als familiäre Fürsorge zu verkaufen. Es geht bei dem Elterngeld-Mist in Wahrheit nur um den Mann, der, wenn schon nicht mit Gewalt, wenigstens durch die Verlockung des Geldes und scheinbares gesellschaftliches Prestige temporär lächerlich gemacht werden soll. Er soll verweiblicht, verschwult und gedemütigt werden, statt sich seiner Verantwortung als Mann bewußt zu werden und sich spätestens bei der Ankunft des Nachwuchses für seine Lieben krumm und buckelig zu arbeiten. Er soll die Witzfigur mimen und sich mit Babytragetuch um den Bauch als Galionsfigürlein des gebenedeiten Schwulmann-Kultes den Mageninhalt des Kleinen aufs Hemd kotzen lassen. Gut, vielleicht sind einige Männer von Natur aus daran interessiert. Allerdings halte ich es für ausgeschlossen, daß Christian Grey, Sie wissen schon, jener Grey mit seinen nervigen »Fifty Shades«, der gern die Ärsche von einundzwanzigjährigen Studentinnen zu versohlen pflegt und von dem sich sogar die meisten Hochschwangeren mit Kabelbindern an Heizungsrippen fesseln lassen würden, diese Baby-Tragetuch-Schmach auf sich nähme. Die Romanfigur eines Buches übrigens, daß vor allem Frauen gekauft haben. Abermillionenfach.

Wie wäre es, wenn die Regierung mit dem ganzen Schwindel aufhören und einfach einen noch größeren Schwindel aufziehen würde, und zwar in Form von Potemkinschen Arbeitsplätzen. Man könnte himmelhohe Glasfassaden errichten, die den Eindruck vermitteln, daß dahinter die *big deals* abgehen. Heerscharen von jungen Frauen in akkurat gebügelten schwarzen Business-Kostümen (schmierölbefleckte Overalls und Bäckerei-Fachverkäuferin-Dirndel passen irgendwie nicht zur Manuela-Schwesig-Vision) marschieren jeden Morgen durch die imposanten Tore dieser Wirtschaftspaläste, und für alle ist damit der Beweis erbracht, daß Frauen gleich dem Manne freudig in der Erwerbsarbeit aufgehen. Es ist jedoch ein Staatsgeheimnis, daß es sich tatsächlich nur um Fassaden handelt, hinter denen sich die Frauen sofort wieder ihrer Business-Kostüme entledigen, in ihre Handys schnattern, über Yoga und Ayurveda fachsimpeln, intensivst Maniküre und Pediküre betreiben, Kindergeburtstage organisieren und überhaupt sich mit weiblichem Einerlei beschäftigen. Die weiblichen Arbeitsfassaden dienen der Regierung in Wahrheit nur dazu, aus feministisch-ideologischen Gründen dem zu 80 Prozent männlichen Steuerzahler, der die ganze Show bezahlt, vorzugaukeln, daß die Frau durch ihre Arbeit ebenso wertschöpfend wäre wie ihr geschlechtlicher Gegenpart. Moment mal – sollte mein total frauendiskriminierender Witz am Ende doch nicht nur ein Körnchen, sondern gleich einen Brocken Wahrheit enthalten? Um diese Frage zu klären, verlassen wir jetzt weinenden Auges die tapfere Anna Papathanasiou, die ihren Artikel pathetisch ausklingen läßt:

»Es ist auch eine Quelle für das weibliche Selbstbewusstsein, der eigenen Tochter sagen zu können: ›Mädchen, nimm dir ein Beispiel an deiner Mutter und such dir einen schönen Beruf. Halte daran fest, auch wenn du selber Mutter wirst. Es lohnt sich.‹«

Sie erinnern sich bestimmt noch daran, mit welchen Worten ich im ersten Kapitel dieses Thema angeschnitten habe: »Es gibt natürlich Frauen, die ihr eigenes Geld verdienen, doch weit weniger, als gedacht ...« Das war ziemlich provokant von mir, nicht wahr? Doch zur Untermauerung meines Arguments können wir uns ja mal anschauen, als was Frauen so arbeiten. Dabei wollen wir uns allerdings nicht auf Proll-Niveau begeben, denn wie ich oben schon erwähnte, erwirtschaften die unteren Einkommen lediglich fünf Prozent des Gesamtsteueraufkommens, und man kann froh sein, wenn bei Frauen mit derart niedrigem Gehalt am Ende ein Plus-Minus-Null herauskommt. Berücksichtigte man nämlich in der Rechnung die Transfers und Leistungen des Staates für den einzelnen Unterschichtler, stünde dort keine Null, sondern ein fettes Minus. Nein, wir wollen uns auf die Frauen konzentrieren, die irre emanzipiert ihr eigenes großes Geld verdienen, ergo ein Plus erwirtschaften und durch ihre Arbeit ohne Staatskrücken nicht nur sich selbst unterhalten, sondern darüber hinaus fast die Hälfte ihres Einkommens leichten Herzens dem gefräßigen deutschen Staatsdrachen in den Rachen werfen können. Wenigstens in der Theorie. Am besten können wir das, indem wir einen Blick auf die junge Generation werfen bzw. auf das, was sie lernt und studiert. Heutzutage studiert ja jeder etwas, so daß man bisweilen den Eindruck gewinnt, selbst für die Anstellung als Müllmann brauche es ein Hochschuldiplom. Zwar haben die Genies von der EU unlängst gerügt, unser Land bilde immer noch zu wenig Akademiker aus, aber das gibt sich bestimmt bald. Dabei müssen wir jedoch im Sinn behalten, daß ein durchschnittlicher Studienplatz an einer Universität oder Hochschule den Staat rund 600 Euro im Monat kostet, der Steuerzahler bei 2,5 Millionen Studenten (Wintersemester 2013/2014) also allein für diesen Posten jährlich 18 Milliarden Euro berappen muß.

Hier haben wir auch schon etwas Hübsches. Exakt zwanzig Frauen studieren Byzantinistik (und achtundzwanzig Männer). Jetzt denken Sie bestimmt, ich würde die Fäuste ballen, aufspringen und etwa brüllen: »Was soll der schwule Scheiß?! Wo ist da der Mehrwert? Rausgeschmissenes Geld!« Falsch. Der Mensch lebt nicht vom Brot allein, schon gar nicht sein Geist. Das, was uns vom Tier unterscheidet, ist unser Sinn für Kultur und Geschichte. Tiere besitzen keine Kultur, noch weniger können sie mit ihrer Geschichte etwas anfangen. Sie leben immerdar in der Jetztzeit. Bei uns ist es anders. Zwischen uns und unseren Toten, und seien sie auch seit Jahrtausenden schon tot, existiert ein quecksilbriger Strom der Faszination und der Neugier. Es erfüllt uns mit einer Kombination aus Rührung, Gänsehaut erzeugender Ehrfurcht und nachdenklicher Freude, wenn wir erkennen und erfahren, daß diese toten, Hunderte von Generationen von uns entfernten Menschen nicht anders waren als wir. Und wir wissen, daß sie uns mit ihrer Geisterstimme zurufen: »Ich war hier! Ich war jung! Und ich habe geliebt!« Gäbe es diesen magischen Strom zwischen uns und unserer Geschichte nicht, wären wir selbstvergessen wie die Tiere. Eine Illusion, vielleicht, aber eine schöne.

Es ist eben kein rausgeschmissenes Steuergeld, wenn einige junge Männer und Frauen sich des untergegangenen oströmischen Reiches annehmen, dessen Eroberung durch die osmanischen Türken für die Europäer das Zeitalter der Entdeckungen und der Renaissance einleitete, wenn sie seine Kultur und epochalen Errungenschaften wie die Trinkwasserversorgung für Städte erforschen und für die Nachwelt im kollektiven Gedächtnis bewahren. Ich wünschte, es gäbe mehr Byzantinisten.

Aber kann mir mal jemand erklären, weshalb 6 861 Frauen (und 9 814 Männer) Philosophie studieren? 200 würden doch auch reichen. Sehen wir zu, für welches Studium sich Frauen sonst noch entschieden haben:

Ägyptologie: 379
Arabisch/Arabistik: 385
Afrikanistik: 961
Orientalistik, Altorientalistik: 1 040
Islamwissenschaft: 1 480
Medienwissenschaft: 6 839
Kulturwissenschaften: 7 592
Religionswissenschaft: 8 795
Kommunikationswissenschaft/Publizistik: 10 996

Politikwissenschaften: 12 729
Geschichte: 20 352
Sozialwissenschaften: 24 563
Pädagogik: 41 043
Psychologie: 45 398
Sozialwesen: 51 862
Kunst, Kunstwissenschaft: 56 448
Erziehungswissenschaften: 56 901
Germanistik/Deutsch: 61 394
Sprach- und Kulturwissenschaften: 346 317
Schlußgag Maschinenbau/-wesen: 4 602 – im Gegensatz zu
51 128 Männern.
(Statistisches Bundesamt, Fachserie 11, Reihe 4.1, WS
2013/2014)

Das sind lediglich ausgesuchte Beispiele. Die Liste der Fächer,
deren Studium nur bedingt zum Wohlstand beiträgt und unser aller Leben monetär kaum bereichert, ist schier endlos.
Es geht mir nicht darum vorzuführen, daß Frauen per se
softe Studiengänge auswählen. Das wäre eine Lüge. Denn es
gibt auch andere Zahlen, die zeigen, daß nicht wenige Frau-
en ebenso vorausschauend studieren wie Männer und ihren
künftigen Beruf durchaus unter Vernunftaspekten auswählen. Bei den zwanzig am stärksten besetzten Studienfächern
sieht der Frauenanteil ein bißchen anders aus:

Betriebswirtschaftslehre: 48,2 %
Rechtswissenschaft: 54,1 %
Medizin (Allgemein-Medizin): 60,8 %
Biologie: 63,6 %
Internationale Betriebswirtschaft/Management: 55,7 %
Und bei Elektrotechnik/Elektronik immerhin: 9,3 %
(Bundeszentrale für politische Bildung 25.1.2014)

Trotzdem sieht es mehr oder weniger danach aus, daß über
die Hälfte der Frauen die Fächer studieren und nach einem

Abschluß nur für solche Stellen in Frage kommen, die es ohne die Kohle eines repressiven Steuerstaates gar nicht oder wenigstens nicht in diesem Ausmaß gäbe. In Wahrheit handelt sich bei diesem Frauen-Studier-Monopoly um eine Art unsichtbares Patriarchat ohne Stimmrecht. Rechnet man nämlich die Steuern der staatlich Alimentierten (die selbst von Steuern leben) und die Plus-Minus-Null-Steuerzahler heraus, wird dieser Staat zum überwiegenden Teil von Männern finanziert. Es ist ein Abermilliarden-Luxus, den sich nur eine Gesellschaft leisten kann, die von feministisch verblendeten Medien abgerichtet, von Politclowns über die weibliche Wirtschaftskraft belogen und von lesbischen Aktivisten, die sich als Gleichberechtigungsengel tarnen, niedergebrüllt und auf Linie gebracht wird, wobei die Gesellschaft insgesamt dabei immer mehr verarmt. Es handelt sich um eine Massenpsychose par excellence, die nur deshalb zur Staatsdoktrin und zum medialen Naturgesetz werden konnte, weil die Ideologie gegen Tatsachen kämpft und man sich einfach nicht eingestehen kann und darf, daß die Mehrheit der Frauen dazu geboren ist, von der Fürsorge des Mannes zu leben. Mit einiger Berechtigung! Denn nur die Frau erschafft neues Leben und nimmt die dazugehörigen Erschwernisse und Gefahren auf sich. Bloß kostet die ganze Chose in der dummdreisten Irgendeinen-Scheiß-Studieren-Variante den Mann das Zigfache, so daß er sich nicht einmal mehr um seine eigene Frau kümmern kann. Wenn er denn noch dürfte.

Das Ganze läuft in Phasen ab und wird nicht einmal generalstabsmäßig gesteuert. Vielmehr fügt sich eins zum anderen. Es ist, als würde man gedankenlos überall im Garten Fleischstückchen auslegen und sich darüber wundern, daß am nächsten Tag jede Menge Getier dort herumlungert:

Phase 1: Eine unbewiesene, aber sich schlüssig anhörende Hypothese, eine politische Richtung, eine soziale Denke, gegen die niemand etwas haben kann, eine schöngeistige Intellektuellenmode, eine von Faulenzern initiierte lachhafte Schwachsinnsaktion zum Einsacken von lecker Steuergeld oder einfach eine falsche Behauptung, die durch mediale Dauerwiederholung doch noch scheinbare Richtigkeit erlangt, wird zum gesellschaftlichen Konsens. Zu 99,9 Prozent handelt es sich dabei um unverkäufliches Blabla, das niemand braucht, weil es keinen praktischen Nutzen bringt. Doch alle beten es nach, weil's (auf den ersten Blick) nix kostet und Stoff liefert für Gespräch und Zeitvertreib.

Phase 2: Die mit der Politik verbandelten Bildungseinrichtungen, die fast zur Gänze mit Steuergeld unterhalten werden, halten das Blabla für bare Münze und nehmen sich der Sache an. Sobald eine kritische Stimme sich dagegen erhebt und darauf aufmerksam macht, daß im Wissenschaftsbetrieb, wo es um Objektivität und rationale Methoden geht, geistige Modeerscheinungen oder einfach *gut* klingende Meinungen nichts zu suchen hätten, wird sie sofort unter moralischen Druck gesetzt, wenn nicht zur gesellschaftlichen Ächtung freigegeben. Das beste Beispiel für diese Vorgehensweise ist die Soziologie, die einst die empirische und theoretische Erforschung des sozialen Verhaltens des Menschen zum Ziel hatte und sich dazu gern der Statistik bediente, heutzutage jedoch fast ausschließlich sozialistische und grüne Prosa lehrt. Deren Umsetzung erfordert in der Realität eine massive Umverteilung von Steuergeldern, ohne daß ein Nutzen ersichtlich wäre, und sobald man nicht mehr en masse Steuergelder verbrennen kann, bleibt nur eine Existenz auf Schrottniveau à la DDR übrig.

Phase 3: Die meisten jungen Frauen verwechseln Studium und Schule. Die Schule ist für ein umfängliches Allgemeinwissen zuständig, damit der heranwachsende Mensch, gleichgültig, was später aus ihm wird, nicht auf dem geistigen Niveau eines Höhlenbewohners verharrt. Wenn alles gutgeht, lernt man dort ein bißchen Disziplin, selbständiges Arbeiten, das Verständnis von komplizierten Sachverhalten und Leistungsethos, der wiederum mit entsprechenden Noten belohnt wird. Hierbei schälen sich auch die jeweiligen Interessen des Einzelnen heraus, die zwar für ihn selbst von Bedeutung sein mögen, aber auf seinem späteren Lebens- und Berufsweg nicht unbedingt eine Rolle spielen. Egal, aus welcher Schule man am Ende herauskommt, man ist danach immer ein bißchen klüger als vorher. Idealerweise jedenfalls.

Das Studium ist etwas grundlegend anderes. Wiewohl vielen Studenten nun die Haschpfeife aus dem Mund fallen wird: Im Studium erlernt man, weit vertiefter als in der Schule und auf einer über dem Mittelmaß angesiedelten Abstraktionsebene, jene Kenntnisse und Fertigkeiten, die einen dazu befähigen sollen, einen Beruf zu ergreifen (besonders in den wichtigen Fächern ist der Beruf durch die Studienwahl schon vorherbestimmt), mit dem man später seinen Lebensunterhalt verdienen kann. Und hier läuft bei den meisten jungen Frauen, die zum Studium antreten, gewaltig etwas schief. Sie wähnen sich immer noch auf einem schulischen Experimentierfeld, das ihre Neugier auf einem bestimmten geistigen Gebiet befriedigen, ihr favorisiertes gesellschaftspolitisches Interesse stillen oder sogar ihre psychologischen Schrullen zu einer Profession adeln soll. Diese Geisteshaltung ist auch bei jungen Männern anzutreffen, allerdings bei weitem nicht in demselben Umfang wie bei den Frauen. In Österreich sind im Studiengang »Pferdewissenschaften« inzwischen zu 93,9 Prozent Frauen vertreten, im Fach »Musiktheaterregie« sogar 100 Prozent.

Zudem handelt es sich bei den Studentinnen in den soften Fächern nicht um die hellsten Frauenköpfe. Obgleich das Geisteswissenschaftliche und die ihm artverwandten Behauptungs- und Interpretationslehren mit dem Habitus ungeheuer komplexer Intellektualität auftreten, basiert alles auf dem Verinnerlichen primitivster vorgefertigter Textbausteine aus dem linken und gutmenschlichen Phrasenkatalog. Wer z. B. irgendetwas in Richtung Migration oder Feminismus studiert, braucht selbst das nicht, solange er nur regelmäßig die *taz* oder die *Zeit* überfliegt. Frau braucht sich nur nach Herzenslust aus dem Bullshit-Bingo »männliche Vorherrschaft«, »Teilhabe« und »Diskriminierungserfahrung« zu bedienen, alles in einen Zufallsgenerator zu werfen, die unten rauslaufende Textpampe auszudrucken, und schon erhält sie eine glatte Eins für ihre Seminararbeit. In früheren Zeiten wären diese jungen Damen mit schlichtem Gemüt bereits in ihren Zwanzigern von der Heirat und der darauffolgenden Schwangerschaft daran gehindert worden, mit ihren völlig nutzlosen und abgedroschenen Elaboraten irgendwelche Schizos nachzuäffen und finanziellen Schaden beim hart arbeitenden Steuerzahler zu verursachen. Die ganze Geschwätzwissenschaftlerei ist nämlich für derartige Schlauschnatternde das gleiche wie Stricken für ihre früheren Geschlechtsgenossinnen mit niedrigem Intellekt. Hat man einmal den Bogen raus, so kann man monoton Masche um Masche aneinanderreihen oder wie in der aktuellen Textbausteinfabrik des Soziosprech eine vorgestanzte Platitüde an die andere. Mit dem Unterschied, daß früher wenigstens ein schöner Pullover oder ein Schal dabei herauskam. Mag sich zwar reaktionär anhören, ist aber so.

Final tritt ein durchgreifender geistiger Schwund ein. Dazu hat ironischerweise die von den Achtundsechzigern angestoßene Akademisierung beigetragen. Junge Leute, die das Zeug zu fähigen Facharbeitern hätten, drängen seither in die geisteswissenschaftlichen Fakultäten der Universitäten, wo das Niveau heruntergeschraubt wird, um die Absolventenquote nach oben zu stemmen. Auf diese Weise, schreibt der Bevölkerungswissenschaftler Volkmar Weiss in seinem Buch *Die Intelligenz und ihre Feinde,* werden »Zehntausende Soziologen, Psychologen, Historiker usw. zu ›Intellektuellen‹ ausgebildet, während in den naturwissenschaftlichen, technischen und ingenieurswissenschaftlichen Fächern die Zahl der Studenten sinkt«. Ausgestattet mit Halbwissen, wertlosen Abschlüssen und randständigen Professionen, bilden diese Absolventen ein Intelligenzproletariat und müssen, um der Arbeitslosigkeit zu entgehen, »sich immer neue gesellschaftliche Aufgaben ausdenken, mit denen sie den produktiven Sektor knebeln und [ihm] Mittel entziehen«. Stichwort

Frauenquote. Die Negativauslese führt die Gesellschaft in eine Abwärtsspirale

Phase 4: Quasi unbewußt und nach dem Vorbild kommunizierender Röhren (s. Kapitel 1) registriert der Staat den Überschuß an Blödsinn-Studenten. Das sind jedoch keine Exoten wie Küfer oder Herrgottsschnitzer, deren Arbeit heutzutage unter Liebhaberei einzuordnen ist, schon gar nicht in ihrer überwältigenden Mehrheit. Nein, es sind Akademiker, also Studierte, die im Gegensatz zum Betonbauer auf gar keinen Fall arbeitslos werden dürfen, da sie ihren Heiligenschein nicht etwa zum Wohl von so etwas Zweitrangigem wie einer Betonmischmaschine tragen, sondern selbstredend und automatisch zum Wohl der ganzen Menschheit. Und schon finden sich clevere Kriegsgewinnler, die die Situation ausnutzen und »Bewegungen« anleiern, die Institute und Vereine gründen, sinnlose Pöstchen im öffentlichen Dienst schaffen und all die Potemkinschen Arbeitsplätze einrichten, die den einzigen Sinn haben, Leute, die doofes Zeug daherlabern, mit ordentlichen Gehältern und Pensionsansprüchen zu versorgen. Die Kehrseite der Medaille: Irgendwer muß für die Schimärenarbeiterinnen echte Kohle herbeischaffen.

Was natürlich nicht vollends gelingen kann, denn so viele Showarbeitsplätze kann selbst ein betonkommunistischer Staat nicht schaffen. Die bevorzugten Berufsfelder, insbesondere der Absolventinnen, sind die Politik sowie der öffentliche und halböffentliche Dienst, wo Heerscharen von Konflikt- und Friedensforschern, Gender-, Gleichstellungs-, Extremismus-, Vergangenheits- und Straßenumbennungs-Experten nach staatlichen Subventionen haschen. Andere finden prekäre Anstellungen in der Medienbranche. Was im Einzelfall eine Negativauslese darstellt, potenziert sich für die Gesellschaft zur Abwärtsspirale, weil es hier um die Arbeit von Multiplikatoren-Posten geht. Andere harren in einer Endlos-Warteschleife aus und generieren dabei ein explosives Gemisch aus Enttäuschung, Frustration und Rachlust, das sich in der männlichen Form in Gewalt entlädt (Antifa) und in der weiblichen in weinerlichen Selbsterfahrungsberichten auf *Zeit online*, wofür man aber höchstens 50 Euro bekommt. Laut Statistik der Bundesagentur für Arbeit von 2014 hat fast jeder zehnte Hartzer, insgesamt 209 884, höhere Bildungsabschlüsse. Dazu zählen 134 546 mit Abitur und 75 338 mit Fachhochschulreife. Einen Studienabschluß hatten 65 921 von ihnen.

Es ist also alles ganz einfach. Daß der Staat zu wenig für die Bildung ausgibt, ist in Wahrheit Quatsch mit Soße. Er gibt viel zuviel und völlig ziellos Geld für Bildung aus, die kein Mensch braucht, vor allem keine Menschin. Dabei nimmt er, ohne es selbst zu merken, die Rolle des sich um die Frau kümmernden Mannes ein, wie es anders auch nicht sein kann, weil die Steuerkohle zu einem überwältigenden Teil vom Manne kommt. Durch den staatlich sanktionierten Raub ist dieser finanziell immer weniger imstande, seine angestammte Rolle zu erfüllen und Frau und Familie aus eigener Kraft zu unterhalten. Was wiederum zweierlei bewirkt. Zum einen wird die natürliche Bindung der Frau zum Manne gekappt, die, weil es um Sicherheit geht, evolutionär betrachtet eine materielle ist. Der »Göttergatte« schrumpft zum »Partner«, wird degradiert zum Highlight-Aufsetzer für den Alltag und zum auswechselbaren Gefährten, von dem man sich zur Not auch trotz Kindern ohne große Umstände trennt, sobald die ersten Problemchen auftauchen und der Sex nicht mehr dem Weiberklatsch aus der Brigitte oder den total *up to date* daherkommenden Filmen und Romanen entspricht. Zum Versorger und Ernährer taugt der kastrierte Bulle eh nicht mehr. Zum anderen springt der Staat der Frau sowohl mit gefakten Bildungsabschlüssen zur Seite, die keinen Mehrwert für die Gesellschaft generieren, als auch beim Super-GAU, der Scheidung und ihren Folgen. Dies wiederum bewirkt, daß die Steuern und sonstige Zwangsabgaben für den Mann stetig steigen müssen, bis das Spiel wieder von vorne beginnt. Was man früher eine Katze genannt hätte, die sich in den Schwanz beißt, nennt sich heute modern, und keiner will sich dem Verdacht ausliefern, als unmodern zu gelten. Da sei das heilige Buch der Gleichberechtigung vor.

Um Mißverständnissen vorzubeugen, sei betont, daß es natürlich Frauen gibt, die ihr eigenes Geld mit wohlstandsschaffender Arbeit verdienen, die Steuern abführen wie ein Mann und die Job, Kinder und Familie locker unter einen Hut bringen. Bisweilen gibt es unter ihnen sogar erfolgreiche Unternehmerinnen oder grandiose Künstlerinnen. Es ist auch nicht wahr, daß Frauen dieses Kalibers automatisch lesbisch veranlagt wären oder die männliche Denke mit der Muttermilch eingesogen hätten. Und auch in den Schichten darunter halten viele Frauen Männern gegenüber nicht bei jeder Gelegenheit die Hand auf. Allein diese Frauen repräsentieren bei weitem nicht die Mehrheit. Sie stellen im Gegenteil die weibliche Minorität *par excellence*. Für den Großteil gilt jedoch weiterhin das eiserne Naturgesetz der Evolution. Entweder wird eine Frau von einem Mann versorgt oder von einem männlichen Steuerstaat, auch wenn auf dessen erhabenen Balkonen als Reklame lauter Frauen sitzen, von denen nicht wenige ebenfalls irgendwelche Geisteswissenschaften studiert haben. Die Erkenntnis ist so banal wie simpel: Ein Mann ist ein Mann, und eine Frau ist eine Frau. Niemand kann aus seiner Haut, und daran wird sich in absehbarer Zeit auch nichts ändern. Deshalb sage ich es zum dritten Mal: Um Frauen muß Mann sich kümmern. Und nicht vergessen, fast alle kleinen Mädchen geben ihren Plüschtieren instinktiv männliche oder wenigstens männlich klingende Namen.

V.
SEX

Ich war sechzehn, als ich zum ersten Mal mit einer Frau ins Bett ging. Es war ein Desaster! Ich bekam keinen hoch. Dabei hatte ich mir in meinen Onanierträumen alles so schön ausgemalt. Sie war die Freundin meiner Schwester und drei Jahre älter als ich. Es ergab sich einfach. Okay, sie war nicht die Anmutigste unter der Sonne, und, okay, sie hatte etwas ordinär Prolliges, was mich Feingeistchen, das ich damals schon war, nicht gerade begeisterte. Aber all das kann in keiner Weise als Entschuldigung dafür herhalten, daß ich derart kläglich versagte. Ich hielt mich nicht nur für eine testosterongeladene Atombombe, sondern rieb auch jedem, der es hören wollte oder auch nicht, unter die Nase, daß ich das war. Heute glaube ich, die Erklärung dafür zu kennen. Ich dachte damals, daß eine Frau ein steriles Gerät zur Erfüllung meiner sexuellen Wünsche sei. Natürlich verliebte ich mich am laufenden Band, aber dieses Verliebtheitsding setzte eher den Jagdtrieb einer Katze in Gang. Der funktioniert nämlich unabhängig von ihrem Sättigungsgefühl. Eine Katze jagt auch, wenn sie pappsatt ist, eine weise Sicherheitsmaßnahme der Natur, damit der Körper stets in Übung bleibt und ausreichende Reserven für Hungerzeiten besitzt.

Das war jetzt vielleicht ein schräger Vergleich. Denn zu jener Zeit wollte mir weder das eine noch das andere gelingen. Die Zartgliedrigen und Engelsgesichtigen, die ich anschmachtete, ließen mich abblitzen, und die Sexbomben, die allein ihrer fleischlichen Gelüste wegen in Frage kamen, auch. Bis es zu der oben erwähnten Situation kam. Was sich in meiner Phantasie zu einem Himmelreich aus Frauenkörper und zahllosen Orgasmen aufgebläht hatte, endete als beschämendes Fiasko.

Hauptsächlich lag es daran, daß ich zum ersten Mal eine nackte Frau vor mir hatte statt einer glorifizierten geilen Schimäre im Kopf, und, welch eine Überraschung, sie war ein Mensch! Sie roch wie ein Mensch, sie fühlte sich an wie ein Mensch, sie besaß Öffnungen mit entsprechenden Schleimhäuten und Körperflüssigkeiten wie ein Mensch, und sie gebärdete sich in dieser unmittelbaren Nähe, in der sich das Empfinden und das Verlangen des anderen gleichwohl telepathisch übermitteln, wie ein Mensch. Es war ein Schock für mich, und ich gebe zu, daß ich einen Ekel vor der Körperlichkeit dieser Frau empfand, weil ich mir ihren Körper in meinen von Vorfreude bestimmten Sexillusionen stets als etwas Angenehmes außerhalb der fleischlichen Realität vorgestellt hatte, so paradox das auch klingen mag.

Wieder daheim, erlebte ich den nächsten Schock. Es war, als hätte mich das Weib mit irgendeiner schlimmen Krankheit angesteckt. Als hätte das Virus die Dauer des Heimwegs als Inkubationszeit genutzt, um mich nun total zu »vergiften«. Dieses Gift betörte alle Sinne. Es war wie in alten Walt-Disney-Trickfilmen, wenn die Zauberin den magischen Flakon öffnet und daraus in rosa und lila Wirbeln eine Substanz aufsteigt, die einen hörig macht und einem alle Sinne vernebelt. Denn jetzt arbeiteten die Erinnerungsbilder und der noch frische Geruch der Dame in meiner Nase unerbittlich weiter und ließen mich gewahr werden, was mir entgangen war. Ich hatte einen Riesenfehler gemacht – oder dieses doofe, unzuverlässige Ding zwischen meinen Beinen. Mir wurde klar, dass Sex kein jenseitiges Ideal war, sondern etwas ganz Diesseitiges und Animalisches mit feuchten Schleimhäuten und so. Oder um es mit Woody Allen zu sagen, der auf die Frage, ob Sex etwas Schmutziges sei, antwortete: »Ja, wenn man es richtig macht.«

Aber Sex ist auch für Männer und Frauen jeweils etwas völlig anderes. Selbst dann, wenn im Idealfall beide die gleiche Intensität verspüren mögen. Ich z. B. hatte in dieser Sache einiges zu lernen. Auf den oben beschriebenen Vor- und Reinfall folgten mehrere Intermezzi, die ebenfalls nicht das Gelbe vom Ei waren. Dann verliebte ich mich mit achtzehn in ein zuckersüßes Wesen in Köln. Sie war einundzwanzig und studierte Jura. Ich weiß bis heute nicht, wie und weshalb eine so attraktive und kluge Frau es mit einem nicht gesellschaftsfähigen, größenwahnsinnigen und in Fragen weiblicher Emotionen damals noch völlig analphabetischen Irren wie mir eineinhalb Monate ausgehalten hat. Ich hatte zwar nicht den blassesten Schimmer, was ein Kitzler ist, aber rammeln konnte ich wie ein olympiaverdächtiges Kaninchen. Schon damals gingen mir zwei elementare Tatsachen hinsichtlich der Verschmelzung von Mann und Frau auf. Bei Frauen kommt es auf die Stimmung an, was auch immer das bedeuten mag, denn trotz meines reichhaltigen Erfahrungsschatzes bin ich im Frauen-Alphabet erst beim Buchstaben D angelangt. Sie scheinen in dieser Sache gewisse Anwandlungen zu haben, die sie überhaupt erst »rattenscharf« werden lassen. Es gibt eine Studie, in der Männern und Frauen mit Fotos konfrontiert wurden, die ausschließlich Genitalien des jeweils anderen Geschlechts zeigten, wobei die Geschlechtsteile der Probanden wiederum mit technischen Sensoren bestückt waren. Wie erwartet regte sich während der Betrachtung von Penissen bei Frauen rein gar nichts, wohingegen bei Männern beim Anblick der Vulva die Kompaßnadel gehäuft in eine völlig andere als die vier bekannten Himmelsrichtungen ausschlagen ließ. Schon gar nicht können Frauen dem Gedanken »Ich hatte sie schon alle« etwas abgewinnen und ihre Freundinnen damit neidisch machen – im Gegensatz zu Männern, die mit diesem Spruch gern bei ihren Kumpels hausieren gehen, auch wenn der von ihrer eigenen Lebenswirklichkeit ebenso weit entfernt ist wie Neptun von der Sonne.

Der Mann reagiert auf den optischen Reiz, deshalb guckt er auch so gern Pornos. Es gibt auch Pornos speziell für Frauen, allerdings verschwindend wenige, und deren Macherinnen betonen in Interviews stets, daß sie ihren Schwerpunkt mehr auf die Darstellung von Zärtlichkeit, die Ästhetik der männlichen Akteure sowie Berührungen und Massagen (!) legen. Ach du meine Güte, wo ist da die Vorlauftaste?!

Ich weiß, das alles hört sich nach der gegrunzten Spöttelei eines brünstigen Ebers über weibliche Erotikschnurren an. Aber beruhigen Sie sich, meine Damen – oder regen Sie sich darüber auf –, denn angeblich sind 20 Prozent aller Männer impotent. Es wird allerdings nie gesagt, in welchem Alter sich die Mehrheit dieser Bemitleidenswerten befindet. Ich gehe nämlich davon aus, daß der Leidensdruck bei einem Fünfundsiebzigjährigen nicht so gravierend sein dürfte. Auch wird verschwiegen, wie es um die Attraktivität der Partnerinnen dieser Impotenzler steht. Ich wette, eine nackte Scarlett Johansson könnte Tote zum Leben erwecken. Das ist kein abgestandener Herrenwitz von mir, sondern ein bizarres Beispiel für verachtenswerte Menschenversuche in der Medizin, bei dem todgeweihten männlichen Patienten geile junge Frauen ins Bett gelegt wurden. Sie lebten tatsächlich länger.

Meist sei die Impotenz »so 'ne Kopfsache«, heißt es. Und zum Beweis werden in den einschlägigen Berichten stets Verzweifelte im besten Mannesalter präsentiert, natürlich niemals Schwarze oder »Südländer«. Schlappschwänze mit Migrationshintergrund gibt es erklärtermaßen nicht. »Tote Hose« steht von vornherein für »weißer Mann«. Ich persönlich freue mich natürlich über die Botschaft: Was soll's, ein Fünftel der Konkurrenz weg! Aber läßt man diesen Zynismus einmal beiseite, steckt ohne Zweifel viel Leid dahinter. Ich bin kein Sex- und Orgasmusexperte, aber so wie ich es verstanden habe, wollen diese bedauernswerten Männer unbedingt und schaffen es nicht. Und das ist das, was ich wiederum nicht begreife. Wenn sie weibliche primäre und sekundäre Geschlechtsmerkmale, überhaupt das nackte Weib als solches unerotisch fänden oder einfach keine Lust auf Sex empfänden, wäre es nachvollziehbar. Aber liegen keine handfesten medizinischen Gründe vor, ist es für mich unvorstellbar, daß sich der Körper einer attraktiven Frau an ihren Mann schmiegt, ohne daß sich bei ihm etwas regt unter der Gürtellinie. Na ja, vielleicht belehrt mich ja das Alter eines Besseren.

An diesem Punkt liegt der Hase im Pfeffer. Die auf delikate Unterleibssensationen spezialisierten Medien picken sich bei der Berichterstattung über die Impotenz vornehmlich Ausnahmefälle heraus, mit Vorliebe rare psychische Blockaden, von denen jedoch weniger als ein Bruchteil der Impotenten betroffen ist. Zum überwiegenden Teil handelt es sich bei der »erektilen Dysfunktion« nämlich um die stinklangweilige Arterienverkalkung im Genitalbereich oder um eine durch Krankheiten wie Diabetes oder Prostatakrebs eingetretene Folgeerkrankung. Deshalb wirkt auch Viagra so wunderbar, nämlich gefäßerweiternd. Im Realleben haben (gesunde) Männer diesbezüglich das genau entgegengesetzte Problem. Sie haben nicht zu selten, sondern zu oft einen Harten in der Hose, finden jedoch keine oder keine ihren Ansprüchen genügende Frau, die sich ihrer erbarmt. Und bei Paaren, die schon seit einer Ewigkeit zusammen sind und ein gewisses Alter erreicht haben, könnte man den Spruch »Ich könnt' schon wieder!« in »Ich will nimma!« abwandeln.

Das sporadisch in den Medien hochkochende hysterische Gerede über Impotenz erinnert mich allzu sehr an das Thema Magersucht, das in den letzten Jahren ebenfalls hohe Wellen schlug. Es hatte sogar zur Folge, daß der Modebranche aus gesundheitlichen Gründen angeblich notwendige Mindeststandards in Bezug auf das Körpergewicht der weiblichen Models auferlegt wurden. Der Druck auf die Politik und die Medien wurde derart groß, daß das Gesundheitsministerium millionenschwere Sonderpräventionsprogramme auffuhr und die Frauenzeitschrift *Brigitte* im Namen aller Hungerhaken moralschwer darauf verzichtete, professionelle Models für ihre Fotostrecken zu verwenden. Die Redaktion verkündete, nur noch mit normalgewichtigen Frauen »von der Straße« arbeiten zu wollen. Da jedoch bei *Brigitte* auch das durchschnittliche Intelligenzniveau im magersüchtigen Bereich liegt, hatten die Hirnis völlig vergessen, daß das Modeln ein fachmännischer Job von vorselektierten Könner(inne)n ist und daß diese Vorauswahl viel Geld spart. Die Suche nach Frauen »von der Straße«, die die Models ersetzen sollten, erwies sich als unfaßbar kostspielig, zudem für das Shooting immens aufwendig, da man die Amateure fürs Posen erst mal anlernen mußte, so daß schließlich das meiste Material für die Tonne produziert wurde. Noch schwerer aber wog das

Problem, daß selbst die Hobbymodels so blendend aussahen, daß die gewöhnliche Leserin bei ihrem Anblick depressiv wurde. Die Künstlickeit der Magermodels war also gleichsam ein Schutz der Leserinnen.

Jedenfalls wurde nach und nach klammheimlich doch wieder auf professionelle, allerdings weniger bekannte Models zurückgegriffen und die politkorrekte Ranschmeiße an den blödsinnigen Zeitgeist, die in Wahrheit keiner bestellt hatte, komplett aufgegeben. Dabei hätte bei der ganzen Magersucht-Hysterie ein einziger Blick auf jene angeblich gesündere Straßenbevölkerung schon genügt. Dort sieht man eine Magersüchtige vielleicht einmal im Jahr, dafür aber jeden Tag und alle naselang übergewichtige Frauen. Die Frau von heute, auch die junge, ist in Wahrheit in der Regel nicht zu dünn, sondern eher zu dick. Umgekehrt zur öffentlichen Wahrnehmung verhält es sich auch mit der vermeintlich größten Bedrohung seit Männergedenken, der Impotenz. Da fällt mir ein, es ist in letzter Zeit verdächtig still geworden um die Magersucht. Ob die Klappergestelle inzwischen pro Tag ein Gewüzgürkchen mehr essen?

Ein anderes Phänomen, unter dem Männer zu leiden haben, ist wie Impotenz ebenfalls nicht lustig, aber weit davon entfernt, eine Krankheit zu sein. Ich meine die berühmt-berüchtigte *Ejaculatio praecox* oder, für den deutschen Leser, den vorzeitigen Samenerguß. In meinen jungen Jahren litt ich eine Zeitlang selbst darunter, was wirklich kein Zuckerschlecken war. Dann verschwand es plötzlich, ohne daß ich mir den Grund dafür erklären konnte. Was so viele Männer in die Praxen von Ärzten und Sextherapeuten treibt, ist in Wahrheit keine sexuelle Störung im eigentlichen Sinne, sondern ein wirklich mieser Trick der Evolution. Bei dem ganzen Gerede über Sex vergißt man nämlich bisweilen, wofür dieser ursprünglich erfunden wurde. Genau, für die reibungslose Reproduktion der eigenen Gene! Deshalb ist es der Evolution auch völlig schnuppe, was in irgendwelchen Trendmagazinen und Sex-Ratgebern über den großartigsten Geschlechtsverkehr ever steht. Schlimmer noch, die Evolution weiß nicht einmal, was Vögeln ist, und es interessiert sie ebensowenig, ob die auf diesem Planeten Kreuchenden und Fleuchenden überglücklich Bäume umarmen oder depressiv in der Ecke liegen. Hauptsache, sie pflanzen sich fort, egal wie und wie schnell. Danach können sie sich eigentlich auch eine Kugel in den Kopf jagen. Nicht vergessen, die ganze Chose wurde anfänglich für Bakterien erdacht. Heißt für den Mann: »Bring die Sache schnell zu Ende!«

Ich will Sie mit den sexuellen Schwänken aus meiner Jugend nicht weiter langweilen, sondern zur Sache kommen. Die Quintessenz ist, wie Sie sich denken können, daß die sexuelle Begegnung unterschiedlicher Körper eine Frage der Erfahrung ist, was aber nicht bedeutet, daß Unerfahrene nicht auch total geil einen wegstecken können, wenn ich mal so aus dem Nähkästchen plaudern darf. Der beste Sex ist eh nicht planbar, egal in welchem Alter. Im feuchten Reich ist der Zufall König. Er schleicht sich in einer lauen Sommernacht von hinten heran, wenn man schon alle Hoffnung aufgegeben hat, und löst ein unkontrollierbares Feuerwerk aus. Er überrascht einen in einer bitterkalten Winternacht, nachdem der Himmel tagsüber nichts als ein deprimierendes Grau gezeigt hat, und mit einem Mal verwandelt sich die Kälte in ein Inferno. So sind wir Menschen. »Wir Tiere auch«, sagt mein Kater Valentino.

Nur eins noch: Selbstverständlich bin ich aus der Sache mit der einundzwanzigjährigen Jura-Studentin letzten Endes als Profiteur herausgekommen, so wie ich mein Leben lang von Frauen fast nur profitiert habe. Sie verließ mich, wie so viele nach ihr. Ich war untröstlich und vor Trennungsschmerz dem Selbstmord nahe – oder liebäugelte damit, weil ich mir in der Pose des selbstmordgefährdeten Liebeskranken gefiel. Das hielt mich allerdings nicht davon ab, gleich nach dem Verlassenwerden mit dem Verfassen meines ersten Romans zu beginnen, der eben diese meine erste Liebe zum Inhalt hatte: *Tränen sind immer das Ende.* Das Buch kam 1981 heraus, wurde zu einem kleinen Bestseller und ich verdiente damit innerhalb eines Jahres zirka 150 000 DM. Der Beginn meiner Karriere als Autor. Danke für die Trennung, Hübsche!

Seitdem ist viel Wasser den Rhein hinabgeflossen. Die Bedeutung der Sexualität, vor allem die Art und Weise, wie die beiden Geschlechter damit umgehen und wie die Öffentlichkeit darüber spricht, hat sich merklich verändert. Am deutlichsten bei den Frauen. Hätte man zu früherer Zeit eine Frau damit aufgezogen (rein hypothetisch), daß sie leider keinen großen Bohai um ihr Sexleben mache, ihr Selbstwertgefühl zu wenig daran hänge und sogar unfähig zum Orgasmus sei, hätte sie entweder mit der Schulter gezuckt oder einem den Vogel gezeigt. Heutzutage aber gilt es geradezu als eine der schlimmsten Beleidigungen und Diskriminierungen, eine Frau zu verdächtigen, sie habe kein ausgefülltes Sexualleben oder sei womöglich frigide. O Pardon, jetzt habe ich ein verbotenes Wort benutzt. »Frigidität« existiert nämlich im heutigen Sprachgebrauch nicht mehr bzw. ist verpönt, auch in medizinischen Kreisen. Stattdessen behilft man sich mit einem englischen Begriff, da man sich im Deutschen davor scheut, das Phänomen überhaupt in Worte zu fassen: »Female sexual arousal disorder«. *Wikipedia* erklärt:

> »Gebräuchlich ist der Begriff (Frigidität, A. P.) eher in Bezug auf Frauen, sprachlogisch ergibt diese Beschränkung allerdings keinen Sinn, da Männer dieselbe Symptomatik aufweisen können.«

Der *Wikipedia*-Artikel über die elementarste und berühmteste weibliche Wesensart, die seit mehr als einem Jahrhundert zig Forschungsbetriebe auf Trab hält, Hunderte von Bibliotheken mit Abhandlungen füllt und bei betroffenen Paaren zu gegenseitigem Ausweichen, Schuldzuweisungen, aggressivem Verhalten und Entfremdung bis hin zur Trennung führt, ist in dem Online-Nachschlagewerk kürzer als der übers Nasebohren. Wenn man es nicht besser wüßte, könnte man in

Anbetracht des Textminimalismus annehmen, daß es sich um eine extrem seltene und recht bizarre Erbkrankheit handelte, die nur eine verschwindend kleine Minderheit heimsucht und deshalb nicht vieler Worte bedarf. Die *Wikipedia*-Autoren meinen auch zu wissen, weshalb es zu dieser höchst ausgefallenen Störung kommt, wo doch die überwältigende Mehrzahl der Frauen mit dem Manne um die Wette bumst.

»Die Ursachen können verschiedenartig sein und etwa in frühkindlichen negativen Erlebnissen oder einer sexualfeindlichen Erziehung liegen. Als Folge können Ängste oder Aversionen vor dem eigenen Körper auftreten.«

Frigidität ist demnach so ein Psycho-Ding. Vielleicht hilft ja eine Psychoanalyse, damit es wieder läuft. Sowohl der Artikel als auch die veröffentlichte und inzwischen auch staatstragende Meinung zum Thema suggerieren, daß die Sexualität der Frau der des Mannes quasi »ebenbürtig« sei und daß, wenn's mal klemmt, auf jeden Fall und unwidersprochen beide Geschlechter im selben Maße dafür verantwortlich wären. Die Intention ist haargenau dieselbe wie bei jener erstunkenen und erlogenen Behauptung, daß die Erwerbsarbeit für die Frau die identische Bedeutung wie für den Mann hätte und ebenfalls ihr Lebensinhalt wäre. *Mindfuck* in Reinform. Was daher kommt, daß sich ein Heer von staatlichen Geschwätzdödeln mit nix anderem beschäftigt als damit, daß Mann und Frau in jeder Beziehung gleich wären. Komisch nur, daß das Publikum dann am lautesten lacht, wenn Comedians erfolgreich die krasse Unterschiedlichkeit der Geschlechter aufs Korn nehmen. Bei so viel Gleich-und-Gleich-Affentheater stört es natürlich sehr, wenn plötzlich die Arschbombe reinplatzt: Ein beträchtlicher Anteil der Frauen ist frigide und wird es auch immer bleiben!
Dazu muß man einiges wissen. Das Konzept der Frigidität setzt sich aus insgesamt vier Symptomkomplexen zusammen, die isoliert oder in Verbindung auftreten können:

- Die sexuelle Erregung fehlt: Im Kopf werden zwar erotische Phantasien entworfen, aber die Verbindung zu den Genitalien ist unterbrochen. Die Befeuchtung der Vagina ist gering.
- Sex führt nie zum Orgasmus: Der Höhepunkt wird unterdrückt oder bleibt gänzlich aus.
- Schmerzen: Allgemeine genitale Schmerzen und Scheidenkrämpfe machen den Geschlechtsverkehr unmöglich oder äußerst schmerzhaft.
- Lustverlust: Es gibt kein Verlangen nach Sex; sexuelle Phantasien und Gedanken, die das Liebesspiel vorbereiten, bleiben aus. Die Frigidität kann sich bis zur Aversion gegenüber jeglichen sexuellen Berührungen steigern.

Die Behauptung, sexuell gestörte Frauen litten in Wirklichkeit unter Problemen in der Partnerschaft oder unter einem unsensiblen Bettgefährten, wird indes auch durch ihre ständige Wiederholung nicht richtiger. Dieses Argument wirkt zwar pfiffiger und verständnisvoller als der platte Verweis auf die Biologie, aber auch verführerisch plausible Einsichten können an der Realität sehr weit vorbeigehen. An der Medizinischen Hochschule Hannover hat die Arbeitsgruppe »Weibliche Sexualität« Frauen mit »eingeschlafenem« Verlangen mit einhundert sexuell »normal« empfindenden Geschlechtsgenossinnen verglichen. Bemerkenswerte Bilanz im Fachblatt *Sexualmedizin*: »Als ein eher überraschendes Ergebnis stellte sich die von den Patientinnen als recht gut eingestufte Qualität ihrer Partnerschaft dar.«

Zweifel an den seelischen Ursachen von Sexualstörungen werden ohnehin immer lauter. Nach Ansicht der renommierten Bostoner Urologin Laura Berman haben höchstens 20 Prozent der Patientinnen rein psychogene Sexualleiden. »Meist werden sie aber von organischen Störungen ausgelöst.« Der englische Sexologe Martin Cole pflichtet nach einem Arbeitsleben an der Seelenfront ernüchtert bei: »Wir waren auf dem Holzweg. Die meisten sexuellen Störungen wurzeln im Körper.« Für Männer gelte dieses Verdikt erst recht: »Viagra hat in den ersten fünf Jahren, seit seiner Markteinführung 1998, mehr Probleme gelöst als die ganze Psychotherapie in 100 Jahren.«

Kritiker der pharmazeutischen Moderne, die in scheinbar humaner Pose immer wieder die psychischen Ursachen von Sexstörungen hochhalten, übersehen zudem, daß man mit dem gleichen Argument in den fünfziger Jahren des vergangenen Jahrhunderts die medikamentöse Behandlung von Schizophrenie und Depression hinauszögerte, die den Betroffenen schließlich beträchtliche Erleichterungen bringen sollte. Später wurden impotente Männer mit denselben Vorurteilen malträtiert, ärgert sich der Londoner Arzt Thomas Stuttaford: »Oft jagte man den unglücklichen Patienten, die bereits an einem unerkannten physischen Problem litten, auch noch Schuldgefühle ein, indem man ihnen einredete, daß sie sich im Unterbewußtsein nur an ihren Großmüttern, Müttern, Schwestern, Ehefrauen oder sogar an Vätern rächten.«

Beim Viagra-Hersteller Pfizer kann man die Vorwürfe ebenfalls nicht nachvollziehen. Die Kritik erweise »all jenen Frauen einen Bärendienst, die tatsächlich an einer Störung ihrer Sexualfunktion leiden«, sagt Pressesprecher Jean-Christophe Britt. Diese könnte man auch nicht übermäßig medikalisieren. »Wenn einem nichts weh tut, wendet man sich auch nicht an einen Arzt«, glaubt Britt. Auch die Kulturkritikerin Ellen Willis schlägt sich auf die Seite von Pfizer: »Wenn ich Kopfschmerzen habe, kann das auch größere soziale Ursachen haben, aber in der Zwischenzeit nehme ich schon einmal ein Aspirin.«

Alle Ergebnisse der Grundlagenforschung wecken große Zweifel an der Annahme, daß die Schwierigkeiten von Frauen, den sexuellen Höhepunkt zu erreichen, generell auf das Konto von Beziehungskonflikten oder irgendwie abstellbaren sozialen Problemen gingen. In allen bisher untersuchten Kulturen haben Evas Töchter notorische Schwierigkeiten, das fragile evolutionäre Potential ihrer Orgasmusfähigkeit nach

Herzenslust auszuschöpfen. Selbst einfühlsame und liebevolle Traumtypen, die mit allen Wassern des Kamasutra gewaschen sind, können ihren Bettgefährtinnen den Orgasmus nicht garantieren. Nicht einmal Johnny Depp verfügt in dieser Hinsicht über einen Zauberstab. Und manche Frauen finden am Ende nur bei einem chauvinistischen Männerschwein ihre sexuelle Erfüllung.

Die Sache ist in Wahrheit einfacher, als man denkt. Auch wenn Feministen (die oft lesbisch sind und von gewöhnlichen Frauen so viel Ahnung haben wie die Kuh vom Sonntag), unfaßbar geile Erfahrungen sammelnde junge Medientanten (die schon in ihren Vierzigern als gescheiterte Existenzen enden) und die von Gleichberechtigungsfanatikern verwirrte Politik das Gegenteil behaupten – es gibt in Sachen Sex nur drei Arten von Frauen. Solche der ersten Art sind dem Manne in der Tat ebenbürtig. Das heißt, ihr ganzes Denken kreist in jungen Jahren überwiegend ums Genageltwerden. Sie sind orgasmusfähig und nehmen dafür sogar instabile Beziehungen in Serie und Chaosbiographien mit Kindern von verschiedenen Männern in Kauf, weil sie stets auf der Jagd nach dem nächsten Ständer sind. Diese Frauen machen jedoch eine klitzekleine Minderheit aus; mein Bauchgefühl sagt mir, daß es sich bei ihnen nicht einmal um ein Promille der erwachsenen weiblichen Bevölkerung handeln dürfte. Ich persönlich bin in meinem ganzen Leben nur einmal einer solchen Frau begegnet. Dank der internen Hauspost von Freunden und Bekannten konnte ich die Zahl ihrer Sexualkontakte mit unterschiedlichen Männern auf einige hundert taxieren. Seltsamerweise erschien sie mir gerade deswegen für den fraglichen Zweck völlig uninteressant. Denn, auch wenn ich mich durch diese Aussage dem Verdacht der Verklemmtheit und des Machotums ausliefern mag, ein Mann – Frauen hören jetzt bitte mal weg – will eine Frau in geschlechtlichen Dingen *besitzen*. Hat nix mit Sklavenhaltung zu tun.

Die zweite Frauengruppe, die, wie gesagt, etwa die Hälfte des »geteilten Himmels« ausmacht, ist beim Sex grundlegend anders gestrickt als der Mann. Beim Geschlechtsakt empfindet sie kein Bedürfnis, sich in eine Ekstase zu steigern und ihn mit einem Orgasmus abzuschließen, während es beim Mann gar nicht anders geht, wenn er sexuell auf seine Kosten kommen will. Die meisten der betroffenen Frauen legen jedoch nicht die oben aufgezählten Abstoßungsreaktionen an den Tag, sondern handhaben das Problem ganz praktisch und unaufgeregt. Sie täuschen dem Mann eine Geilheit vor, die sie gar nicht fühlen, und lassen die Sache über sich ergehen. Das ist aber nicht so schlimm, wie man denken könnte, denn erstens *wollen* wir Männer in dieser Beziehung belogen werden (selbst das verlogenste Gestöhne der Geliebten ist uns als Antrieb für die olle Dampfmaschine willkommen), zweitens spürt das Gros der lustlosen Bettgenossinnen während der Ohh!-und-Ahh!-Show weder psychische noch physische Schmerzen (vielleicht nervt es sie ein bißchen), und drittens ist Sex (was die Deppen von der Gleichmacherei-Religion nicht kapieren wollen) für die meisten Frauen vornehmlich eine soziale Angelegenheit – wie bei den Bonobo-Affen, die sich um des Friedens und der Harmonie willen nonstop mit ihrem Unterleib beschäftigen. Das männliche Sex-Empfinden ist das genaue Gegenteil davon. Es will dominieren, in Besitz nehmen, ja, im wahrsten Sinne des Wortes penetrieren. Das kommt nicht von ungefähr, denn die Frau, die einen beim Sexualakt vor Zärtlichkeit zerfließenden Mann total erotisch findet, muß erst noch geboren werden.

Es ergibt weder einen Sinn, die Frigidität als eine psychische, gar heilbare Krankheit einzustufen, noch sie zu verleugnen und als nicht existent zu betrachten, weil nach politkorrekter Auffassung die Sexualität von Mann und Frau gefälligst gleich, am besten gleich geil zu sein habe. Nein, bei der Frigidität handelt es sich in Wahrheit – Überraschung! – um eine evolutionär-weibliche Fortpflanzungsstrategie. Klingt paradox, aber nur im ersten Moment.

Ich habe bereits erwähnt, daß die Schwangerschaft für die Frau tödliche Gefahren birgt. Überspitzt formuliert könnte man sagen, daß zu früheren Zeiten jede fünfte Frau infolge von Sex gestorben ist. Kein Wunder, daß also das wollüstige Verhalten einer Frau als verdammenswert und strafbar erachtet wurde. Denn wenn sich eine Frau in Sexdingen wie ein Mann gebärdete, starb sie mit großer Wahrscheinlichkeit schon wenige Jahre nach ihrer Geschlechtsreife. Deshalb hat sich durch die natürliche Auslese mehrheitlich jene Sorte Frau durchgesetzt bzw. überlebt, die die Sache tendenziell eher nicht so spaßig findet wie ein Mann und Prüderie an den Tag legt. Ein weiterer biologischer Fakt verstärkt das Phänomen. Im Grunde genommen braucht keine einzige Frau beim Sex irgendetwas zu empfinden. Es reicht völlig aus, wenn der Mann in ihr ejakuliert, um die Reproduktion sicherzustellen. Es ist in diesem Zusammenhang z. B. fraglich, ob Tiere so etwas wie Sexgenuß haben oder einen Orgasmus empfinden. Wie es scheint, »überkommt« es sie einfach, und sie sind von der Wucht der Emotion eher überrascht als befriedigt.

An dieser Stelle entsteht allerdings ein Interessenskonflikt. Sollte der Mann nämlich die Angelegenheit ebenfalls als eine öde Zeitverschwendung betrachten, so müßte das »Kindermachen« auf eine rationale und unzuverlässige Ebene verlagert werden, wo man sich mit dem Geschlechtspartner vielleicht einmal im Jahr verabredet, um es hinter sich zu bringen. Das ist natürlich ein völlig abwegiges Szenario, denn die Zeugung und Aufzucht von Kindern ist sowohl beim Homo sapiens als auch im Tierreich mit ungeheuren Kosten, hohem Kraftaufwand und der Bereitstellung von Lebenszeit verbunden, was zunächst für niemanden sehr verlockend klingt. Deshalb muß ein starker Reiz her, am besten die Aussicht auf eine unwiderstehliche Belohnung. Das ist beim Mann die Befriedigung seiner Lust, final der Orgasmus, der ganz zufällig damit einhergeht, daß er im Laufe des Akts mit seinem Sperma das Ei der Frau befruchtet. Wäre das weibliche Geschlecht mit einem ebenso intensiven Reiz ausgestattet, würde es von den unkalkulierbaren Risiken der ganzen Prozedur über kurz oder lang dezimiert werden. Rein spieltheoretisch betrachtet ist infolgedessen die optimale Frau jene, die sich bitten läßt, die dem Mann Sex als Belohnung für Schutz und Versorgung anbietet und daran hin und wieder auch ein wenig Interesse zeigt. Insofern ist die Frigidität als eine zwar übers Ziel hinausgeschossene, doch im Kern absolut effektive Vorgehensweise einzuordnen. Es bleibt dabei, daß die Frau für ihren reproduktiven Zweck keinen Orgasmus braucht, ja, nicht einmal das geringste Faible für Sex entwickeln muß. Sie hat noch Glück gehabt, wenn sie dem Sex irgendetwas abgewinnen kann. Anders ausgedrückt, wenn der Mann nicht sexuell angezogen würde, würden Männer und Frauen nicht ein einziges Wort miteinander wechseln. Dafür sind ihre evolutionären Interessen einfach zu unterschiedlich.

Die dritte Art von Frau kennt jeder von uns. Sie dümpelt so dahin, was das Schnackseln anbelangt. Je nach Lust und Laune, je nachdem, ob ein neuer Traumprinz am Horizont auftaucht, das Gläschen Sangría auf Malle ihren Hormonspiegel anhebt oder ob das Rappeln ihrer biologischen Uhr lauter wird, kann diese Frau mit dem Durchschnittsmann sexuell durchaus mithalten, der unter uns gesagt auch nicht gerade die Qualitäten eines Araberdeckhengstes in der Besamungsstation hat. Nennen wir sie normal. Allerdings ist auch bei ihr die Schnackselei lediglich unter Spaßgesichtspunkten und Freizeitgestaltung zu verbuchen. Keineswegs handelt es sich um etwas Existentielles, bisweilen aggressiv Eruptierendes wie bei jenem Teil der Menschen, der seine Geschlechtszellen täglich mittels Masturbation loswerden muß (Spermatozyten, die Vorformen von Spermien, sind nicht mehr zu gebrauchen, wenn sie drei Tage lang im Hoden verbleiben), weil er sonst feuchte Träume hat. Tja, ob man es glaubt oder nicht, Sex ist mitnichten nur »so 'ne Kopfsache«, sondern Natur. Und die Natur produziert nicht nur wohlriechende Blumen, sondern überwiegend ziemlich schmutziges Zeug.

Obgleich keine andere Sache der Welt so viel freudige Erregung zu erzeugen vermag wie Sex, war er zur keiner Epoche nur jauchzendes Trallala. Auch heute nicht, allerdings mit einem entscheidenden Unterschied zu damals: Immer mehr Männer und Frauen der westlichen Welt kommen nur noch zusammen, um Sex in seiner reinsten Form zu zelebrieren – und in seiner folgenlosesten. Es gibt dafür zwei Ursachen, bzw. die eine Ursache gebiert die andere.

Ursache Nummer 1: Wie im vorherigen Kapitel beschrieben, hat der (weiße) Mann als Versorger, Verantwortungsträger und Beschützer für die Frau und für das aus diesem »antiquierten« Modell erwachsende familiäre Gebilde ausgedient. In Angst und Schrecken versetzt von sinistren Politiker mit ihren schizo-sozialistischen Horrorszenarien, von den Nachbetern der Lügenpresse und von zahllosen Geschwätzwissenschaftlern, ist es für den modernen Mann, der all seiner Mittel und Fähigkeiten durch die oben genannten Akteure beraubt wurde, unvorstellbar geworden, seinen Mann zu stehen, falls er mal in brenzlige Lebenssituationen kommen sollte. Er glaubt tatsächlich, daß der Staat ein Sparschwein für schlechte Zeiten für ihn aufbewahrt. Er will einfach nicht wahrhaben, daß das Sparschwein längst zertrümmert und sein Inhalt bis auf den letzten Cent verteilt wurde. Er verachtet und denunziert sogar jene Männer, die noch Mann geblieben sind und generös Weib und Kind selber unterhalten, schimpft sie Spießer und reiche Schweine, die enteignet gehörten, und verlangt, daß alle anderen Männer so wie er als Witzfiguren ihr Dasein fristen. Er leidet unter dem Stockholm-Syndrom, er hat seine Peiniger zu lieben gelernt.

Es versteht sich von selbst, daß ein derart enteigneter, feminisierter und verdruckster Mann einer Frau gegenüber niemals als ganzer Mann auftreten kann. Um dennoch zum Stich zu kommen, greift er als Argument für seine Begehrlichkeit auf den aus allen Kanälen des Staatskartells herausblubbernden zeitgeistigen Schwachsinn zurück, wobei ihm die Mainstream-Medien als dienstbare Propagandageister zur Seite stehen. Und dieser Schwachsinn besagt, daß eine Frau einen Mann deshalb so begehrenswert fände, weil er halt so ein toller Mann ist, weil er neuerdings einen Vollbart und selbst

176

bei 36 Grad Hitze eine Rasta-Wollmütze trägt und bei jeder Gelegenheit Frauenversteher-Bullshit daherlabert. Jedenfalls hat seine Attraktivität als Mann nichts, aber auch gar nichts mit seinen Beschützer- und Versorgerqualitäten zu tun, was ja auch wahr ist, denn die hat er längst an den Scheißstaat delegiert.

An dieser Schnittstelle kommt Ursache Nr. 2 für den nach heutiger Gepflogenheit seelen- und verantwortungslosen Sex ins Spiel. Bei dem oben Beschriebenen sollte es eigentlich noch weniger zum Austausch von Körperflüssigkeiten zwischen den Geschlechtern kommen, weil die Frau, weit weniger triebgesteuert als der Mann, nun gar keinen Anlaß mehr sieht, sich darauf einzulassen. Das Blöde ist jedoch, daß die Frau heutzutage weder andere Männer als diese unsteten Bübchen kennt, noch weiß, was einen echten Mann überhaupt ausmacht. Vermutlich denkt sie, die Männlichkeit des XY-Chromosom-Trägers beziehe sich darauf, daß er ein indisches Gemansche zuzubereiten imstande ist, wie sie es oft in Kochsendungen gesehen hat, und daß er das preiswerteste Urlaubsangebot im Internet erschnuppert. Und sollte sie doch einmal nach einem althergebrachten Geschlechteridyll schielen, erwartet sie bereits die versammelte Zeitgeist-Hyänenmeute, um sie wegen ihrer vermeintlich gestrigen Denke auszulachen.

Aber das alles ist nicht der Hauptgrund, weshalb die Frau von heute glaubt, ihr Glück von der Nachäffung männlicher Unterleibsgymnastik abhängig machen zu müssen. Der wahre Grund ist die traurige Tatsache, daß sie dem Driss von der Gleichheit der Geschlechter auf den Leim gegangen ist, daß sie ihre Sexualität fälschlicherweise als genauso pulsierend, beliebig und lebensnotwendig erachtet wie die männliche, daß sie fürchtet, etwas zu verpassen, wenn sie als ein Zeichen ihrer Modernität und Ebenbürtigkeit dem Manne nicht ständig sexuell hyperaktiv zur Verfügung steht und schlußendlich davon ausgeht, daß der Mann sie abweist, wenn sie signalisiert, daß sie, wie es sich für eine Dame gehört, den Fick als finale Belohnung und Stabilisationsanker in einer Beziehung betrachtet und nicht als eine prompte und besinnungslose Genitalorgie, wie die Kerle es gerne hätten. Mit dem letzteren hat sie natürlich recht. Welcher Mann legt heutzutage noch einer Frau die Welt zu Füßen für die Aussicht auf das bißchen Sex? Glaubt er doch, daß die Chicks selbst alle *horny* sind wie Nachbars Lumpi, Nutten sind sie allesamt, sieht er sie doch ständig auf RTL 2 und im Internet, wo es auf den Amateur-Seiten gar nicht früh genug losgehen kann.

So begegnen sich Mann und Frau immer öfter als einsame Trabanten, die nur in der Umlaufbahn des Sexus ihre gegenseitige Anziehungskraft spüren. Sex ist dabei nicht mehr der schöne und selbstverständliche Teil der Liebe von einst, kein süßes Geheimnis, dem man ein Leben lang hinterherjagt, nicht die Ouvertüre zu einer ganz privaten Genesis von Lebewesen, sondern ein dreckiges Klosett, wo man ganz eilig seine Notdurft verrichtet und mit einer debilen Währung namens »Gleichheit der Geschlechter« zahlt, was so viel bedeutet wie »gar nix«. Der heterosexuelle Sex gleicht immer mehr dem der Schwulen, auch er wurde unverbindlich, flüchtig und austauschbar, losgelöst von seiner Ursprungsfunktion, den generativen Staffellauf der Ahnen fortzusetzen und das Lebenslicht weiterzutragen. Dabei verliert er Stück für Stück sein Alleinstellungsmerkmal, die gegenseitige Neugier. Das Geschlechtliche funktioniert nämlich nur über die bipolare Neugier. Es ist ein altes Spiel, älter als Schach, und fängt schon mit den Doktorspielen von kleinen Kindern an. Und ein Mensch ohne Neugier, gleichgültig auf was, ist wie eine Leiche mit einem prall gefüllten Bankkonto.

Eins ist klar. Verschwinden wird der Sex nicht, weder beim Mann, der sich mittlerweile jeglicher Verantwortung für die Frau entzogen hat, noch bei der Frau, die ihr kostbarstes Gut allzu oft jedem dahergelaufenen Hansel anbietet. Dafür hat die Evolution in diese Sache viel zu viel und viel zu lange investiert. Eher ändert die Darstellerin im Familienministerium, Manuela Schwesig, ihre Agenda, als daß bei einem Mann

an einem sonnigen Frühlingstag in Anbetracht einer Mini-
rockträgerin nicht ein ganz bestimmtes Kopfkino begönne
und eine Frau kein leichtes Zucken an ihrer Gebärmutter
verspürte, wenn ein gepflegter Mann, einen Kopf größer als
sie, ihr die Tür aufhält. Doch vieles, was man anfangs für
eine Erlösung hielt, ist durch die Hybris und das Irresein des
Menschen schon gänzlich deformiert und degeneriert. Zum
Beispiel die Beziehungen von blutsverwandten Menschen, die
einst Familie und Sippe genannt wurden. Von diesem »Modell« glauben wir uns »befreit«. Doch um welchen Preis? Mit
der Befreiung der Sexualität sieht es ähnlich aus. Wenn etwas
so Sakrales und Erhabenes zum reinen Dating verkommt,
dann ist es auch nichts anderes als leeres Rumgeficke. Möge
alle, die zu dieser Entwicklung beigetragen haben, ein hart-
näckiges, juckendes Ekzem befallen! An einer Stelle, an der
sie sich nicht kratzen können.

VI.
GENDER-GELDSTREAMING

WWas erwarten Sie, verehrte Leser, wenn Sie erfahren, daß sich 102 Personen, darunter 22 Professor_innen, 6 Privatdozent_innen, 24 Doktor_innen, 8 designierte Doktor_innen (so was gibt's wirklich) und eine Menge Doktorand_innen und sonstige zu gemeinsamem Tun zusammenfinden? Na klar doch – wissenschaftliche Spitzenleistungen, auf welche alle Welt mit Händen an der Hosennaht und angehaltenem Atem wartet. Leider muß ich Sie enttäuschen: Diese Herrschaf... o Pardon, Frauenschaf... o Pardon, diese Menschen haben sich neun Jahre lang an dem unergründlichen Thema »Geschlecht als Wissenskategorie« festgehalten und abgearbeitet, wurden über den gesamten Zeitraum mit Fördermitteln der Deutschen Forschungsgemeinschaft (DFG) gemästet und verbrauchten alles in allem unzählige Millionen Euro für ihre sinnlosen, unerklärlichen Elaborate, die sie dann an die Kapazitäten, die sich Kultusminister nennen, verkauften. Das ist aber längst nicht alles. Im Laufe der Zeit haben diese Leute für ihren Schrott fleißig Pensions- und Rentenansprüche gesammelt, so daß wir, sollten sie nach ihrer Pensionierung oder Verrentung noch durchschnittlich 25 Jahre weiterleben, so über den Daumen gepeilt auf eine Summe von … Ach, lassen wir das, es wird einem nur schwindelig dabei.

Sie glauben nun bestimmt, ich hätte all diese akademischen Würden nur aufsummiert, um Ihnen mit der schieren Menge ihrer Träger die ungeheure Dimension der landesweiten Steuergeldverbrennung für den von wirren Propagandisten in die Welt geblasenen Quatsch namens Gender Mainstreaming vor Augen zu führen und Sie in meine folgende Kritik gleich mit einem richtigen Tusch einzuführen. Ja, das auch, aber der eigentliche Gag ist ein ganz anderer. Diese Personenzahl betrifft nicht das einschlägige Personal aller deutschen Hochschulen und Universitäten, sondern das *einer einzigen*, der Humboldt-Universität zu Berlin, genauer: des bereits erwähnten Graduiertenkollegs »Geschlecht als Wissenskategorie«, das von Anfang 2005 bis Ende 2013 unter ihrem Dach sein nicht gerade ärmliches Dasein genoß.

Für alle, die noch nicht mitbekommen haben, was Gender Mainstreaming oder Gender Studies sind: Der Quatsch mit Soße meint mehr oder weniger, daß es keinen Unterschied zwischen Männern und Frauen gebe, daß das Vorhandensein der Zweigeschlechtlichkeit überhaupt zweifelhaft sei, vielmehr sowohl das geschlechtsspezifische Verhalten als auch die Physis eines solchen Nicht-Mann-nicht-Frau-Wesens, sogar dessen verschiedene Geschlechtsteile im biologischen wie im gesellschaftlichen Sinne anerzogen seien. In Wahrheit sind alle Menschen vermutlich so etwas wie Mutanten, und auch wenn diese ominösen zwei Geschlechter namens »Mann« und »Frau« gar nicht existieren, gibt es dennoch unendlich viele andere Geschlechter, für die wir allerdings noch keine Namen haben und auch keine Fotos als Beweis ihrer Existenz. Daß der Mann als solcher nicht existiere, ist allerdings auch nicht ganz richtig, denn Genderexperten haben bewiesen, daß er noch als »Buh-Mann« vorhanden ist. Darüber hinaus lauern die Gefahren des Alltags, auf die uns erst Gender-Forscher aufmerksam gemacht haben, zum Beispiel wenn ein kleines Mädchen an einer Ampel ein Männchen statt eines Frauchens als Signal erblickt. Das kann zu Traumata führen, als wäre man gerade Onkel Přiklopils Keller entronnen. Ganz zu schweigen von den Studierenden, die in hetzerischer Absicht und menschenverachtend als »Studenten« angesprochen werden. Und dann diese ekligen Chauvis, die sich überhaupt nicht schämen, auf Fußgänger- statt auf Gehwegen zu marschieren. Und welch ein Jubel ging durch die Welt, als Experten endlich Toiletten für ein drittes Geschlecht einführten. Wir danken Gott dafür, daß die Genderologen, die Robin Hoods der sexuell und sprachlich Entrechteten, täglich gegen diese weltgrößten Menschheitsverbrechen angehen.

Der Begriff Gender Mainstreaming (GM) wurde erstmals 1985 auf der 3. UN-Weltfrauenkonferenz in Nairobi diskutiert und zehn Jahre später auf der 4. UN-Weltfrauenkonferenz in Peking weiterentwickelt. Seit den Amsterdamer Verträgen von 1997/1999 ist Gender Mainstreaming ein erklärtes Ziel der Europäischen Union. Anfangs jubelte man den Doofs von der Politik GM als »Gleichstellung von Mann und Frau« unter, also als das übliche Emanzenzeug, das sich in der westlichen Welt allerdings längst überlebt hat und sich heutzutage so modern und fortschrittlich ausnimmt wie der Walkman von Sony. Die anderes Doofs von der Presse beteten diese verpeilte Sichtweise bis in die jüngste Zeit nach, ohne zu recherchieren, was es damit wirklich auf sich hat. Viele von ihnen tun es immer noch.

Unterrichtet wird die Trickserei des GM in akademisch verbrämter Manier inzwischen an fünfzig Unis und Fachhochschulen in Deutschland, so daß, auch wenn nicht alle Lehrstühle und »Kompetenzzentren« so üppig ausgestattet sind wie in Berlin, locker eine Summe von mehreren Milliarden Euro für den oben genannten Zeitraum anzusetzen ist. In Deutschland gibt es inzwischen (Stand Oktober 2014) 196 Genderprofessuren an Universitäten und Fachhochschulen – mehr als Professuren für Pharmazie, immerhin ein Fach, das Leben zu retten hilft, und fast doppelt so viele wie für Altphilologie. Für das Aufbringen dieses Geldes wird andernorts kräftig eingespart. Schulen (die so doppelt unter Gender-Forschung zu leiden haben, man erinnere sich nur an die schon erwähnten Lehrpläne), Polizei, Straßenbau, diese Liste ließe sich endlos fortsetzen. Der ganze Gender-Schmu bedient sich einer pfiffigen und medial mit Wohlwollen begleiteten Methode, um die Politik dazu zu bringen, unter dem irreführenden Deckmantel der »Gleichstellung der Geschlechter in allen gesellschaftlichen Bereichen« für eine bestimmte Klientel randständiger sexueller Orientierungen unbegrenzt Steuergelder regnen zu lassen. Wäre die Politik dazu nicht bereit, griffe man prompt zu der altbewährten Waffe. Man schreie einfach ganz laut »Diskrimierung!« und schon öffnen sich Tür und Tor. Hier ein kleines und hübsches Beispiel. In einem Interview mit der *taz* antwortet eine Antje Hornscheidt, die jetzt mit Vornamen »Lann« und anstatt Professorin »Professx« genannt werden möchte und die sich die Zuordnung zu einem bestimmten Geschlecht rigoros verbittet, auf die Frage »Warum fühlen sich Leute, wenn es um Geschlecht geht, schneller angegriffen als bei anderen gesellschaftlichen Themen?« wie folgt:

> »Ich sehe gerade eher eine Ähnlichkeit, wie sehr sie sich bei Geschlechterthemen aufregen und wie stark bei Politik zu Geflüchteten. Der Aufregfaktor ist besonders hoch bei Sachen, wo Menschen sich mit ihren eigenen Privilegien auseinandersetzen müssen. Da spielen Rassismus und Sexismus eine extrem große Rolle.«

Der gewöhnliche Leser mag hier erst einmal nichts Böses vermuten. Aber Vorsicht! Gender Mainstreaming wurde in letzter Zeit unter anderem auch durch meine Schriften seines bisherigen Geheimlebens beraubt und immer schonungsloser in die Öffentlichkeit getragen. Man kann nicht mehr wie früher einfach dreist daherlügen, der ganze Kokolores drehe sich um die altmodische Gleichberechtigung von Mann und Frau, und muß schon ein klein wenig eingestehen, daß er lediglich einer verschwindend kleinen Minderheit dient und die Zerstörung der traditionellen Familie, die Verherrlichung des Abnormalen und die rigorose Verunsicherung der Jugend in ihrem angestammten Geschlechtsbild zum Ziel hat. Der Irrsinn wird immer offenkundiger sichtbar, und selbst der deutsche Otto Normaldoof, der dafür die Zeche zahlt, kann inzwischen mit dem Begriff Gender etwas anfangen. Die Professoren- und Doktorendarsteller sind in Erklärungsnot und Panik und wehren sich nun mit Händen und Füßen, indem sie durch ihre nicht minder wirren Kumpane in den Medien den Politikern die Botschaft zukommen lassen, daß es sich bei den Gender-Kritikern um blutsaufende Nazis handeln würde. In nur zwei Sätzen schafft es Lann hier, drei der Ganz-ganz-schlimm-Schlüsselbegriffe der grünrot versifften deutschen Tabukultur unterzubringen. Mit ihnen soll jeder Politiker, der sich ob des ganzen Gender-Schwachsinns mit den zig Geschlechtern und dem Fast-Alle-sind-abnormal-veranlagt-Gerede allmählich am Kopf zu kratzen beginnt, sofort wieder zurück ins Glied gepfiffen werden. Diese drei Begriffe lauten: »Geflüchtete« (gemeint sind wohl Asylanten), »Rassismus« und »Sexismus«.

Vermittels der genannten Begriffe, aus denen sich in der öffentlichen Gutmenschenmeinung trefflich Hetzmunition für Reaktionäre produzieren läßt, soll jede Art von Kritik an dieser Hokuspokus-Wissenschaft mit etwas Barbarischem, ja Mörderischem assoziiert und jedwedes laute Zweifeln daran von vornherein zum Schweigen gebracht werden. Das heißt: Wer »Gender ist Blödsinn« sagt, sagt auch »Brennt Asylantenheime nieder!«, wer »Gender ist Blödsinn« sagt, sagt auch »Neger stinken!«, und wer »Gender ist Blödsinn« sagt, sagt zu einer Frau auch »Du Fotze!«. Diesen Wink mit dem Zaunpfahl versteht der Mensch gewordene Hosenschiß des heutigen deutschen Politikers sofort und hält daraufhin lieber das Maul.

Etwas nebulös faselt Lann auch etwas von »Der Aufregfaktor ist besonders hoch bei Sachen, wo Menschen sich mit ihren eigenen Privilegien auseinandersetzen müssen.« Okay, die Syntax der »Professorin« bewegt sich hierbei auf dem gleichen Niveau wie bei besonders eloquenten Fußballprofis, denen »wo« stets dazu dient, etwas Wo-mäßiges zu umschreiben. Wohlgemerkt: die Profession von das Professx ist angeblich die Sprache. Aber lassen wir uns nicht ablenken. Inwiefern ist man privilegiert, wenn man ein bestimmtes und eindeutiges Geschlecht besitzt? Klingt ein bißchen danach, daß Normale Abbitte leisten und sich auf einen Ablaßhandel einlassen müßten. Es klingt auch danach, daß man als normaler Bürger um Entschuldigung zu bitten und Entschädigung zu entrichten hat bei all jenen, denen diese Normalität ein Dorn im Auge ist. Ich werde mich mit dieser Dame, ähm, mit diesem Mann, ähm, mit dieser Frau, ähm, mit diesem Lann später noch ausführlicher beschäftigen.

Höchst faszinierend und ein eigenes Forschungsfach wert ist auch die Frage, weshalb ausgerechnet Lesben und Schwule die Begriffsbestimmungen und Wahrnehmungswelten von Geschlechtern lehren, wo sie doch eben davon gar nichts wissen wollen. Das ist etwa so, wie wenn das Sportstudium in der Uni ausschließlich von Querschnittsgelähmten und Siechen in der Eisernen Lunge gelehrt wird. Haben diese Menschen a priori und automatisch eine fundiertere Ahnung davon, wie das untenrum so abläuft, weil sie keine von der Natur vorgegebene Sexualität praktizieren oder praktizieren wollen? Seltsam. Und weshalb sind 97,3 Prozent der Bevölkerung, die heterosexuell sind, so unwissend, daß sie tatsächlich glauben, ihr Konzept von Mann und Frau und alles, was es nach sich zieht, sei die normalste Sache der Welt, obgleich ihnen doch auch ohne die therapeutische Betreuung der Gender-Experten längst aufgefallen sein müßte, daß auf den Straßen nicht zwei Arten von Geschlechtern rumstacksen, sondern 4 000 oder so, wenn nicht noch mehr?

Hinzu kommt eine hammerharte Inkonsequenz des universitären Betriebs, die von Rechts wegen eigentlich verfolgt werden müßte. Nicht wenige studieren nämlich so ein altmodisches und von Gender Mainstreaming angeblich längst widerlegtes Fach wie Biologie. In der Biologie geht es um viele Naturphänomene, aber hauptsächlich um die Zweigeschlechtlichkeit, sowohl im Pflanzen- als auch im Tierreich. Denn das Sprießen und Knospen und das Kreuchen und Fleuchen, kurz die Entstehung von Leben auf diesem Planeten ist zum überwältigend großen Teil und im wahrsten Sinne des Wortes auf das verfluchte Ding namens Männlich/Weiblich zurückzuführen. Dieses Fach wird nicht einfach so tralala studiert wie Politologie oder Soziologie, in denen Behauptungen, Interpretationen und Meinungen den Beweis ersetzen. Neenee, wenn man da z. B. nicht explizit erklären kann, was eine »Zygote« ist, also eine Zelle, die durch die Verschmelzung zweier haploider Geschlechtszellen (männlich/weiblich) entsteht, kriegt man 'ne glatte Sechs. Jetzt glauben Sie bestimmt, solche fundamentalen Fakten bestreiten die Gender-Lesben auch nicht. Doch, das tun sie! Ich liefere gleich die Beweise dafür.

Bis dahin reicht ein kleiner Vorgeschmack darauf, wie Naturgesetze, insbesondere gegenüber dem Laien, der sich mit der Materie nur flüchtig beschäftigt und selbst hanebüchenen Schwachsinn für bare Münze nimmt, wider besseres Wissen klammheimlich umgelogen werden. Die *Wikipedia*-Seite »Geschlechtliche Fortpflanzung« ist zur Zeit blockiert, weil Aktivisten von der Gender-Fraktion dort fleißig mitmanipulieren.

Das Drollige an der Sache besteht jedoch darin, daß von den biologischen Lehrstühlen an den Universitäten kein Mucks zum Thema GM zu vernehmen ist. Es ist so, wie wenn das Fach Chemie und die mittelalterliche Alchemie in einer Lehranstalt nebeneinander existierten, und die Chemie wollte sich – weil es nicht in die politische Landschaft paßt – auf keinen Fall zur Behauptung der Alchemie äußern, daß man aus Scheiße Gold herstellen könne (selbstredend ohne dafür einen Beweis zu liefern). Allerdings entspricht dieses Vorgehen nach universitären Richtlinien in Deutschland nicht den wissenschaftlichen Standards. Man kann an einer Universität nicht in Physik unterrichten, daß auf diesem Planeten infolge der Erdanziehungskraft eine natürliche Schwere herrscht, und parallel in einer anderen Disziplin lehren, daß Menschen ohne Hilfsmittel einfach so in der Luft schweben können, wie sie lustig sind. Und nicht weniger fragwürdig ist es, wenn einerseits in einem Universitätsfach die Unterschiedlichkeit zwischen dem männlichen und dem weiblichen Prinzip im Zusammenhang mit physikalisch-biologischen Gegebenheiten und Naturgesetzen gelehrt wird, während in einem anderen Fach an der gleichen Universität verlautbart wird, daß das Prinzip, Menschen nach den Eigenschaften »männlich« und »weiblich« zu unterscheiden, falsch und rückständig sei. Dann ist sie nämlich keine Universität, explizit eine Wissensanstalt, die sich von Evidenz herleitet, sondern eine gewöhnliche Buchhandlung, in der sich ein wissenschaftlicher Band neben einem Krimi und ein Atlas neben Esoterikgeschwafel türmt. Alles stimmt irgendwie und irgendwo und überhaupt oder auch nicht. Sämtliche

Universitäten, die Gender Mainstreaming lehren, geraten in ein wissenschaftliches Zwielicht, es sei denn, die Unis und Fachhochschulen schaffen in der Konsequenz entweder die Biologie oder aber Gender Mainstreaming ab. Denn zwei einander derart grundlegend widersprechende Disziplinen, von denen die eine ihre Erkenntnisse auf vielfältigste Weise experimentell und durch Beobachtung gewonnen hat und die andere nur in Seancen, bedeutet eine Absage an universitäre Standards. Deutschland von Sinnen!

Die zu Beginn des Kapitels erwähnten 102 »Forscher« gehören, wie wir wissen, dem Graduiertenkolleg »Geschlecht als Wissenskategorie« der Humboldt-Universität an, das sich auf seiner Homepage mit den Worten selbst lobhudelt:

> »Besonders nachhaltig waren die methodischen Impulse, die vom Kolleg ausgingen (...) Dekonstruktivistische Gender-Theorien (etwa Judith Butlers) haben essenzialistische Feminismen abgelöst, postkoloniale Perspektiven ein Problembewusstsein für Ethnozentrismus ermöglicht und Queer-Theorien unterschiedlicher Ansätze eine normkritische (Forschungs-)Praxis befördert.«

Also der übliche Lesben- und Schwulen-Bullshit, der nicht einmal die große Mehrheit der Lesben und Schwulen interessiert, mit dem aber dennoch Heteros dazu gedrängt werden sollen, die karnevalistische Weltsicht irgendwelcher Verkleidungskünstler nicht nur zu tolerieren, sondern zu akzeptieren, ja sich selbst zu eigen zu machen. Daher beginnt die Gehirnwäsche in immer mehr Bundesländern bereits im Kindergarten. Und zwar per Gesetz! Damit das Ganze wissenschaftlich klingt, schwafelt man was von »methodischen Impulsen« und »Forschung«, als ginge es darum, den Krebs zu besiegen. Es wird wie irre »geforscht« auf diesem Gebiet, weil man ja in den letzten Jahrmillionen völlig übersehen hat, daß nicht nur Frauen menstruieren und Kinder bekommen können, sondern auch Männer.

Sie halten das für einen Scherz? Gut, dann stelle ich ihnen Prof. Dr. Heinz-Jürgen Voß vor. Der bekennende Schwule ist Sozialwissenschaftler und Biologe, hat eine Professur an der Hochschule Merseburg mit dem Lehrgebiet »Sexualwissenschaft/Sexuelle Bildung etc.« inne und setzt sich insbesondere mit der Frage von Geschlechterkonstruktion und Geschlechterverhältnissen auseinander. Ich habe in einem Artikel auf moralisch verwerfliche Art an seinem Verstand gezweifelt, worauf er mich vor Gericht gezerrt und mich zu einer hohen Geldstrafe verurteilen lassen hat. Was Kritik angeht, kennt der Herr Professor offenkundig kein Pardon, selbst wenn jemand seine diffusen Thesen nur in satirischer Weise ins Lächerliche zieht.

Doch einstweilen wollen wir uns auf die Harry-Potter-Wissenschaft von Prof. Dr. Heinz-Jürgen Voß konzentrieren, die mit Sensationen, wenn nicht sogar mit dem endgültigen Durchbruch in der Geschlechterforschung aufwartet. In dem Magazin *fluter* der Bundeszentrale für politische Bildung vom 17. September 2012 gibt Voß einer Liz Weidinger, die offenkundig ihren Vornamen ebenfalls für einen Zufall hält, ein denkwürdiges Interview, in dessen Verlauf sie selbst bei den groteskesten Äußerungen des Interviewten weder nachhakt noch in brüllendes Gelächter ausbricht. Sie erwähnt nicht einmal in der Ankündigung, daß es sich bei Voß um einen der streitbarsten Gender-Aktivisten und um einen von seriösen Naturwissenschaftlern belächelten Forscher handelt, und stellt ihn schlicht und einfach als »Biologen« dar, der nicht daran glaubt, »dass es biologische Gründe dafür gibt, mit welchen Menschen man Sex haben will.« Nein, biologische Gründe dafür, mit wem man Sex haben möchte, gibt es in der Tat nicht. Gut, es gibt natürlich Scharlatane wie Frauenärzte, die ahnungslosen Frauen auf die Frage, wie sie an so einen Biohaufen wie ein Kind gelangen könnten, den Tip geben, sie sollten es mit Sex mit einem Mann versuchen. Völlig gaga, dabei tut's doch ein Labor auch. Und wenn ein Mann in Anbetracht einer nackten Frau geil wird, hat das auch nix mit Hormonen, überhaupt mit seiner biologischen Ausstattung zu tun, sondern damit, was er gerade zu Mittag gegessen hat. Die Verbindung von Sex mit Biologie ist die größte Verschwörungstheorie der Welt, ausgedacht von Freimaurern, Bilderbergern und den Illuminaten.

Nach einem Vorgeplänkel, was Sex überhaupt sei (das weiß der Normalbürger nämlich gar nicht), kommt des Professors erste bahnbrechende Aussage. Auf die Frage: »Im Alltag aber hat man scheinbar eindeutig mit Frauen oder Männern zu tun. Spricht das nicht gegen Ihre These?« antwortet er:

> »Die Einteilung in Männer und Frauen hat mit biologischen Eigenschaften wenig zu tun. Viele dieser Eigenschaften sind im Alltag gar nicht sichtbar. Genitalien zum Beispiel sind die meiste Zeit verdeckt. Vielmehr lernen wir von klein auf, Personen anhand ihrer Kleidung, Verhaltensweisen oder ihrer Körpersprache als Männer oder Frauen zu identifizieren.«

Jetzt bitte nicht einnässen vor Lachen, sondern diese Worte ganz entspannt auf der Zunge zergehen lassen. Auffällig ist zunächst, daß die Interviewerin auf der gleichen Wellenlänge wie der Interviewpartner funkt. Das zeigt sich daran, daß sie die Eindeutigkeit von Mann und Frau schon in ihrer Frage mit dem Zusatz »scheinbar« versieht, was dem Leser nichts anderes zu verstehen geben soll, als daß es sich bei der Unterscheidung von Mann und Frau um Trug handelt. Zugute zu halten ist dem Mann, daß er überhaupt die Existenz von Genitalien anerkennt, ohne allerdings selbst zu merken, daß er sich damit argumentativ ein Bein stellt. Genitalien sind nämlich geschlechtsspezifisch. Es gibt männliche, weibliche und deformierte Genitalien, wobei die letzteren trotz ihrer Deformation als männlich oder weiblich zu erkennen sind. Was es nicht gibt, sind neutrale oder noch »andere« Genitalien. Das ist, wie ich im ersten Kapitel erläutert habe, biologisch ausgeschlossen. Oder anders ausgedrückt, das Genital eines

Lebewesens, schon gar eines Säugetieres, *ist* sein Geschlecht. Normalerweise lernt man so was in der 4. Klasse in Bio.

Der Professor hat aber eine schier genialische Erklärung dafür, weshalb die biologische Unterscheidbarkeit von Mann und Frau in Wahrheit trotzdem unmöglich sei: »Genitalien zum Beispiel sind die meiste Zeit verdeckt.« Ja, dann ist ja alles klar! Folgerichtig existieren die Alpen nicht, weil ich sie von Bonn aus nicht sehen kann. Ist wie bei kleinen Kindern, die sich die Augen zuhalten und glauben, dadurch unsichtbar geworden zu sein. Heißt im Umkehrschluß, man könnte schon zwischen Männern und Frauen unterscheiden, wenn sie alle nackt herumlaufen würden, aber so? So sind wir eben auf Mutmaßungen angewiesen. Wir sind dazu verdammt, uns notdürftig mit einer ganz abstrusen Methode zu behelfen, nämlich: »Personen anhand ihrer Kleidung, Verhaltensweisen oder ihrer Körpersprache als Männer oder Frauen zu identifizieren.«

Mhm, leuchtet ein, auch wenn man die kleinkarierte Frage stellen könnte, wer uns das alles beigebracht hat. Hat die Mama damals auf jemanden gezeigt und gesagt »Guck mal, mein Kind, das ist ein Mann«, obwohl der/diejenige in Wahrheit eine Frau war oder umgekehrt oder ein geschlechtsloses Wesen aus dem interstellaren Raum? War Mama überhaupt eine Frau? Jedenfalls hat das clevere Biest mir nie sein Genital gezeigt. Wird schon seinen Grund gehabt haben.

Anderseits: Was ist mit der Joggerin, die heute morgen an mir vorbeilief? Sie trug geschlechtsneutrale Sportkleidung, verhielt sich absolut geschlechtsunauffällig, eine Körpersprache war nicht existent, und dennoch identifizierte ich diese Person im Bruchteil einer Millisekunde als Frau. Abgesehen davon, daß der größte Teil der Menschen in der westlichen Welt heutzutage völlig geschlechtsneutrale Kleidung wie Jeans oder T-Shirts trägt. Und weiter gedacht: Wenn Männer in Röcken herumliefen, sich schminkten, affektiert Luft zufächelten und mit einer Fistelstimme sprächen, und wenn Frauen übertrieben breitbeinig gingen, sich falsche Schnurrbärte

aufklebten und der Kellnerin im Wirtshaus in die Arschbak-
ke zwickten, bedeutete dies, daß wir dann gar nicht so recht
wüßten, wer Mann und wer Frau ist? Nein, das würde nur
bedeuten, daß wir uns mitten in einer bekloppten Travestie
befänden, in der trotzdem alle über das wahre Geschlecht des
anderen im Bilde wären. Man muß erst mal jemanden finden,
der einem solche geistigen Pirouetten abkauft. Das Ganze
geht aber noch weiter:

> »Studien zeigen, daß Erwachsene schon auf Neugeborene
> ganz unterschiedlich reagieren – je nachdem, ob ihnen das
> Kind als Mädchen oder Junge vorgestellt wird. Wird das
> Baby als Junge vorgestellt, erscheint es stark und frech.
> Wird ihnen dasselbe Baby als Mädchen vorgestellt, erken-
> nen sie es als zart und hübsch. Das zeigt, wie unterschied-
> lich mit Mädchen und Jungen umgegangen wird.«

Falsch! Und zwar aus zwei Gründen. Erstens: Nicht einmal die Hälfte der Probanden belegte die Babys je nach Geschlecht mit den Attributen »stark und frech« oder »zart und
hübsch«; in der Regel findet man ein Baby einfach nur »süß
und niedlich«. Es sei denn, der Versuchsleiter bietet im An-
kreuzformular nur die erstgenannten Attribute an und keine
weiteren, was einer Manipulation in Reinform gleichkäme.
Zweitens: Das oben Gesagte betrifft lediglich den ersten Teil
der berühmten Studie. Im zweiten Teil wurde den Probanden das Geschlecht der Säuglinge nicht mitgeteilt, und, siehe
da, das Ergebnis war fast das gleiche wie im ersten Teil. Die
Erwachsenen errieten instinktiv das Geschlecht des Babys.
Überhaupt kommen alle diese Baby- und Kleinkind-Experi-
mente ohne Ausnahme zu dem Schluß, daß das Geschlecht
eines Menschen eben nicht auf irgendeine heimtückische
»Sozialisation« zurückzuführen ist, sondern der neue Er-
denbürger bereits nach der Geburt den Eltern über spezifi-
sche Körpersignale und Lautäußerungen die Marschrichtung
vorgibt, ob er als männlich oder weiblich behandelt werden

möchte. Jungen schrauben mit Vorliebe Puppen den Kopf ab, und den größten Gefallen tut man einem kleinen Mädchen, indem man ihm einen Spielzeugbagger schenkt – wenn es einen hassen soll.

Das Chaos hat noch nicht seinen Höhepunkt erreicht, aber beinahe, als Liz wissen will: »Aber es gibt doch eindeutige körperliche Unterschiede zwischen Männern und Frauen zum Beispiel in Bezug auf Größe, Gewicht und Körperfettanteil?« und der Prof. Dr. mit einer wegwischenden Geste entgegnet:

»Gruppierbar gibt es diese Unterschiede nach Körpergröße, Fett und Muskulatur nicht. Vielmehr gibt es große Varianzen innerhalb der Gruppen selbst. Es gibt genügend sehr starke Frauen, etwa gerade eben bei den Olympischen Spielen oder den Paralympics, und schwache Männer. Zeigen sich beispielsweise bezogen auf die Häufigkeit von viel Muskeln Unterschiede zwischen den Geschlechtern, ist die Frage nach den Ursachen zu stellen.«

Es ist einigermaßen bizarr und eigentlich eine Steilvorlage für die Interviewerin, um an dieser Stelle die kruden Thesen von Voß aufzudecken, aber sie tut es nicht. Was meint der Typ explizit mit »Varianzen innerhalb der Gruppen selbst«? Ist damit die Gruppe der russischen Kugelstoßerinnen bei der Olympiade im Vergleich zu der Gruppe der normalen Frauen gemeint? Wenn ja, soll das wohl ein Witz sein. Oder handelt es sich um Varianzen innerhalb der Gruppe der Kugelstoßerinnen? Und wer sind diese »schwachen Männer«, welche bei den Olympischen Spielen im Vergleich zu den Frauen den Kürzeren ziehen? Männliche Olympioniken? Wer das behauptet, hat entweder nie Sportereignissen beigewohnt oder kann keine Wettkampfergebnisse lesen. Oder ist mit dem »schwachen Mann« ein schmächtiger Hipster aus Berlin gemeint, der im Wettbewerb mit einer russischen Kugelstoßerin keine Chance hätte? Das kann in der Tat stimmen, nur was sagt solch ein unsinniger Vergleich über die körperliche Verschiedenheit von Durchschnittsmann und Durchschnittsfrau aus? Wie kommt man überhaupt auf den obskuren Gedanken, den Beweis für die physische Gleichheit von Männern und Frauen ausgerechnet auf dem Feld des Spitzensports anzutreten, bei einem erlauchten Kreis von Superathleten, die den ganzen Tag nichts anderes tun, als ihren Körper zu optimieren, um im Wettkampf eine tausendstel Sekunde mehr herauszuholen? Genauso könnten Verkehrsplaner Zukunftsprojekte angehen, indem sie sich an der Formel 1 orientieren. Und wieso, zum Teufel, sieht Frauenfußball im Vergleich zu Männerfußball wie in Zeitlupe aus – und zum Einschlafen langweilig?

Bevor Voß jedoch den Schizo-Vogel abschießt, schaltet er mehrere Gänge zurück und begibt sich auf ein merkwürdiges Niveau. Liz gibt zu bedenken: »Auch biologische Studien weisen sehr häufig Unterschiede zwischen den Geschlechtern nach.« Ja, diese Scheiß-Nazi-Biologen wollen doch angeblich nachgewiesen haben, daß da tatsächlich Bio-Unterschiede zwischen den Geschlechtern existieren. Also nicht immer, aber doch »sehr häufig«. Was wollen die damit bezwecken, daß die Frau künftig mit einem Metallring um den Hals im Keller angekettet wird? Bestimmt! Wer so etwas behauptet, hätte, wenn die Zeit eine andere gewesen wäre, auch im KZ Vivisektionen an Häftlingen durchgeführt. Doch zum Glück rückt der Professor schnell einiges zurecht:

> »Bei einem genauen Blick auf die biologischen Studien selbst stimmt das keineswegs. Oft zeigen sich auch Gleichheiten (…) Dabei zeigen sich überall, also beispielsweise bei Hormon- und bei Gehirnuntersuchungen meist viel größere Unterschiede innerhalb einer Gruppe, also etwa innerhalb der Gruppe ›Männer‹.«

Der *genaue Blick* entblößt in der Tat den Fehler und zeigt »oft auch Gleichheiten« zwischen den Geschlechtern. Zum Beispiel besitzen sowohl Männchen wie Weibchen zwei Arme und zwei Beine, beide sind gezwungen, Nahrung und Flüssigkeit aufzunehmen, um am Leben zu bleiben, sie urinieren und defäkieren, sie brauchen beide hin und wieder Schlaf, werden krank, sind fluguntauglich, haben bisweilen Kopfschmerzen und im Alter Schwierigkeiten beim Gehen, mögen Hollywood-Filme, nennen identische innere Organe ihr Eigen, und am Ende beißen sowohl Mann als auch Frau ins Gras und waren nicht mehr gesehen. Unglaublich, oder? Die biologischen Gleichheiten, von denen der Professor spricht, sind in Wahrheit gar keine, weil sie banal und Selbstverständlichkeiten sind, über die nicht einmal ein Kind ein Wort verlieren würde. Es ist so, als wenn man in der historischen Analyse in Bezug auf Mohammed Atta, der das erste Flugzeug bei den Terroranschlägen am 11. September 2001 in den Nordturm des World Trade Center gesteuert hat, lediglich von einem »Menschen« sprechen würde. Natürlich war er ein Mensch. Aber was ihn von anderen Menschen unterschied, hat einen Epochenwechsel ausgelöst. Indem man also auf Gleichheiten insistiert, beweist man gar nichts, denn biologisch sind wir tatsächlich mehr oder weniger alle gleich. Wirklich spannend wird die Sache erst, wenn *der kleine Unterschied*, der meinetwegen nur wenige Prozent des Gesamtorganismus eines Lebewesens betragen mag, eine solch überragende Wucht entwickelt und einen derart drastischen Einfluß auf das jeweilige Individuum ausübt, daß man innerhalb ein und derselben Art noch einmal grundsätzlich unterscheiden kann. Jedenfalls bin ich in meinem Leben noch keinem Mann begegnet, der sich wie irre über einen Strauß Baccara-Rosen als Geschenk gefreut hätte, aber jeder Menge Frauen, die mich dafür sogar mit Sex belohnten.

Auch das zweite Argument von Voß ist ein alter und beliebter Trick. Er sagt, daß die Unterschiede in einer Gruppe, »etwa innerhalb der Gruppe ›Männer‹« meist viel größer seien als die zwischen den Geschlechtern. Das ist zunächst biologisch betrachtet per se falsch. Er will doch nicht allen Ernstes behaupten, daß bei der Gesamtheit der Frauen, die lediglich ein Zehntel des Testosterongehalts der Männer besitzen, die Hormonunterschiede untereinander so dramatisch schwanken, daß, sagen wir mal, die Hälfte von ihnen unter diesem Gesichtspunkt mit Männern mithalten könnte? Vielleicht gibt es tatsächlich solche Frauen, und zwar weltweit zirka hunderttausend. Sie sind mit absoluter Sicherheit unfruchtbar und besitzen das Aussehen von Jean-Claude Van Damme. Es sind biologische Unfälle.

Überhaupt ist das Beispiel mit der Unterschiedlichkeit innerhalb der »Gruppen« völlig daneben. Man könnte auch eine Gleichheit zwischen Wölfen und Löwen konstruieren, indem man darauf hinweist, daß beide Arten Fleisch fressen, und dann auf die großen Unterschiede zwischen den einzelnen Tieren innerhalb ihrer Art beharren. Der Prof. unterschlägt einfach mal so den Hauptunterschied zwischen Männern und Frauen, nämlich ihr frappantestes Merkmal, das Geschlecht, und alles weitere, was sich aus diesem Faktum ergibt.

Aber auch der Rest erschließt sich einem in der Logik nur, wenn man in Absurdistan aufgewachsen ist. Ja, die Mitglieder in der jeweiligen Gruppe können sich stark voneinander unterscheiden. Es gibt dumme und schlaue Männer, enthaltsame und promiskuitive Frauen, Männer, die den Arsch nicht hochkriegen, und Frauen, die Überflieger sind, voll im Saft stehende Männer, die ängstlicher sind als weibliche Teenager, und Frauen, die mit einem einzigen Karate-Schlag einen Mann ins Jenseits befördern können. Nur, was beweist das? Daß männlich/weiblich Jacke wie Hose ist? Und was beweisen die »Gehirnuntersuchungen«? Daß die überwältigende Mehrheit der Männer im gleichen Maße wie Frauen auch Östrogene produziert (sie tut es tatsächlich, doch in solch winziger Dosis, daß es nicht der Rede wert ist) und daß dadurch die Reifung ihrer nichtexistenten Eizellen gefördert, ihre nichtexistente Gebärmutterschleimhaut gut durchblutet, ihr nichtexistenter Muttermund geöffnet und ihr nichtexistenter Eisprung ausgelöst wird? Oder beweisen die Gehirnuntersuchungen, daß gutverdienende Frauen mehrheitlich nun mehr Geringverdiener heiraten, da sie ja hormonell angeblich über das gleiche geschlechtstypische Verhalten wie Männer verfügen und sich nicht mehr hochheiraten müssen? Natürlich nicht!

Dann erreicht das Interview seinen Höhepunkt und wird zu einer vollendeten Farce. Nein, mehr noch, der Trieb, die mühsam aufgebaute Theorie unbedingt und gegen alle Wahrscheinlichkeit beweisen zu wollen, bricht sich endgültig Bahn, und selbst biologische Naturgesetze, an denen nicht einmal Dreijährige zweifeln, werden jetzt für null und nichtig erklärt. Man könnte sich über diesen Teil des Interviews schekkig lachen, vermutete man nicht, daß dahinter ein tragisches Schicksal steckt. Es geht hierbei um eine simple Frage, die einfacher nicht beantwortet werden kann. Umso unfaßbarer die Antwort. Wie gesagt, die Frage von Liz Weidinger ist sehr simpel: »Aber ist es nicht so, daß Frauen zum Beispiel Kinder bekommen können und Männer nicht?«

»Ja« – das ist die einzig richtige Antwort auf diese Frage. Es gibt keine andere. Man kann darauf nicht mit »Nein« oder mit »Manchmal« oder mit einer anderen Aussage antworten. Antwortet man nicht mit »Ja«, scheint etwas in kräftige Verwirrung geraten zu sein. Wohlgemerkt, in der Frage geht es glasklar um Männer und Frauen, also um den Homo sapiens, und nicht um irgendwelche exotischen Schalentiere, die bisweilen einen Maskenball mit ihrem Geschlecht treiben. Doch hier, meine Damen und Herren, Mesdames et Messieurs, Ladies and Gentlemen, folgt die sensationelle Antwort von Prof. Dr. Heinz-Jürgen Voß:

»Gegen dieses beliebte Argument der Gebärfähigkeit von Frauen sprechen mehrere Punkte. Fortpflanzung ist zwar zur Arterhaltung des Menschen nötig, aber deshalb muß nicht jede oder jeder Einzelne auf klassischem Weg Kinder bekommen können.«

Jaja, dieses »beliebte Argument der Gebärfähigkeit von Frauen«, es ist zwar beliebt, und außer Voß & Co. glaubt jeder

Depp auf der Welt daran, daß die Fähigkeit zum Gebären von Kindern nur dem Weibe eigen ist, und doch ist es, wie sich jetzt herausstellt, völlig aus der Luft gegriffen. Es sprechen ja »mehrere Punkte« dagegen. Die Gebärfähigkeit ist also keine Spezialität und Domäne der Frau. Tja, welches andere Geschlecht könnte dann noch in Frage kommen, ebenfalls Kinder zu gebären? Ähm, mal nachdenken ... Moment, ich überlege noch ... ist ja gut, hab's gleich ... Sekündchen ... Ich weiß es! Jetzt weiß ich es! Auch Männer können Kinder gebären! Da steht's doch – »jede oder jeder Einzelne«. Was heißt hier, das ist nach biologischen, physikalischen und chemischen Gesetzmäßigkeiten ausgeschlossen, weil sie nicht über Eierstock, Eileiter, Gebärmutter, entsprechende Hormone, überhaupt über den ganzen Schwangerschafts- und Geburtsapparat verfügen?! Wer sagt denn das? Die Wissenschaftler? Was wissen die schon! Die Erfahrung der gesamten Menschheit und aller Säugetiere seit Jahrmillionen? Klar, früher glaubte man auch, die Erde sei eine Scheibe. Die Männer selbst? Die haben eh keine Ahnung von solchen Dingen.

Es ist der absolute Tiefpunkt des deutschen Journalismus, daß selbst ein weibliches Mitglied dieser Zunft nicht auf den ungeheuren Widerspruch zur Realität, Normalität und zum elementarsten Naturgesetz des menschlichen Seins hinweist, nicht nachhakt, keinen Mucks sagt, wenn ein *nutty* Professor allen Ernstes behauptet, daß gegen die »Gebärfähigkeit von Frauen mehrere Punkte« sprächen.

Auch der nächste Satz macht staunen: »Nicht jede oder jeder Einzelne« müsse »auf klassischem Weg Kinder bekommen können.« Wie denn sonst? Durch Schnitzen eines Baumstamms? Durch Modellieren von Tonerde? Gesandt von Amazon? Sollte der Prof. mit der absonderlichen Aussage die Zeugung von Leben in der Petrischale meinen, so funktioniert der spätere Fortgang dieser Methode ebenfalls »auf klassischem Weg«, nämlich indem das befruchtete Ei in die Gebärmutter einer *Frau* implantiert wird und sie das Baby wie ein natürlich gezeugtes austrägt. Sollte er damit Adoptivkinder meinen, so werden auch sie ebenso »auf klassischem Weg« von einer *Frau* geboren. Sollte er damit die Methode des Klonens meinen, deren Anwendung bei Menschen noch in weiter Ferne liegt, so klappt auch die nicht ohne eine *Frau* und den »klassischen Weg«. Sollte er sogar im Gegensatz zu uns in der Lage sein, in eine Science-Fiction-Zukunft zu blicken, und einen synthetischen Uterus und eine von Wissenschaftlerhand erschaffene Plazenta im Auge haben, die die Versorgung des Embryos bzw. Fötus mit Nährstoffen, die Entsorgung von Exkretionsprodukten und den Gasaustausch sicherstellt, so ist in Wahrheit auch da ohne den »klassischen Weg« und eine *Frau* nichts zu machen, da dies alles ja bloß eine 1:1-Imitation der weiblichen Schwangerschaft, also eines weiblichen Originals, wäre und nicht eines männlichen. Männer können nämlich gar nicht schwanger werden, Herr Biologieprofessor, und die »Gebärfähigkeit von Frauen« ist kein »beliebtes Argument«, sondern eine von keinem, der bei klarem Verstand ist, zu bestreitende Tatsache. Ich weiß nicht, wo und was Sie studiert haben, und noch weniger weiß ich, was die Bundeszentrale für politische Bildung veranlaßt hat, so etwas zu verbreiten.

Dachte man, daß damit schon der Gipfel erreicht sei, sieht man sich getäuscht, denn der Professor präsentiert im Folgenden einen weiteren seltsamen Beweis, weshalb Fickficki und Kindermachen eigentlich so selten vorkommen wie der Bananenanbau in Alaska: »Es hat sich gezeigt, daß Fortpflanzungsfähigkeit beim Menschen nicht so verbreitet ist, wie oft angenommen.«

Wo hat sich das gezeigt, in Afrika oder bei Dritte-Welt- und-Moslem-Ländern, bei denen die menschliche Fortpflanzungsfähigkeit so wenig verbreitet ist, daß sie an totaler Überbevölkerung leiden, ihre Einwohner sich gegenseitig an die Gurgel gehen und in Heerscharen und unter Todesgefahr zu uns fliehen? Ach so, das sind ja bloß Neger und Hottentotten, Affenartige, die nicht über das Wissen unseres Professors verfügen. Auch besitzt die Formulierung »nicht so verbreitet« ein gewisses Geschmäckle. Hört sich irgendwie so an, als sei Fortpflanzung ein Alle-Jubeljahre-Phänomen oder eine seltene Krankheit, die wir in unserer Hysterie und unserem Unwissen fälschlicherweise für weitverbreitet, am Ende gar für etwas Selbstverständliches halten. Noch mal zur Erinnerung, die ursprüngliche Frage hieß: »Aber ist es nicht so, daß Frauen zum Beispiel Kinder bekommen können und Männer nicht?« Wo genau also hat sich gezeigt, daß die »Fortpflanzungsfähigkeit beim Menschen nicht so verbreitet ist wie oft angenommen«? Sie werden es nicht glauben, in Sachsen!

»So hat das Bundesland Sachsen die Erstattungsfähigkeit von Maßnahmen zur künstlichen Befruchtung wieder eingeführt, weil Studien ergaben, daß mindestens 15 Prozent der heterosexuellen, fortpflanzungswilligen Paare über einen längeren Zeitraum nicht in der Lage waren, Kinder zu bekommen. Wäre Fortpflanzung also wichtig zur Festlegung des biologischen Geschlechts, wären diese 15 Prozent nicht typisch männlich oder weiblich. Über diese organisch orientierte Frage hinaus ist in die (sic!) Analyse auch der Wunsch von Menschen zu berücksichtigen, Kinder zu haben oder nicht.«

Ich weiß, Sie fragen sich jetzt bestimmt, was diese Information damit zu tun haben soll, daß nur Frauen Kinder zur Welt bringen können und nicht Männer. Offen gesagt, weiß ich das auch nicht genau. Doch will ich versuchen, für Sie die verknoteten Gedanken des Herrn aufzudröseln, in eine verständliche Sprache zu übersetzen und nachvollziehbar zu machen. Soweit ich ihn verstehe, meint er folgendes:
Im Bundesland Sachsen sind mindestens 15 Prozent der heterosexuellen, fortpflanzungswilligen Paare über einen »längeren Zeitraum« hinweg nicht in der Lage, Kinder zu bekommen. Ist das der durchschlagende Beweis dafür, daß Frauen per se keine Kinder gebären können bzw. dieses Manko ebenso von Männern ausgeglichen werden kann? Nein, wahrschein-

lich nicht. Aber dafür legt es laut Voß den Schluß nahe, Fortpflanzung sei für die Festlegung des biologischen Geschlechts nicht wichtig. Nur weil jemand ein Kind bekommt, darf man deswegen noch lange nicht daraus schließen, daß es sich bei der gebärenden Person notgedrungen um eine Frau handeln muß. Ist ja klar! Bei Rückfragen wenden sie sich bitte an Prof. Dr. Voß. Aber der hat heute leider keine Sprechstunde und reitet auf seinem Einhorn durch den Feenwald.

Fortpflanzung hat also nichts, aber auch gar nichts mit dem biologischen Geschlecht zu tun. Oder andersherum: Daß ein Mann ein Mann ist und eine Frau eine Frau, mag vielleicht mit der Profitgier der Modeindustrie zusammenhängen – vermutlich hat sogar Coco Chanel höchstpersönlich die Zweigeschlechtlichkeit erfunden –, doch man/frau könnte sich auch einfach so reproduzieren. Logischerweise geht damit auch die Behauptung völlig fehl, ein Schwulenpaar könnte keine Kinder zeugen. Doch, das kann es – allerdings nur in dem verzauberten Feenwald, in dem der Professor gerade unterwegs ist. So ist auch die Behauptung falsch, eine Frau und eine Frau könnten zusammen keine Kinder zeugen. Selbstverständlich können sie das, indem sie zum Beispiel abwechselnd an einer Mohrrübe lecken. Denn hätte Gott gewollt, daß es irgendeine mysteriöse Verbindung zwischen Fortpflanzung und Zweigeschlechtlichkeit existieren soll, hätte er die 15 Prozent unfruchtbaren Paare in Sachsen bestimmt nicht zweigeschlechtlich gemacht – obwohl es ja so etwas wie Geschlecht gar nicht gibt, versteht sich. Alles klar soweit?

Bleibt natürlich die Frage, ob Fortpflanzung überhaupt noch Berührungspunkte mit dem Menschen besitzt, der, wie mir ein Blick aus dem Fenster bestätigt, frustrierenderweise immer noch aus Mann und Frau zu bestehen scheint. Vielleicht ist ja Fortpflanzung so etwas wie der Yeti, lebt verborgen in einer Höhle in den Bergen, kommt alle neun Monate ins Tal hinabgestiegen und legt uns in den Vorgarten einen Korb mit einem Säugling darin. Klar, diese Vorstellung ist albern. In Wahrheit ist es natürlich der gute alte Klapperstorch.

Am Schluß geht dem Professor etwas die Luft aus, und er mäandert, daß man auch den Wunsch von Menschen berücksichtigen solle, Kinder zu haben oder nicht. Tja, wer wollte ihm da widersprechen? Aber wenn wir diese beiden Wünsche berücksichtigten, bedeutet es dann einerseits, »daß Fortpflanzungsfähigkeit beim Menschen nicht so verbreitet ist, wie oft angenommen«, und anderseits wieder doch? Fragen über Fragen …

Schließlich hat man das Gefühl, daß man solch ein Gag-Feuerwerk in einem einzigen Interview eigentlich gar nicht abschießen kann. Doch da hat man die Rechnung ohne Voß gemacht, den Herrn der Geschlechterlosigkeit. Er bäumt sich ein letztes Mal zu alter Stärke auf und setzt noch einen drauf:

»Genetisch werden beispielsweise heute etwa 1000 Gene als in die Ausbildung des Genitaltraktes involviert beschrieben – und nur die wenigsten davon zeigen sich regelmäßig auf dem X- oder dem Y-Chromosom. Stattdessen finden sie sich breit im Genom verteilt.«

Was der Professor hier als die neueste und heißeste Entdeckung proklamiert, ist in Wahrheit ein alter Hut aus den Siebzigern des letzten Jahrhunderts. Selbstverständlich sind viele Gene an der Ausbildung eines Geschlechts beteiligt. Er vergißt allerdings zu erwähnen, daß sich das Geschlechtschromosom zu Genen in etwa so verhält wie ein Flugzeugträger zu den Bombern, die von ihm aus zu ihren Zielen starten. Geschickt vermittelt er den Eindruck, als seien Chromosomen das gleiche wie Gene bzw. als fochten diese untereinander einen Wettkampf um die Bestimmung des Geschlechts aus. Das ist mitnichten der Fall. Chromosomen sind Makromolekülkomplexe, die Gene und somit auch Erbinformationen enthalten. Sie bestehen aus DNA, die mit vielen Proteinen verpackt ist. Für den Laien: Das Chromosom ist der Beutel, der bestimmt, welche Früchte in ihn reinkommen, und nicht die Frucht, die über den Beutel bestimmt. Das kann Liz Weidinger natürlich nicht wissen, weil sie eh nur Bahnhof verstanden hat.

Da das Geschlecht chromosomal bestimmt wird, wird es entsprechend den Mendelschen Regeln vererbt. Diese Form der Geschlechtsbestimmung ist im Lauf der Evolution bei verschiedenen Artengruppen unabhängig voneinander entstanden. Über ein XY/XX-System verfügen Säugetiere, damit auch Menschen und ein paar andere Tierarten. Bei diesem System besitzen Weibchen zweimal das gleiche Geschlechtschromosom, nämlich zwei X-Chromosomen. Sie sind daher bezüglich der Gonosomen homozygot. Männchen haben dagegen ein X-Chromosom und ein Y-Chromosom. Diesen Zustand nennt man hemizygot. Von der Mutter wird also immer ein X-Chromosom weitergegeben, vom Vater entweder ein X- oder ein Y-Chromosom. Um es kurz zu machen, der Professor sagt, daß die vielen Hofschranzen genauso mächtig, wenn nicht sogar mächtiger wären wie der König und die Königin. Lachhaft!

Dann behauptet der Herr Professor wieder etwas, was sich beim Drüberlesen sehr hübsch anhört und das ein verblödeter Bildungs- oder Kultusminister wohl als gegeben hält, weil er grad keine Zeit hat, es nachzuprüfen: »In Fachkreisen schlägt man etwa seit den neunziger Jahren solche Sichtweisen vor, wie ich Sie (sic!) in meinen Forschungen formuliere.«

In welchen Fachkreisen? In Fachkreisen der Biologie? In Fachkreisen der Sexualbiologie? Mir ist kein Biologe und Sexualbiologe außer Voß bekannt, der daran zweifelt, daß Geschlechtschromosomen das Geschlecht eines Menschen bestimmen wie Brandzeichen. Oder abermals den Umkehrschluß bemüht: Wenn Geschlechtschromosomen bei der Bestimmung des Geschlechts nix zu vermelden haben, wo denn dann sonst? Bewirken sie in Wahrheit lediglich das Blühen von Hühneraugen oder den Festigkeitsgrad von Kot? Doch der Hinweis auf »seit den neunziger Jahren« entlarvt die Verschleierungsstrategie schnell. Es handelt sich nämlich um jene Dekade, in der die Zaubershow namens Gender Mainstreaming aufkam. Seitdem schiebt die hohe Politik Steuergelder in Milliarden-Dimension zu Schwulen-

und-Lesben-Aktivisten, um sich bloß nicht dem Verdacht der Gestrigkeit und am Ende sogar der Rechtslastigkeit auszuliefern. Und exakt um diese »Fachkreise« handelt es sich auch, über die Professor Wunderlich unter dem Deckmäntelchen der »Forschung« schwadroniert.

Doch Voß ist nicht blöd. Um sich abzusichern, schießt er final noch einen Torpedo ab, der jedoch ohne Camouflage ebenfalls nicht auskommt:

> »Junge Forschende nehmen meine Beschreibungen der Komplexität als Selbstverständlichkeit. Es gibt aber auch ältere, die versuchen, an der ›unbeschränkten Herrschaft‹ von X- und Y-Chromosom festzuhalten.«

In der Tat ein sehr einprägsames Bild: Hier die »jungen Forschenden«, aufgeschlossen für neue und revolutionäre Ideen à la Voß, Nerd-Brillen und Hipster-Vollbart tragend, sich gendergerecht nicht Forscher, sondern Forschende titulieren lassend und von der »Selbstverständlichkeit« überzeugt, daß Fortpflanzung nix mit Eizelle und Sperma am Hut hat. Und dort die Dinos, in einem finsteren, verstaubten Raum voller Lederbände aus Darwins Epoche in ihren bauchigen Klubsesseln ruhend, wo ihnen die ergrauten Köpfe am Nachmittag zu einem unfreiwilligen Nickerchen auf die Brust kippen und der Sabber aus ihren Mundwinkeln träufelt, alt und verkalkt, aber wie das bei Altersstarrsinnigen halt so ist, sich mit ihren Arthrose-Fingern weiterhin an der »unbeschränkten Herrschaft von X- und Y-Chromosom« festklammernd. Das Bild hat bloß einen Fehler. Es dreht sich bei dessen Motiv weder um jung noch alt, nicht einmal um die Forschung selbst. Junge wie alte Biologen werden einen Teufel tun und sich mit den Thesen von Voß beschäftigen, denn ihre Arbeit, die von Gender Mainstreaming in Frage gestellt wird, hat praktische, kommerzielle, insbesondere jedoch lebensverlängernde und -rettende Folgen in der Realität, in der immer noch zwei Geschlechter mit voneinander abweichenden Naturen herumlaufen. Statt sich mit Voß' Halluzinationslehre zu beschäftigen, könnten sie sich ebenso gut einen Fantasy-Film reinziehen, um zu neuen biologischen Erkenntnissen zu gelangen. Da hätten sie wenigstens noch ein bißchen Amüsement. Unter dem Circus-Roncalli-Zelt-großen Sexuelle-Vielfalt-und-Toleranz-Tuch in Regenbogenfarben wird aus jeder noch so starken Behauptung schwuppdiwupp plötzlich »Wissenschaft«. David Copperfield hätte es nicht besser hinkriegen können.

Vielleicht fragen Sie sich jetzt, weshalb ich mich so ausgiebig mit Voß beschäftige. Um zu zeigen, wie man im Deutschland der Jetztzeit sogar mit dem größten Schabernack Prestige und staatliche Förderung erhält, solange man nur des Kaisers neue Kleider trägt. Immerhin hat der Mann bereits mit seiner Doktorarbeit *Making Sex Revisited. Dekonstruktion des Geschlechts aus biologisch-medizinischer Perspektive* den Preis zur Förderung der Übersetzung geisteswissenschaftlicher Werke (»Geisteswissenschaften International«) der Fritz Thyssen Stiftung, des Börsenvereins des Deutschen Buchhandels und des Auswärtigen Amtes erhalten. Leider kam ich nicht in den Genuß, sie zu lesen. Vielleicht steht da ja drin, daß die Verbindung zwischen Geschlecht und Fortpflanzung, überhaupt Sex und Kindermachen in Wahrheit auf Sagen und Mythen des germanischen Götterwesens beruht?

Das Tollste an Gender Mainstreaming ist, daß alle darüber Bescheid zu wissen scheinen, denn sonst würde ja Google nicht über 4 Millionen Klicks ausspucken, wenn man den Begriff in das Suchfeld eingibt. Insbesondere das Ministerium für Familie, Senioren, Frauen und Jugend der Bundesrepublik Deutschland ist offenkundig darüber bestens im Bilde, wie es auf ihrer Homepage verlautbart:

»Strategie ›Gender Mainstreaming‹
Geschlechtergerechtigkeit bedeutet, bei allen gesellschaftlichen und politischen Vorhaben die unterschiedlichen Lebenssituationen und Interessen von Frauen und Männern zu berücksichtigen. Dieses Vorgehen, für das sich interna-

tional der Begriff ›Gender Mainstreaming‹ etabliert hat, basiert auf der Erkenntnis, dass es keine geschlechtsneutrale Wirklichkeit gibt, und Männer und Frauen in sehr unterschiedlicher Weise von politischen und administrativen Entscheidungen betroffen sein können.«

Das ist natürlich Bullshit, denn Gender Mainstreaming hat nix, aber auch gar nix mit »Geschlechtergerechtigkeit« gemein, schon gar nicht mit Zweigeschlechtlichkeit, im Gegenteil, deren Vorhandensein wird bei dieser Quatsch-Lehre ja vehement geleugnet. Die Beamten, die in diesem Ministerium faulenzen, käuen mit solchen abgedroschenen Textbausteinen lediglich die Gleichberechtigungsgrütze aus den 80ern des letzten Jahrhunderts wieder, vermutlich schreiben sie ihre phantasielosen Verlautbarungen sogar aus einem vergilbten Vordruck aus jener Dekade ab. Gegen die Gleichberechtigungsgrütze hat übrigens kein Mensch hierzulande mehr etwas, mit Ausnahme eines Hardcore-Moslems, versteht sich, der seine Frau lieber wieder in das zerstörte Aleppo schickt, als daß sie auch nur einen Pieps von wegen Gleichberechtigung von sich geben kann. Aber auch andere Institutionen sind in dieser Sache unwissend oder tun zumindest so. Zum Beispiel die Bundeszentrale für politische Bildung:

»Gender Mainstreaming bedeutet, dass die Politik, dass aber auch Organisationen und Institutionen jegliche Maßnahmen, die sie ergreifen möchten, hinsichtlich ihrer Auswirkungen auf die Gleichstellung von Frauen und von Männern untersuchen und bewerten sowie gegebenenfalls Maßnahmen zur Gleichstellung ergreifen.«

In diesem Tenor geht es in den Suchergebnissen von Google schier endlos weiter. Jeder Link verweist auf das gute alte »Männer und Frauen sind gleichberechtigt«, das schon meine Generation in der Grundschule verinnerlicht hat und über das in Wahrheit überhaupt kein Aufklärungs- und Überzeugungsbedarf mehr besteht. Aber selbst die Universitäten, die das Genderzeug lehren, haben offenkundig keine Ahnung davon, was da genau vor sich geht. So eröffnet die Universität Duisburg-Essen ihr Gender-Vorlesungsverzeichnis mit den Worten:

»Gender Mainstreaming ist eine langfristige Strategie zur Förderung der Gleichstellung zwischen Frauen und Männern. Gender Mainstreaming bedeutet, in alle Planungs- und Entscheidungsprozesse (sic!) von vornherein Gleichstellungsaspekte zu beachten und für deren Umsetzung Verantwortung zu übernehmen.«

Man fragt sich, wozu überhaupt diese neue Wortschöpfung ersonnen wurde und was zum Teufel an dem alten Slogan »Gleichberechtigung« – man vermischt und verwässert ihn heutzutage leider allzu gern mit »Gleichstellung« – so falsch oder unverständlich war. Auch die Presse schlägt bis auf wenige Ausnahmen stets in dieselbe Kerbe, wenn sie ihrem Publikum das Gender-Ding verklickern will. Es ist dann von irgendwelchen Quoten, Präventionsmaßnahmen gegen Frauendiskriminierung und von Girls' Days die Rede, also von der bis zum Erbrechen bekannten »Frauenförderung« allgemein. Nur ab und an werden aus der Gender-Schmiede Skurrilitäten bekannt wie die sattsam bekannten Extra-Klos für die drei armen Seelen, die sich nicht entscheiden können, welchem Geschlecht sie angehören, oder eben die bereits zu Anfang erwähnte Großerfindung einer Lann Hornscheidt, wonach bei geschlechtsspezifischen Wortendungen im Dienste einer geschlechtsneutralen Sprache gefälligst eine »X-Form« zu verwenden sei, damit sich bloß keiner diskriminiert fühlt. Daraufhin wird allseits viel gelacht, das Ganze boulevardesk unter der Rubrik »Die Welt ist ein Tollhaus!« abgelegt und schnell wieder vergessen.

Außer aus Blogs, die sich mit den Absurditäten von Gender Mainstreaming meist in beißend satirischer Form befassen, und aus universitätsbetrieblichen Webseiten, die die

Studentenschaft über Terminliches informieren, erfährt man im Grunde gar nichts darüber. Sämtliche Gender-Links im Internet entpuppen sich beim näheren Hinsehen als Fakes und führen weder zu den Lehrinhalten noch zu den lachhaften Theorien und Hypothesen dieser hochbezahlten Professoren. Das Allerauffälligste ist, daß keiner der zum inneren Kreis gehörenden Strippenzieher im Fernsehen auftritt, weder in Talkshows noch in dokumentarischen Formaten. Stattdessen verteidigen dort ihre Stellvertreter in Gestalt von Politikern und Journalisten die hehre Sache, selbstredend ohne die geringste Ahnung davon zu haben. Es ist gerade so, als solle nichts nach außen dringen. Dies ist umso erstaunlicher, als große Blätter wie der *Spiegel*, die *Zeit* und die *Frankfurter Allgemeine Zeitung* zumindest in ihren Online-Ausgaben dem universitären Leben viel Platz einräumen und die Wünsche, Lebensumstände, Jobaussichten und künftigen Berufsaufstiegschancen der Studenten recht akribisch und unterhaltend abhandeln. Nicht wenige dieser Publikationen erscheinen sogar gesammelt und regelmäßig in Form von Sonderheften. Doch auch darin kommt das Fach Gender Mainstreaming kein einziges Mal vor, nicht einmal als ein exotischer geisteswissenschaftlicher Zweig oder in Form einer lustigen Glosse oder einer aufrüttelnden Rechtfertigung, von Kritik erst gar nicht zu reden. GM scheint in der Tat eine Geheimwissenschaft zu sein.

Warum ist das so? Woran liegt es, daß selbst investigative Journalisten an den Lehrinhalten der schillerndsten und, wenn doch mal ein Leck in der Blackbox ist oder ein GM-Protagonist sich zu weit aus dem Fenster lehnt, für Normalsterbliche völlig gaga daherkommenden Disziplin nicht interessiert sind? Weil sie denken »Das sind eh alles Bekloppte«? Oder weil sie den offiziellen Verlautbarungen glauben und das Verfassen des millionsten Artikels über Gleichberechtigung nicht so prickelnd empfinden?

Einer wollte allerdings schon genau wissen, was in der Blackbox gelehrt wird. Der Diplom-Informatiker Hadmut Danisch, der sich neben seinem Hauptberuf, aber in Zusammenhang damit, seit 1998 als Kritiker intensiv und publizistisch mit Hochschul- und Forschungskriminalität beschäftigt, ist der Sache nachgegangen. Er wollte das universitäre Lehrmaterial von »Gender Studies« der Humboldt-Universität zu Berlin begutachten, was ihm bis heute nicht gelungen ist, und in Erfahrung bringen, wie es überhaupt dazu kommen konnte, daß solch eine Disziplin, die wohl ihre ganz eigenen wissenschaftlichen Gesetzmäßigkeiten hat, als Studienfach in einer der führenden Lehranstalten dieses Landes überhaupt installiert werden konnte. Obgleich vom deutschen Presse- und Informationsfreiheitsrecht gedeckt, verweigerte man ihm diese Informationen, was schließlich in einer Klage Danischs gegen die Humboldt-Universität gipfelte. Ich könnte diese nicht unbedeutende Wissenschafts- und Hochschulaffäre in satirische Häppchen verpacken, damit es für den Leser etwas unterhaltender wird. Doch die von Danisch beim Verwaltungsgericht Berlin eingereichte Klageschrift ist derart kurzweilig, spannend zu lesen und augenöffnend, daß ich selbst auf die Gefahr hin, den Leser mit Juristendeutsch zu vergrätzen, hier einen längeren Auszug daraus zitieren möchte. Dabei habe ich der Lesbarkeit halber einige Details weggelassen, welche allein für ein Justizverfahren von Belang sind, und den Text an ein paar Stellen gekürzt:

»Seit April 2012 untersuche ich – davon die ersten 3 Monate ausschließlich und in Vollzeit – das Studienfach ›Gender Studies‹ (Geschlechterforschung), sowie dessen politisch-ideologisches Universitäts-Umfeld wie Genderismus, Gleichstellungsbeauftragte, Förderrichtlinien, Frauenquoten, Studieninhalte, politische Einflussnahmen im Allgemeinen, und den Studiengang bei der Beklagten (Humboldt-Universität) im Besonderen. Ebenso untersuche ich den Zusammenhang zwischen diesem Studiengang und der Verfassungsrichterin Susanne Baer, die als Professorin bei der Beklagten den Studiengang gegründet hat und wesentlich betreibt. (…) Dazu recherchiere ich Informationen über wissenschaftliche Grundlagen des Studiengangs. Es zeigte sich aber, dass Gender Studies auf Geheimhaltung und Geheimniskrämerei beruhen und sich aus öffentlich verfügbaren Materialien keinerlei Substanz ergibt, die auch nur eine ganzsemestrige Vorlesung, geschweige denn ein Bachelor- und Masterstudium füllen oder überhaupt deren Verwendung als Studiengang oder wissenschaftliche Betätigung rechtfertigen könnte. Im Gegensatz zu anderen Studiengängen sind Prüfungsordnung und Studienplan nur mit undefinierten Phantasie- und Pseudobegriffen gefüllt, hinter denen kein greifbarer Inhalt steht. Es gibt zwar als ›Lehrbücher‹ bezeichnete Werke deutscher Gender-Professorinnen, die inhaltlich aber nichts mit Lehrbüchern gemein haben. Sie weisen weder irgendeine wissenschaftliche Substanz auf, noch ›lehren‹ sie von Aufbau und Struktur her. Obwohl ich inzwischen über einen umfangreichen Bestand deutsch- und englischsprachiger Fachliteratur verfüge, ist keine wissenschaftliche Substanz auszumachen. Es sind Zusammenstellungen plauderhafter Prosa, die letztlich in verschiedenen Variationen immer wieder die gleichen Aussagen repetieren und zitieren, ohne sie jemals zu strukturieren, klar darzustellen oder nachvollziehbar herzuleiten. Dafür strotzen die Werke vor erheblichen Denk-, Wissenschafts- und Rechenfehlern, Unlogiken, Selbstwidersprüchlichkeiten, ständigen Begriffsverschiebungen, Unklarheiten, rhetorischen Täuschungen usw. Sie sind rein esoterisch-ideologisch-politische Werke. Ein wissenschaftliches Überprüfen, konsequentes Nachvollziehen, Darstellen, Bewerten ist anhand der frei verfügbaren Materialen zu Gender Studies jedoch nicht möglich – es findet sich schlichtweg keine Substanz, die eine wissenschaftliche Betrachtung hergeben würde. Die Thesen und Ziele der Gender Studies sind – gemessen am Stand der Literatur – frei aus der Luft gegriffen und entbehren jeder Wissenschaftlichkeit.

Erkundigt man sich außerhalb von Universitäten nach diesen Grundlagen, wird man von Vertreterinnen dieser feministischen Auffassung an Stelle inhaltlicher Argumente immer wieder auf die Universitäten und die Gender Studies verwiesen, wo man sich die Argumente holen müsse. Die rhetorische Standardfigur ist, dass das alles so gut und so umfangreich ›wissenschaftlich belegt‹ sei, dass man das nicht kurz zusammenfassen könnte, sondern die wissenschaftliche Literatur zu konsultieren sei. Da der Studiengang bei der Beklagten als der erste und führende in Deutschland gilt und eben über die Professorin und Verfassungsrichterin Baer die Verbindung zum Bundesverfassungsgericht besteht, besteht hier das vorrangige Auskunftsinteresse.

Einfache Anfragen per E-Mail an die Beklagte, auch an deren Zentrum für transdisziplinäre Geschlechterstudien, erbrachten keine Antworten, die irgendwie aufschlussreich gewesen wären.

Deshalb habe ich im Herbst 2012 verschiedene Auskunftsersuchen (auch beim Bundestag und dem Bundesfamilienministerium) gestellt, wovon vier für die vorliegende Klage relevant sind:

– Am 12.8.2012 habe ich per E-Mail beim Präsidenten der Beklagten den hier strittigen und klagegegenständlichen Fragenkatalog eingereicht, der zunächst wohl wegen Urlaubszeiten nicht bearbeitet wurde und für über einen Monat liegen blieb.

– Bei der Berliner Senatsverwaltung für Bildung, Jugend und Wissenschaft habe ich Antrag nach IFG auf Einsicht in die Akkreditierungsunterlagen des Studiengangs beantragt. Diese wurde mir gewährt. Ich habe am 5.9.2012 persönlich in der Senatsverwaltung die Akten einsehen können und auszugsweise Kopien erstellt. Die Akten stellten sich aber als unvollständig heraus, weil ein Teil der Akten laut Senatsverwaltung bei der Beklagten lagert.

– Ich habe deshalb auch bei der Stabsstelle Qualitäts-
  sicherung der Beklagten um Einsicht in die Akkreditierungsunterlagen gebeten und mit E-Mail vom
  6.9.2012 Scans der Unterlagen erhalten. Die Beklagte
  hat hierfür 175 Euro in Rechnung gestellt.

– Am 16.9.2012 und am 19.9.2012 habe ich bei der
  Unternehmenskommunikation und der Geschäfts-
  stelle der Charité (Universitätsklinikum der Beklagten) nach Presse- und IFG-Recht zwei Anfragen zur
  Haltung der Charité zur Gendertheorie und zur Be-
  teiligung von Ärzten des Klinikums an den Gender
  Studies gestellt, und am 26.9.2012 und am 3.10.2012
  daran erinnert.
  Grund der Anfrage waren Falschangaben, die sich in
  den Akkreditierungsunterlagen fanden.
  Beide Anfragen wurden nicht beantwortet. Die Leiterin
  der Unternehmenskommunikation hat am 17.9.2012
  die Vorlage eines Presseausweises gefordert, worauf
  ich geantwortet habe, warum dies aus rechtlichen
  Gründen nicht gefordert werden darf. Danach erfolgte
  keinerlei Reaktion der Charité mehr (...)

Aus den beiden Auskünften vom 5.9. und 6.9. auf die beiden Auskunftsersuchen zur Akkreditierung des Studiengangs ergaben sich bereits dringende Hinweise auf betrü-
gerisches Vorgehen seitens der Beklagten und Fehler auf
Seiten des Senats.
Es zeigte sich nämlich, dass die Akten geschickt so auf zwei
Stellen – Senatsverwaltung und Stabsstelle Qualitätssiche-
rung – verteilt worden waren, dass die Mängel aus keiner
der beiden Akten allein offenkundig hervorgingen. Erst
durch das Wiederzusammenfügen der Akten ergaben sich
die Mängel. Der Studiengang hätte durch die Senatsverwaltung nicht zugelassen werden dürfen:

– Bei der Begutachtung wurden Äußerlichkeiten wie ausreichende Räume betrachtet. Auch finden sich Erwähnungen, dass um ausreichende Versorgung mit Speisen und Getränken gebeten und dafür gesorgt wurde.

Es findet sich jedoch gar nichts zum *Inhalt, der Qualität, der Wissenschaftlichkeit, der Abdeckung, der Berufstauglichkeit* des Studiengangs. Der Studiengang selbst wurde gar nicht betrachtet. Das Gutachten würde genauso gut (oder genauso schlecht) auf jeden x-beliebigen Studiengang passen. Es ist ein Blanko-Gutachten, das sachverständigenrechtlichen Anforderungen nicht entfernt genügt.

§ 8a Abs. 2 und § 22 BerlinHG schreiben aber vor, dass Studiengänge in qualitativer Hinsicht zu bewerten sind. § 4 Abs. 1 BerlinHG beauftragt die Universitäten mit Wissenschaft und der Vorbereitung auf eine berufliche Tätigkeit. § 22 Abs. 1 stellt an einen Studiengang die Anforderung, berufsqualifizierend zu sein. Das wurde nicht geprüft.

Gerade weil die Beklagte selbst die Gender Studies nicht als alleinstehendes Studium, sondern immer nur in Kombination mit anderen Studiengängen anbietet – offenbar, weil sie eben gerade keine Qualifikation herstellen kann –, stellt sich umso mehr die Frage, womit Gender Studies diese Anforderung des BerlinHG erfüllen sollten. Die Akten enthalten dazu nichts. Gender Studies sind so als Studiengang nicht zulassungsfähig und nicht zulässig. Da wurde offenbar massiv politisch manipuliert und getrickst, denn die Senatsverwaltung ist ihren Pflichten nicht nachgekommen und hat das durchgewinkt.

– Alle vier Gutachterinnen stehen in unmittelbarer beruflicher Verbindung mit Gender Studies und erzielen ihr Einkommen damit (bzw. bereiten sich im Fall der studentischen ›Gutachterin‹ darauf vor). Alle vier sind damit befangen und hätten nicht eingesetzt werden dürfen, weil sich alle vier mit Kritik selbst geschadet, sich selbst der Unwissenschaftlichkeit überführt und damit den eigenen Ast abgesägt hätten. Alle vier waren als ›Gutachter in eigener Sache‹ unterwegs und hatten massive Interessen, jede Kritik und jede Anforderung zu vermeiden. § 8 a Abs. 2 BerlinHG, aber auch allgemeines Gutachterrecht setzen voraus, dass Gutachter unabhängig sind. Das sind sie aber nicht, wenn sie eigene wirtschaftliche und berufliche Interessen mit dem Ausgang des Gutachtens verbinden.

– Es ist nicht erkennbar, nach welchen Kriterien und Maßstäben begutachtet und akkreditiert wurde. Das sieht nach Geplauder und Spaziergang aus. Das ist nur Blabla und hat mit einer Begutachtung oder Akkreditierung nichts zu tun.
Beispielsweise wurde weder bemerkt noch gerügt, dass es kein Lehrbuch, kein Skript, keine aussagefähige Prüfungsordnung, keinen inhaltlichen Studienplan gibt. Weder könnte sich ein Student informieren, was gelehrt und verlangt wird, noch ist eine rechtskonforme Prüfung möglich. Es ist überhaupt nicht erkennbar, woraus ein Prüfer Anforderungen und Maßstäbe entnehmen sollte und wonach etwa ein Verwaltungsgericht die Rechtmäßigkeit einer Prüfung nach Prüfungsrecht überprüfen können sollte. Ebenso wenig ist für einen Arbeitgeber ersichtlich, welche Qualifikation ein Bewerber mit diesem Abschluss mitbringen soll.
Auffällig ist etwa, dass es kaum festes Lehrpersonal gibt, sondern ›interdisziplinär‹ jeder mal vorbeikommt und irgendetwas erzählt, was er oder sie schon immer mal erzählen wollte und ihm gerade einfällt. Es ist weder nachvollziehbar, noch reproduzierbar und folgt keinem greifbaren Plan. Da prüft jeder, wie und zu was er gerade Lust hat, und die Prüfungen werden

zu reinen Gesinnungsprüfungen, also nichtig im prüfungsrechtlichen Sinne. Wenn aber jeder Jahrgang irgendetwas anderes hört, und es keine persistente Linie gibt, kann von einem Berufsbild oder einer Qualifikation keine Rede sein. Dies wurde gar nicht betrachtet.

– In den Akten der Stabsstelle der Beklagten fand sich als dünnes Ergebnis der Begutachtung, dass auch Naturwissenschaftler beteiligt werden sollten, obwohl Gegenstand der Gender Studies das Bestreiten von Naturwissenschaft und das Abwerten naturwissenschaftlicher Aussagen üblich ist. Das gesamte aufgelistete Lehrpersonal stammte allein von geisteswissenschaftlichen Fakultäten. Es war also keinerlei naturwissenschaftliche Kompetenz vertreten.
Dies wurde zwar in der Begutachtung gerügt, das war aber nur in den Akten der Stabsstelle zu finden.
In der Senatsverwaltung dagegen fand sich dazu in den Unterlagen von 2005 eine undatierte und nicht unterschriebene Liste des Lehrpersonals, die als Urheber lediglich das Zentrum für transdisziplinäre Geschlechterstudien nennt, in der die drei Charité-Ärzte

· Prof. Dr. K. Beier (Sexualmedizin)
· PD Dr. M. Rauchfuß (Psychosomatik)
· Prof. Vera Regitz-Zagrosek (Kardiologie, Gender in Medicine)

als Dozenten geführt wurden und die Grundlage der Zulassung des Studiengangs durch die Senatsverwaltung gewesen waren.
Es waren jedoch nicht die geringsten Hinweise zu finden, dass diese drei Ärzte jemals in den Studiengang involviert gewesen wären. Auch passen deren Tätigkeitsbeschreibungen überhaupt nicht zu den Thesen der Gender Studies.

Anfragen per E-Mail an die drei Ärzte über ihre Haltung zu Gender Studies wurden von Beier und Rauchfuß gar nicht, vom Institut Regitz-Zagroseks am 11.9.2012 mit einem kurzen

>Sehr geehrter Herr Danisch,
Frau Prof. Regitz-Zagrosek bedankt sich herzlich für Ihre Anfrage. Ihres Erachtens nach ist alles falsch, da es keine belastbaren Daten gibt. (...)<

beantwortet. Um Missverständnisse auszuschließen, habe ich rückgefragt, worauf sich das >falsch< beziehe, und die Klarstellung erhalten:

>Frau Prof. Regitz-Zagrosek möchte Ihnen mitteilen, dass sie ausschließlich die Gender-Sichtweise meinte.<

Eine Ärztin, die die Gender-Sichtweise explizit als falsch einstuft, und zwei Ärzte, die eine Äußerung zu Gender Studies verweigern, werden in den Akkreditierungs- und Zulassungsunterlagen – und nach meinem Wissensstand nur dort – als die naturwissenschaftlichen Dozenten aufgeführt, obwohl sie nach Lage der Dinge mit Gender Studies nichts zu tun haben. (...)

Nachdem die Charité und die zwei Ärzte nicht antworteten, habe ich eine Berliner >Lange Nacht der Wissenschaft< genutzt, um die Geburtsklinik der Charité zu besichtigen und verschiedene Ärzte und Hebammen zu Thesen der Gender Studies zu befragen. Mir wurde durchgehend und ausnahmslos versichert, dass man dies für groben Unfug halte und ganz sicher niemand vom medizinischen Personal der Charité diesen Unsinn glauben oder vertreten würde. Fragwürdig ist auch, warum die Beklagte im hier strittigen Bescheid vom

21.9.2012 zu Frage 16 ausführt, dass sie erst Biologen und Naturwissenschaftler hinzuziehen müsse, um Fragen beantworten zu können, obwohl doch vorgeblich 3 ausgebildete Ärzte und medizinische Lehrstuhlinhaber zum Lehrpersonal gehören.

Umso mehr stellt sich die Frage, warum die Beklagte Gender Studies lehrt, wenn sie doch im eigenen Hause die Expertise hat, dass Gender Studies unwissenschaftlicher Humbug sind. Die Antwort finden sich in der Finanzierung und in – verfassungswidrigem – politischem Druck. Die HU hat vom Bundesfamilienministerium seit 2003 mehrere Millionen Euro für das Betreiben der Gender Studies erhalten. Und für Geld macht die Beklagte anscheinend alles.

Es drängt sich der Verdacht auf, dass man hier betrügerisch Leute als Dozenten benannt hat, die davon selbst nichts wussten, um die Zulassung für den Studiengang zu erhalten, und dass man sich darauf verlassen hat, dass nie wieder jemand diese Akten zu Gesicht bekommen und davon erfahren würde. Faktisch würde das bedeuten, dass das Bundesfamilienministerium Wissenschaftsbetrug bezahlt und womöglich sogar beauftragt hat. Jedenfalls jedoch in verfassungswidriger Weise politischen Einfluss auf Inhalte von Forschung und Lehre genommen hat. Auftragnehmerin und Beraterin des Ministeriums war die Professorin Susanne Baer.

Zwar ist anhand der Akten nicht mehr nachweisbar, wer diese Liste damals erstellt hat, denn sie trägt – wohl absichtlich – kein Datum, keine Angabe zur Herkunft oder zum Verfasser. Die Aufstellung fand sich aber direkt bei der damaligen Antragskorrespondenz, die von der Gründerin und Betreiberin der Gender Studies bei der Beklagten, nämlich der Rechtsprofessorin und heutigen Verfassungsrichterin Susanne Baer geführt wurde. Die oben erwähnten zwei Auskunftsersuchen an die Charité beziehen sich auf diesen Vorgang.

Seit der Aufdeckung dieses Betrugs in den Zulassungsunterlagen blockiert die Beklagte alle Auskünfte zu den Inhalten der Gender Studies und hat das Auskunftsersuchen vom 12.8.2012 weit überwiegend abgewiesen. Es werden nur Auskünfte zu wenigen formalen Dingen erteilt.

Dies zeigt sich auch am hier strittigen Bescheid vom 21.9.2012, in dem die Beklagte versucht, alle Inhalte der Gender Studies vor Einblick zu schützen und dabei zu Frage 9 einräumt, dass Gender Studies zu keinem greifbaren Berufsbild führen, sondern nur eine nebulös-wolkige, nicht greifbare Lebenslehre sein sollen. Damit sind sie nach § 22 Abs. 1 BerlinHG nicht studiengangsfähig. Es gab also erhebliche Gründe, die Inhalte vor der Senatsverwaltung zu verbergen, um die Zulassung zu erhalten. Durch den gesamten Bescheid zieht sich wie ein roter Faden, dass da gar nichts von dem ist, was eine Wissenschaft, ein Fach, einen Studiengang begründet. Es geht nur darum, dies vor Licht abzuschotten. Gender Studies sind nur ein vorgetäuschter Studiengang, zu dessen Täuschung es gehört, jeden Einblick von außen abzuwehren. Man hat hier über Jahre Abschlüsse und Doktorgrade vergeben, denen keine Prüfung im Rechtssinne zugrunde liegt, und die deshalb nichtig sind.«

Man sieht, daß es bei Gender Mainstreaming weniger um den üblichen intellektuell verbrämten Schwachsinn als um eine undurchschaubare Verflechtung von politischer Agenda, Lobbyismus und Medienpropaganda geht. Über Danischs 140 Seiten umfassende Klageschrift hat kein einziges Presseorgan berichtet. Im Gegenteil, seit seinem Vorstoß hat sich die Genderei noch mehr verbreitet. Wie ich vermute, wird sich seine brillante Analyse irgendwo in den Justizmühlen verloren haben.

Es ist mehr als erstaunlich, wenn man sich ansieht, wer Familien- und Geschlechterpolitik in Deutschland bestimmen kann, wenn nicht sogar vor sich hertreiben, ohne daß die Bevölkerung davon je etwas mitgekriegt hätte. Wie hat es dazu kommen können? Ganz einfach: Unter dem Deckmantel von Frauenemanzipation bzw. Feminismus und durch die starke Einflußnahme auf das Familienministerium und die Bildungs-einrichtungen. Zugleich spielte das von der Presse wohlwol-lend unterstützte Aufblähen der Homosexualität zu einem sakralen Popanz eine große Rolle, wobei durch ihre Dauer-präsenz in den Medien die wirkliche Population von Schwu-len und Lesben ins Kolossale überhöht wurde. In den sieb-ziger und achtziger Jahren des letzten Jahrhunderts begann hierzulande der Siegeszug des Feminismus. Selbstverständlich unter Verwendung von dreisten Lügen und Verdrehungen. Die Mehrheit der Frauen wurde angeblich unterdrückt, von ihren Partnern verprügelt und an ihrem beruflichen Aufstieg gehindert, natürlich von Männern. Von Kindesbeinen wurde den Frauen beigebracht, sich devot und der Männerwelt ge-genüber untertänig zu verhalten. Heiraten und Kinderkriegen basierten auf eine jahrtausendealten männlichen Verschwö-rung, um die Frau kurz und unfrei zu halten, Medien und Bildung verfestigten ein althergebrachtes Frauenbild (obwohl der Anteil der Hochschulabsolventinnen stetig stieg), alles Weibliche war bloß anerzogen, in Wahrheit wollten die Frau-en alpenländisches Fingerhakeln und im Stehen pinkeln, und der Staat war eigentlich der Oberchauvi voller patriarchali-scher Arschlöcher, weil er das alles nicht unterband und kei-ne Gesetze beschloß, um die GeknechtInnen dieser Erde aus ihrem Jammertal zu retten. So in etwa.

Schon damals arbeitete man mit einer Technik, die auch bei heutigen Gender-Aktivisten in ihrem Bestreben, die Ge-schlechter voneinander zu entfremden, sehr beliebt ist: Es wird irgendein frei erfundener Quatsch im Zusammenhang mit Diskriminierung behauptet und für eminent bedeutsam, wenn nicht sogar für das Schicksal der gesamten Mensch-heit entscheidend erklärt, und sobald ein paar Eierköpfe aus Kultur, Medien und schließlich der Politik darauf reinfallen, kann er durchgewinkt und in Verordnungen und Gesetze gegossen werden. Der eigentliche Trick besteht jedoch darin, daß die Betroffenen selbst oder besser gesagt die »Opfer«, in deren Namen man zu sprechen vorgibt, niemals befragt werden dürfen, denn dann würde sich sehr schnell herausstellen, daß diese von ihrem Opferdasein bisher gar nix wußten.

So erging es am 16. Januar 1972 dem »Fräulein«. An diesem Tag verfügte das deutsche Bundesinnenministerium unter Hans-Dietrich Genscher (FDP), daß der Gebrauch des Wortes »Fräulein« in Bundesbehörden zu unterlassen sei. Die Begründung dafür kam natürlich von Feministinnen. Das Diminutiv »Fräulein« sei wegen der gesellschaftlichen Werte und Vorstellungen, die darin zum Tragen kämen, zu unterlassen. Es löse, ebenso wie das Wort »Weib«, unerwünschte Assoziationen aus. Die Möglichkeit der Unterscheidung zwischen »Fräulein« und »Frau« fördere die Ansicht, eine weibliche Person gelte erst dann als erwachsene Frau, wenn sie heirate, während einem jungen unverheirateten Mann dadurch, daß man ihn »Herr« nenne, signalisiert werde, daß man ihn für einen vollwertigen Mann halte. Der Beginn der gendergerechten Sprache und das Ende eines der schönsten deutschen Wörter. Seitdem ward das Fräulein nicht mehr gesehen.

Der Fräulein-Kram war in Wahrheit nichts als Stuß. Kein Fräulein, auch kein altes, fühlte sich zu jener Zeit herabgesetzt, im Beruf benachteiligt, unvollkommen, gar beleidigt, kurz, diskriminiert, wenn man sie Fräulein nannte. Im Gegenteil, das »Fräulein« war für junge Frauen, noch mehr aber für die in die Jahre gekommenen, eine romantische Ehrenbezeichnung, wie es mit »Mademoiselle« (leider inzwischen auch *gecancelt*) im französischen und »Miss« im englischsprachigen Raum der Fall ist, da es jugendliches Aussehen impliziert. Zudem konnte sich auch im damaligen Deutschland jede Frau selbst aussuchen, mit welchem Geschlechtstitel sie angesprochen bzw. angeschrieben werden wollte. Niemand verlangte von ihr dafür eine Heiratsurkunde. Das Ganze war nichts weiter als eine kranke Kopfgeburt, wobei das gemeine Frauenvolk nie danach gefragt wurde, ob es vielleicht doch nicht *forever young* und ein Fräulein bleiben wollte. Daß dadurch eine mißliche Lücke in der deutschen Sprache entstanden ist, merkt man schon daran, wenn man heutzutage eine Sechzehnjährige als »Frau« ansprechen soll, ohne dabei einen Lachkoller zu bekommen. Wie gesagt, es waren die zaghaften Anfänge des Genderterrors.

Einen Bogen von da bis in die heutige Gegenwart ist leicht zu spannen, wenn wir den weisen Worten der bereits oben erwähnten professoralen Lann Hornscheidt lauschen, die im Frühjahr 2015 in einem *Spiegel*-Interview mannhafte Auskünfte gibt. Sie deckt nämlich darin einen Skandal von ungeheurer Dimension auf:

> »Wenn sich Personen zum Beispiel nicht als männlich oder weiblich verstehen und durch die tradierte Sprache nicht angesprochen fühlen. In meine Sprechstunde kommen zum Beispiel Studierx (gemeint sind Studenten und Studentinnen, A. P.), die nicht mehr in Lehrveranstaltungen gehen, weil sie immer als Herr oder Frau Sowieso angesprochen werden und sich diskriminiert fühlen.«

Ja, gibt's denn so was! Da geht man brav studieren, hat nichts Böses im Sinn und wird als Herr oder Frau angesprochen. Da kann man sich ja gleich in den Deportationsgüterwaggon setzen. Zum Glück gibt es ein Lann, das diese zum Himmel schreiende Menschenrechtsverletzung publik macht. Der gefühllose *Spiegel*-Heini hat aber so seine Zweifel: »Sind das nicht nur Einzelfälle?« Von wegen:

> »Nein, allein im letzten Semester haben sich zwölf Personen bei mir gemeldet, die sich diskriminiert fühlten. Es würde schon viel helfen, wenn zu Semesterbeginn gefragt würde, wie Personen angesprochen werden wollen – und dies dann respektiert und nicht hinterfragt würde.«

Puhhh, bei soviel Diskriminierung muß man erstmal tief durchatmen ... und schauen, wie viele in der Humboldt-Universität zu Berlin gegenwärtig studieren, nämlich 33 033, allerdings ohne die Charité, sonst wären es knapp 40 000. Und von diesen »Studierenden« haben sich echt zwölf Exemplare bei Lann gemeldet und sich darüber beschwert, daß sie allen Ernstes geschlechtsspezifisch angesprochen worden sind? Das wären ja sagenhafte 0,03 Prozent der Studentenschaft. Ja leck mich am Arsch! Mehr Menschenverachtung geht wohl nicht. Lann gibt aber nicht preis, ob diese Lannartigen zuvor auf ihren Geisteszustand untersucht worden sind.

Das ist übrigens nicht als plumper Witz gemeint. Es ist zu vermuten, daß viele, die mit dem Gender-Dingens verbandelt sind, unter schweren psychischen Störungen leiden. Anders kann es gar nicht sein, da sie mit dem Selbstverständlichsten hadern, was einem Menschen bereits bei der Zeugung gegeben wurde, nämlich dem Geschlecht. Es sind bedauernswerte Zeitgenossen, die aus ihrer besonderen Verfassung eine Benimmfibel für die psychisch gesunde Mehrheit machen wollen und ihre Schrullen der Gesellschaft als politische Richtschnur oktroyieren, bei deren Nichtbefolgung in Schulen und Universitäten schon jetzt Sanktionen folgen. Für die Zukunft werden sicher für alle Bürger Strafmaßnahmen vorbereitet. Die Behauptung, die Genderisten seien mehrheitlich psychisch krank und ihre Forderungen an die Gesellschaft entsprängen ihrer wahn- und zwanghaften Beschäftigung mit ihrem Leiden, ist natürlich harter Tobak. Doch vor mir liegt zufällig ein aufschlußreiches, um nicht zu sagen entlarvendes Büchlein, an dem man die grundlegende Psychopathologie dieser Spezies gut studieren kann. *Frauen*forscherin Sommersemester 2014* ist ein »kommentiertes Vorlesungsverzeichnis zu Feministischen Theorien, Queer- und Genderstudies«, herausgegeben vom »Kollektiv Frauen*referat« der »Österreichischen HochschülerInnenschaft«. Die Mitgliedschaft bei letzterer ist für jeden Studenten in Österreich obligat; sie ist in fester Hand von Linksextremisten der gröbsten und verbohrtesten Sorte, die aus ihrer selbstauferlegten Mission als Bürgerkriegspartei keinen Hehl machen. Für deutsche Hochschulen ist ähnliches zu befürchten.

Dieses »Vorlesungsverzeichnis« ist nach allem nüchternen Ermessen nicht nur in psychiatrischer Hinsicht hanebüchen. Finanziell gefördert wird es nichtsdestotrotz unter anderem von der Medizinischen Universität Wien, der Universität für Musik und darstellende Kunst und der Universität für Bodenkultur Wien, die inzwischen allesamt ihre zuständigen Stellen und Arbeitskreise für »Gleichbehandlung«, »Gender Studies« und ähnliches besitzen.

Am saftigsten ist der mit Prosa und Lyrik angereicherte Textteil. Der wäre allerdings auch für einen Kabarettabend gut geeignet. Da gibt es etwa ein Requiem auf eine wegen ihrer unüblichen Länge teilamputierte »Superklit«, deren »intersexuelle« BesitzerIn nun reumütig über ihre Fehlentscheidung meditiert:

»o du mein genital / du kleiner schwanz / du große klit / du schwellkörper meiner lenden / du lustspender in meiner mitte... opfer wurdest du / geopfert / der heiligen norm / der großen binarität / dem fragwürdigen / ideal«

Oder eine Ode auf die »Tabu«-themen »Yoni und Menstruation« (Fehler auch im Text, A. P.):

»Ich bin, ja ich bin.
Ich bin vollkommen. Ich brauch nicht anders zu sein, als so wie ich bin.
Heute bin ich sehr voll, quill heraus und ich bin die Öffnung, die Öffnung für... für alles was herauskommen will. Ohne mich gibt es kein auskommen. (...) Warum ich heute voll bin, ist dass, mich die Freunde aus der Gebärmutter besuchen. Sie müssen an mir vorbei. Sie haben keine andere Wahl. Hätten sie eine, dann würden sie trotzdem mich

wählen. Die Freunde, sie sind alle rot, so ein wunderschönes rot. (...) Sie erfüllen mich mit ihrer Farbe, Wärme, Zuneigung und Liebe.«

Nicht »immer total okay« sind inzwischen andere Dinge:

»In der sexualpädagogischen Arbeit werden oft noch immer die Jugendlichen in Mädchen*- und Jungs*gruppen geteilt. Da dies auch überwiegend meinen Arbeitserfahrungen entspricht, findet sich in meinem Artikel auch die Einteilung in Mädchen*- und Jungen*gruppen. Dies ist nicht unproblematisch, u.a. da Jugendliche, die nicht in das dichotome Mann-Frau-Schema passen (wollen), zwangsläufig zugeordnet werden.«

Das Sternchen soll signalisieren, daß die AutorIn die geschlechterbinären Begriffe nur unter dem Vorbehalt benutzt, daß es sich hierbei um vorläufige »Konstrukte« handelt. All dies wird allen Ernstes in einem Rahmen mit akademischem, politischem und feministischem Selbstverständnis publiziert. Was haben überzuckerte Selbstbespiegelungen und Therapeutenschleim dieser Art aber noch mit »Politik« oder gar Geisteswissenschaften zu tun? Es ist ein infantiles Planschen in der Ursuppe des Unterleibs, der den wackeren AutorInnen offenbar doch mehr Peinlichkeiten bereitet, als sie es zugeben wollen. Wer wirklich mit seinem Körper und dessen Funktionen im Reinen ist, wird es kaum nötig haben, seitenlange Elogen darüber zu verfassen. Wer etwas ständig betont, tut es nicht, weil er es hat, sondern weil er es nötig hat. Narzißmus und Selbsthaß treten immer als Zwillingspaar auf.

Es ist keine Schande, krank zu sein, auch wenn viele Menschen Krankheit und Häßlichkeit als eine unerklärliche, beinahe *metaphysische* Schuld empfinden. Die Dinge verschlimmern sich allerdings, wenn man die Krankheit dadurch zu kurieren sucht, daß man ihr Vorhandensein leugnet und sie Gesundheit nennt. Diese Tendenz ist auch im Gender-Milieu zu beobachten. Die Betroffenen sehen nicht, daß das Problem in ihnen selbst, in ihrer Disposition liegt, die sie oft als unglücklich empfinden, ohne es zugeben zu können, und darum brauchen sie die Gesellschaft als Haßventil, als Sündenbock und Projektionsfläche.

Der aufschlußreichste Text aus dem »Vorlesungsverzeichnis« stammt von einem russischen Blogger, der sich mit der Hieroglyphe »feminine Gender-Queer« kennzeichnet (im Gegensatz zu früher, als er noch eine »queer-trans*-Frau«, und ganz, ganz früher, als er ein »Mann« war). Sein Schwanz hängt noch unamputiert am Leib, er besitzt weder eine Gebärmutter noch eine Vagina. Unter dem Titel »Die Akzeptanz des eigenen Körpers« berichtet »Yana Sitnikova« über mehrere Seiten hinweg von der Unfähigkeit, eben diesen Körper zu akzeptieren.

Der Text bewegt sich in der üblichen Widerspruchsschleife des Genres: Einerseits leugnet Sitnikova, daß Bezeichnungen wie »männlich« oder »weiblich« einen konkreten und objektiven Inhalt haben, andererseits berichtet er von seiner Sehnsucht, »feminin« zu sein, was er mit »schwach«, »fein«, »zierlich«, »weich« und ähnlichem assoziiert. Einerseits will er erkannt haben, daß Geschlechter nichts weiter als »soziale Konstrukte« seien, andererseits nimmt er »starke Antiandrogene« ein, die logischerweise nur wirken können, wenn das »Männliche« und »Weibliche« eine handfeste biologische, hormonelle Basis haben.

Im Laufe seiner Entwicklung hat Sitnikova niederschmetternde Erfahrungen machen müssen. Besessen von dem Gedanken, eine Elfe zu werden, tritt er seinem Spiegelbild entgegen, das ihm etwas ganz anderes zeigt:

»Ich habe Stunden vor dem Spiegel verbracht, habe Haare überall, außer auf dem Kopf abrasiert, sobald sie gewachsen sind. Ich habe probiert, Parfüm zu benutzen und mit geschminkten Lippen rumzulaufen. Die Östrogene, die ich anderthalb Jahre genommen habe, haben keine bedeutenden Resultate gebracht. Enttäuscht davon habe ich entschieden, dass als Frau wahrgenommen zu werden für mich wichtiger ist als Kinder zu bekommen, also habe ich angefangen, starke Antiandrogene zu nehmen. Es hat mich gefreut, dass mein Gesicht rundliche Züge bekam, meine Haut weicher wurde und auf meinem Körper erogene Zonen aufgetaucht sind, wo sie vorher nie gewesen sind und die Brustgröße sich der A-Größe genähert hat.

Ungeachtet dieser positiven Veränderungen habe ich die Illusionen darüber, dass ich irgendwann eine *echte* Frau werde, verloren. Die Präparate, die ich nehme, sind die von den stärksten, aber sie haben mich nicht dem stereotypisch-weiblichen Aussehen näher gebracht, was ich mir erhofft habe. Ich wollte nicht nur mithilfe der Schminke einer Frau ähnlich sein, wie es die Mehrheit der Trans*frauen macht. Ich wollte, dass ich wie eine Frau wahrgenommen werde, auch in männlicher Kleidung und ohne Schminke.«

Und das stellte sich nicht gerade überraschend als »Mission Impossible« heraus:

»Ich habe auch früher meinem Körper gegenüber Hass empfunden, aber damals, belesen von den Geschichten anderer transsexueller Frauen, habe ich Zukunftsillusionen gehabt, die ich nun verloren habe (...) Ich wurde depressiv, als ich schöne Frauen gesehen habe, neben welchen ich etwas Blasses war, was nicht einmal aus der Ferne an eine Frau erinnern würde (...) Der Hass meinen Geschlechtsorganen gegenüber – die Dysmophophobie – wurde auch zum Grund, warum ich mich als Asexuelle angefangen habe zu positionieren, weil ich den Sex in meiner damaligen Konfiguration als abstoßend empfand.«

So war Yana offenbar von einem klinischen Haß auf die eigene männliche Identität (und eben nicht nur den männlichen Körper allein) befallen, und das nicht etwa, weil er sich als

Mann in seinem Mannsein unzulänglich fühlte, sondern weil er sich an dem unmöglichen, unweigerlich zu schweren Frustrationen führenden Wunsch nach einer ozeanischen Identität mit einem weiblichen »Imago«, wie Freud sagen würde, oder einer »Anima«, wie C. G. Jung sagen würde, verzehrte. Seine Bekenntnisse lesen sich wie eine sexual-bipolare Achterbahn, in der ein schwerbeschädigtes Ich zwischen dem weiblichen und männlichen Pol seines Seelengefüges wie eine Flipperkugel hin- und hergeschleudert wird. Das alles hat etwas Tragisches, aber auch Gruseliges an sich. Es kommen Bilder hoch, etwa das von »Buffalo Bill«, dem transsexuellen, geisteskranken Serienkiller aus dem Film *Das Schweigen der Lämmer*, der mit Make-up, Perücke und eingeklemmtem Schwanz vor dem Spiegel tanzt, sich buchstäblich *nicht wohlfühlt in seiner Haut* und sich in den Wahn hineinsteigert, eine Frau zu sein. Eines Tages wird der Film wohl zum »Jud Süß« der Transsexuellen erklärt werden.

Ich gehe davon aus, daß Yana ein harmloser Zeitgenosse ist, doch seine Bekenntnisse sind bedrückend:

»Ich wollte nicht nur ein ultra-feminines Aussehen, ich wollte das Aussehen einer Frau kopieren, die ich sehr viele Jahre geliebt habe und deren Aussehen ich für die Verkörperung des Schönheitsideals hielt.«

Yana überwand seinen Selbsthaß schließlich (halbwegs) durch das »Studium der feministischen und vor allem der transfeministischen Theorie«. Weil das Ideal nicht erreichbar war, mußte es eben »dekonstruiert« werden:

»Transfeminismus behauptet, dass das, was unsere Zugehörigkeit zu den Frauen bestimmt, nicht unser Aussehen ist, das die Gesellschaft als weiblich gendert, und nicht unsere Geschlechtsorgane und andere Körperteile, sondern unsere weibliche Gender-Identität d.h. Identifizierung mit anderen Frauen.«

Im Klartext: Frau ist, wer sagt, daß er/sie eine ist, weil er/sie sich bewußt mit anderen Frauen identifiziert. Nun die Preisfrage: Woran soll ich denn nun erkennen, ob andere Menschen »Frauen« sind, wenn weder ihr Körper noch ihr Aussehen noch ihr sozialer Habitus sie als solche kennzeichnen? Da beißt sich die Katze, um nicht zu sagen die Muschi, in den Schwanz.

Und: Wo wäre denn unter diesen Umständen der Witz daran, sich als Frau zu identifizieren, wenn es eben gerade ein bestimmtes Aussehen und ein sozialer Habitus sind, die als Identifikationsobjekte begehrt werden? Man kann es drehen und wenden, wie man will, der Referenzpunkt, zu dem alles gravitiert, bleibt eben doch immer die angeblich »dekonstruierte«, »stereotypische« Norm. *Die Geschlechter stehen in einem polaren, nicht in einem »binären« Verhältnis.*

Der »transfeministische« *clusterfuck* mündet schließlich in delirierenden Betrachtungen:

> »Es gibt Frauen, die so maskulin aussehen, dass sie mit Männern verwechselt werden, auch wenn sie cis-sexuell (normal, A. P.) sind. Es gibt Frauen, die keine große Brust haben. Und schließlich gibt es Frauen, die einen Penis haben, aber keine Vagina. Aber nicht alle, die eine Vagina haben, sind Frauen. Nur weil sie weniger sind, heißt es nicht, dass Frauen mit Penissen nicht weniger echt als Frauen mit Vaginas sind. Weil die einzige Voraussetzung, um eine Frau zu sein, ist sich als eine zu identifizieren.«

Und hier fangen die Selbstquälereien für das narzißtisch leicht kränkbare Ego wieder an. Denn es ist, wie gesagt, unmöglich, alle Welt dazu zu zwingen, in diesem Theaterstück mitzuspielen und so zu tun, als ob – genauso wenig, wie man alle Welt dazu zwingen kann, zu jeder beliebigen neurotischen Selbstinszenierung ja und amen zu sagen.

Ein femininer oder femininisierter Mann, ein genitalverstümmelter Mann, ein mit Hormonen vollgepumpter Mann, ein Mann in Frauenkleidern usw. wird eben doch immer ein

Mann bleiben und als ein solcher wahrgenommen werden – gerade von anderen Männern. Und ebensowenig kann ich einsehen, warum ich eine hormonmanipulierte Frau mit einer Penisprothese als meinesgleichen anerkennen soll. Sie kann die seelischen und körperlichen Erfahrungen nicht haben, die ein Mann hat.

Man kann die Schmierenkomödie gegebenenfalls höflich mitspielen, ja sogar die entsprechende Person schätzen und respektieren. Aber die besagten Personen dürfen sich nicht wundern, wenn sich viele Menschen diesem Spiel verweigern oder wenn es ihnen Unbehagen bereitet, weil sie hierin eine Show oder eine Lüge sehen, zu deren Akzeptanz sie erpreßt werden. Yana aber fordert ein »Recht« auf eine willkürlich gewählte *Identität* ein:

> »Ich will nicht, dass mensch mich Frau nennt, weil ich einer Frau ähnlich bin oder mich wie eine Frau benehme, sondern nur weil ich mich als eine identifiziere – darin besteht mein Recht auf Identität.«

Schön, da bleibt allerdings die Frage offen, warum dieses »Recht« auf derart reaktionäre Weise beschränkt bleiben soll. Genauso gut kann ich mich ja auch *ad hoc* und weil es mir gerade so gefällt, als Schwarzer, Chinese oder Jude »identifizieren« und von aller Welt verlangen, daß sie mich rückhaltlos als solchen *wahrnimmt*, und von den Schwarzen, Chinesen und Juden, daß sie mich als einen der ihren akzeptieren oder zumindest mein »Recht« anerkennen, ein Schwarzer, Chinese oder Jude zu sein, wenn ich das wollte. Warum eigentlich nicht? »Rassen« und Völker sind doch wie Geschlechter auch nichts weiter als soziale Konstrukte! Und dann könnte ich auch endlich die Rassismus-Keule gegen alle schwingen, die gegen mich sind!

Und warum soll man all dies auf kollektive Personengruppen beschränken? Warum das »Recht auf Identität« *à la carte* nicht per »transpersonalistischer« Theorie auf Individuen ausweiten und behaupten, Napoleon, Claudia Schiffer oder John Lennon zu sein? Und warum zum Teufel soll ich hier eine speziesistische Grenze ziehen? Warum kann ich mich per »trans-speziesistischer« Theorie nicht als Murmeltier, Kellerassel oder Schäferhund *identifizieren* (Ansätze dazu gibt es schon) und von aller Welt verlangen, mich als solche Tierchen *wahrzunehmen* und meine Pläsierchen zu *respektieren*? Ich will nicht, daß mensch mich einen Schwarzen nennt, weil ich einem Schwarzen ähnlich bin oder mich wie ein Schwarzer benehme, sondern nur, weil ich mich als einer *identifiziere* – darin besteht mein Recht auf Identität.

Und so weiter. Vor 36 Jahren, als Monty Python *Das Leben des Brian* drehte und sich unter anderem über linksradikale Sektiererei lustig machte, war das alles noch ein schreiender Witz. Wie lange wird man noch darüber lachen können? Oder dürfen? Wann wird auch dieser Film als »transphob« verurteilt werden? Man kann heute keine Satire mehr schreiben, so surreal und grotesk sind die Zustände geworden.

Um aber wieder darauf zurückzukommen, wie ausgerechnet diese (insbesondere lesbische) Lobby das Mirakel vollbracht hat, den gesamten Politbetrieb auf Schizo-Linie zu bringen und nunmehr das ganze Volk mit ihren Ideen zu malträtieren: So paradox es auch klingt, der Grund hierfür war genau diese ihre geistige Verfaßtheit, die sie in der öffentlichen Wahrnehmung irgendwann zu Unberührbaren gemacht hat. Zunächst sah es so aus, daß sie eben wegen ihrer innerlichen wie äußeren Beschaffenheit keine politische Karriere ins Auge fassen konnten. Zudem war ihr Anteil am gesellschaftlichen Diskurs auf Beiträge zur marginalen Sexualität beschränkt. Aber eins beherrschten diese Aktivisten schon damals aus dem Effeff, nämlich die Blutspur des Feminismus aufzunehmen. Man muß dazu wissen, daß der Feminismus in Wahrheit zu keiner Zeit eine von der Mehrheit der Frauen getragene Bewegung war, sondern ein von einer Minderheit initiiertes Projekt, die von Männer- und Mütterhaß besessen war und ist. Dessen bekanntester Star hierzulande war und ist übrigens Alice Schwarzer, deren lesbische Orientierung zu Beginn von den Medien bewußt außen vor gelassen wurde, um die Hetero-Frauenschaft und die damals noch einigermaßen klar tickende Politik nicht von vornherein abzuschrekken. Aus dieser destruktiv-lesbischen Denke heraus ist auch der durchschlagendste Erfolg des Feminismus zu konstatieren. Dieser bestand weder in der allgemeinen Sensibilisierung für Gleichheitsbestrebungen der Geschlechter noch in irgendwelchen arbeitsrechtlichen Änderungen zugunsten der Frau, sondern in der Legalisierung der Abtreibung mithilfe äußerst streitbarer Argumente. Die demographische Selbstauslöschung der Deutschen rührt nicht unwesentlich von diesem millionenfachen Massenmord im Mutterbauch her und hält immer noch an. Doch von den Etablierten hört man dazu keinen Mucks. Dafür fallen alle in einen kollektiven und wochenlangen Weinkrampf, wenn vor Lampedusa ein Boot mit illegalen Eindringlingen aus Afrika untergeht. Denn Kinder, die man nicht sieht, haben keine Lobby, schon gar keine deutschen Kinder, und dürfen ohne mit der Wimper zu zucken ins Boot zum Jenseits gesetzt werden.

Sukzessive wurde die feministisch-lesbisch-schwule Gedankenwelt zur Staatsräson. Inzwischen so stahlhart, daß vor ein paar Monaten alles, was Rang und Namen in der Politik hat, zum 25-jährigen Jubiläum des »Lesben- und Schwulenverbands« in seitenlangen Elogen gratulierte, selbst Bundespräsident Joachim Gauck *himself*, obwohl es sich dabei lediglich um einen winzigen Verein mit nur 4 000 Mitgliedern handelt, für den sich nicht einmal die 2 187 000 der in diesem Land lebenden Homosexuellen interessieren. Da hat der altmodische Hausfrauenbund das Hundertfache an Mitgliedern aufzubieten. Ob Bundes-Gauck auch öffentlich seine Ehrerbietung zeigt, wenn die mal Geburtstag feiern? Nicht auszuschließen, vorausgesetzt unter ihnen befindet sich ebenfalls ein Arsch voll »Intersexueller« und »Transgender«.

Als die sexuell Andersartigen nach dem »Marsch durch die Institutionen« schließlich die heiligen Hallen des Staates betraten, mußten sie sich wohl erst mal kneifen, um sich davon zu überzeugen, daß dies kein Traum war. Kinder in einem Bonbonladen ohne Besitzer, so muß es ihnen vorgekommen sein. Man belohnte sie jetzt auch noch mit üppigen Beamten- und Professorengehältern, von denen Normalmalocher nicht einmal zu träumen wagen.

Es kam damals aber noch eine wichtig Komponente hinzu, die diese Entwicklung beschleunigte. Mit dem Ausbruch von AIDS gerieten Schwule nun in die Rolle von bedauernswerten Opfern, über die quasi ein Tsunami hinwegrollte, also eine Naturkatastrophe, für die niemand etwas konnte. Hierdurch wurden zum einen die Homosexualität und ihre diversen Art-verwandten medial in Szene gesetzt, besonders in Filmdramen, in denen sie als Spielart menschlichen Seins dargestellt wurde, die in jeder Familie vorkommt, zum anderen wurde die abseits liegende Sexualität jedwelcher Couleur »norma-lisiert«, sprich ein jeder, dessen sexuelle Präferenz außerhalb der Norm lag, wurde zum netten Nachbarn von nebenan ge-adelt.

Solcherart gerüstet, gewann die Lesben- und Schwulen-Fraktion immer mehr Einfluß auf eine Institution, die die-sem Geschlechterbrimborium am nächsten stand. Vielleicht haben es einige schon vergessen, vielleicht wissen es die Jün-geren nicht mehr, doch noch vor 30 Jahren war das Famili-enministerium ein Hort des Konservatismus. Zu Recht, denn mochte man in anderen politischen Feldern experimentieren und neue gesellschaftliche Wege gehen, am Modell der tra-ditionellen Familie konnte man nicht so einfach rütteln und reißen, ohne die Gefahr heraufzubeschwören, daß irgend-wann der Wohlstand des Landes zerstört wird und der ganze Staat in sich zusammenbricht. Denn allein die Zeugung von Kindern und ihre Erziehung »in geordneten Verhältnissen«, die *per se* althergebracht sein müssen, da sie sich über Ge-nerationen hinweg bewährt haben, garantiert künftige Indi-viduen, die in der Lage sind, den Wohlstand eines Staates zu erhalten und zu mehren. So hart es auch klingt, je mehr die konventionelle Familie mit anderen Lebenskonzepten diffundiert, in immer schneller wechselnde Kombinationen zerfasert, je mehr also die »richtige« Familie obsolet wird, umso »unfruchtbarer« wird ein Staat im wörtlichen Sinne und muß sich schlußendlich vom Wohlstand und infolgedessen auch vom Gemeinwohl verabschieden. Instabile Individuen, aufgewachsen in instabilen Verhältnissen, beschäftigen sich ein Leben lang mit sich selbst. Da ist kein Platz für den anderen.

Heute nennt sich das einstige Familienministerium »Bundesministerium für Familie, Senioren, Frauen und Jugend«. Das mit »Senioren« und »Jugend« ist nur Reklame, und »Männer« werden erst gar nicht erwähnt, schon gar nicht im Zusammenhang mit einer Familie. Das heißt, manchmal schon, und zwar wenn sie ihrem Mannsein abschwören, zu Hause bleiben und Babybrei zubereiten. Nicht von ungefähr, denn das Bundesministerium für Familie, Senioren, Frauen und Jugend ist inzwischen ein merkwürdiger Bunker. Dessen ganzes Sinnen und Trachten dreht sich, wie wir wissen, darum, die Frau so früh und rigoros wie möglich einer Erwerbsarbeit zuzuführen, um sie von all ihren herbeihalluzinierten Fesseln zu befreien. Hübscher Nebeneffekt: Derart »befreit«, hat die heutige (westliche) Frau weder die Zeit noch die Lust, das Modell »traditionelle Familie« zu präferieren. Die künftige Bundesvision lautet: Jeder ist sich selbst der Nächste – insbesondere *jede*. Das Familienministerium ist in Wahrheit schon längst ein Familienauflösungsministerium.

Aber der Laden sorgt sich hingebungsvoll auch noch um andere Frauengruppen. Um Alleinerziehende zum Beispiel, also um Frauen, die so leichtsinnig waren, sich tatsächlich auf einen Mann einzulassen. Doch es ist alles noch mal gutgegangen, denn die Männer wurden schnell wieder verjagt, falls diese für das Familiending überhaupt je in Frage kamen. Frau ist jetzt wieder unter sich – und auf die Zuwendungen des gottähnlichen Staates angewiesen. Ist das nicht schön? Die Heiligsprechung von Alleinerziehenden ist der zweitgrößte Erfolg des Ministeriums von Lesbos. Wahlweise werden sie in der medialen Öffentlichkeit entweder als arme Opfer, denen der Staat selbstverständlich unter die Arme greifen muß, oder als »stark« bezeichnet. In einem neuen Werbeslogan der SPD werden sie sogar *wonder women* genannt, also Superheldinnen, die vermutlich fliegen und durch ihre Augen Feuerstrahlen abschießen können. Daß es hierzulande auch zirka 400 000 männliche Alleinerziehende gibt, wen kümmert's? Drauf geschissen!

Auch scheint bei der Darstellung der weiblichen Version des Alleinerziehenden stets eine Art hochmütiger Trotz durch, so nach dem Motto »Ich bin mein eigener Mann!« Wonach jedoch niemals gefragt wird, ist, wie es überhaupt dazu kommen konnte, daß aus der Frau quasi über Nacht eine Alleinerziehende wurde. Man hat nämlich Angst vor der banalen Antwort, welche wohl die Mehrheit dieser Spezies von sich geben würde: »Ich habe mich mit dem Kerl halt nicht verstanden.« Das mag sich bei einer Millionärin okay anhören. Aber unter wirtschaftlichen Aspekten kann sich eine »einfache Frau« mit Kindern einen solchen Luxus nicht leisten, zumal sie selbst in der Regel weder ein Pin-up noch eine Stimmungskanone ist, sondern das gleiche 08/15-Modell wie der aussortierte Stinker. Es ist eine ganz einfache Formel. In dem Moment, in dem man gewöhnlichen und gewöhnlich verdienenden Menschen die gleichen abgehoben dramatischen Schicksals- und Familienentscheidungen und die damit verbundene Sprunghaftigkeit von Künstlern wie Picasso, Industriellen wie Onassis oder Lebenskünstlern wie Gunter Sachs zugesteht, entsteht ein Ungleichgewicht, das der Staat bzw. der Steuerzahler ausgleichen muß. Aber was im öffentlichen Bewußtsein von dem Schwachsinn à la »Ich will so leben, wie ich bin« übrigbleibt, ist bloß das angestrebte Klischee vom unzuverlässigen Mann als dem Oberarschloch. Da hebt die beamtete Lesbe gern den Daumen zum »*Like*«, weil es sie eben nix kostet.

Das Bundesministerium für Familie, Senioren, Frauen und Jugend hat jedoch auch noch einen anderen Jahrhundertkampf zu führen, nämlich den für »Mehr Frauen in Führungspositionen durch die Quote«, also für ein Begehr, mit dem sich jede Kassiererin bei REWE den ganzen Tag wie bekloppt beschäftigt. Die renommierte Psychologin Doris Bischof-Köhler meint in einem *Zeit-Magazin*-Interview von 9. Juni 2013 dazu Folgendes:

»Die Entstehung der heute beobachtbaren Geschlechtsunterschiede liegt etwa 400 Millionen Jahre zurück. Unsere tierischen Vorfahren gingen zum Leben an Land über. Samen und Eizellen wurden nicht mehr, wie bei Fischen, dem Meer anvertraut. Die Weibchen übernahmen die Bürde der inneren Befruchtung. Seitdem können sie erheblich weniger Nachkommen in die Welt setzen als die Männchen. Das bedingt eine permanente Konkurrenzsituation zwischen den Letzteren, und die hat einen Selektionsdruck ausgeübt, zu dem es beim weiblichen Geschlecht keine annähernd gleich starke Entsprechung gibt. Alle wesentlichen Geschlechtsunterschiede leiten sich aus dieser Asymmetrie her. Männchen, die Risiken eingehen, die Konkurrenzsituationen nicht nur ertragen, sondern Freude daran haben, die sich von Misserfolgen nicht entmutigen lassen, die Rangordnungen etablieren und unter Bildung von Seilschaften stressfrei ertragen, bis bessere Bedingungen eintreten – solche Männchen hatten größere Chancen, ihre Eigenschaften an ihre Söhne zu vererben, als die weniger robusten Konkurrenten.

ZEITmagazin: Das ist der Grund, warum Männer oft die besseren Jobs haben als Frauen?

Bischof-Köhler: Das ist der folgenreichste Geschlechtsunterschied. Männer sind in Konkurrenzsituationen im Vorteil, weil sie immuner gegen Selbstzweifel sind. Das wird in der aktuellen Diskussion um Frauen in Führungspositionen viel zu wenig beachtet.«

Solche Argumente sind den Beamtinnen und Referatsleiterinnen im Familiengedöns-Ministerium natürlich scheißegal. Außerdem ist das Alles-andere-als-Familienministerium intensivst in einen Krieg gegen einen weiteren Feind involviert, der, gemessen am Propagandaaufwand gegen ihn, übermächtig zu sein scheint. Die große Gefahr droht nämlich von rechts, also von der *neuen* Rechten, genauer den Rechtsradikalen, noch genauer von den guten alten Nazis, die es mit der Parole »Kampf gegen Rechts« und mit rausgeschmissener Staatsknete zu atomisieren gilt. Alle naselang meldet sich in dieser Sache Chefin Manuela Schwesig zu Wort und gibt schablonenhaften Alarmismus von sich, als würden die Nazi-Zombies schon an den Gartenzaunstäben ihres Amtssitzes rütteln. Wenn man schlau wäre, könnte man sich ja die Frage stellen, weshalb ausgerechnet ein Familienministerium sich bei dieser Gegen-Rechts-Posse so verbissen engagiert. Befürchtet man dort, daß die Nazis im Akkord Kinder produzieren könnten, um das Ministerium zu ärgern? Oder ist es deren reaktionäres Familien- und Frauenbild, das nicht mehr in die Moderne paßt und so das staatliche Programm gefährdet? Nun, wenn man noch schlauer wäre, könnte man sich bei dieser Spekulation erst recht die Frage stellen, weshalb man im Familienministerinnenbunker die Parole dann nicht einfach und viel realitätsbezogener zu »Kampf-gegen-Islam« umändert. Von der Ecke ist nämlich viel mehr Familienterror zu erwarten. Ich frag' ja nur.

Aber beschränken wir uns nicht allein auf Deutschland. Der sogenannte Lunacek-Bericht ist ein hervorragendes Beispiel dafür, wie Gender-Lobbyarbeit funktioniert und wie erfolgreich sie sein kann. Der Bericht stammt von der lesbischen Grünen-Abgeordneten Ulrike Lunacek aus Österreich, die seit 2009 im Europäischen Parlament sitzt und seit 2014 dessen Vizepräsidentin ist. Ihr Bericht, der mittlerweile vom Parlament angenommen worden ist, fordert die vollständige Gleichstellung der Homosexualität in allen 28 Mitgliedsstaaten und suggeriert gleichzeitig eine in Europa grassierende Homophobie. Um dieser entgegenzuwirken, sollen der EU Mittel an die Hand gegeben werden, mit denen sie gegen vermeintlich diskriminierende Politik vorgehen kann. Die Freiheitsrechte eines jeden EU-Staates würden auf diese Weise massiv beschnitten. Beim Entwurf künftiger politischer Maßnahmen und Programme sollen Schwule, Lesben und Anverwandte stets beteiligt werden. Ihre Einflußnahme auf politische Prozesse würde auf diese Weise gesichert werden. Lunacek ist auch Vorsitzende der fraktionsübergreifenden Arbeitsgruppe »Rechte der LGBTI« (Lesbian, Gay, Bisexual, Transgender and Intersexed, also Lesben, Schwule, Bisexuelle, Transgender und Intersexuelle). Der Inhalt ihres Berichts kann also keine Überraschung sein. Überraschend aber ist vor diesem Hintergrund umso mehr, daß sich kaum Widerstand im Parlament regte. Lunacek triumphierte fast mühelos, ohne daß die konservativen Parteien ernsthaft Gegenwehr leisteten.

Auch angesichts solcher politischen Erfolge bleibt die Frage, ob Gender Mainstreaming überhaupt etwas Sinnvolles bewirkt hat, nachdem es hinter dem Rücken der Bevölkerung von den Ministerien bis zu den Bildungseinrichtungen, ja sogar bis in die Kindergärten hinein mit immenser Energie durchgepreßt wurde und wird. Lann Hornscheidt, wir erinnern uns dieser Professx, sagt unumwunden »Ja«. Kehren wir zu dieser besonderen Frau zurück, die uns in dem bereits erwähnten *Spiegel*-Interview mit solchen Forschungsperlen beschenkt:

> »Auch in der Biologie können Sie keinen eindeutigen Schnitt machen. Bei welcher körperlichen Ausprägung fängt eine Frau an? Wo ein Mann? Das sind immer soziale Konstrukte.«

Eben, man kann einfach »keinen eindeutigen Schnitt machen«. Die »Professorin« könnte natürlich in ihre Hose reingucken und prüfen, ob sich dort etwas wachstumsmäßig verändert hat während ihres epochalen Gender-Gelabers. Aber was würde das nützen? Schon morgen könnte ihre »körperliche Ausprägung« wie Ernie aus der Sesamstraße aussehen und übermorgen wie »Bernd das Brot«. Ich zum Beispiel kannte mal ein sehr hübsches Mädchen, das allerdings sehr kleine Titten besaß. Das hat dem Spaß, den wir miteinander hatten, keinen Abbruch getan, weil es ansonsten, nun, wie soll ich mich genderkonform ausdrücken, von seinem »sozialen Konstrukt« her eher so eine menschliche Daseinsform darstellte, welche man ganz, ganz früher als weiblich zu bezeichnen pflegte. Wenn ich mich recht entsinne, am auffälligsten zwischen den Beinen. Aber jetzt kommt's: Durch meine elende Sauferei sind mir mittlerweile zwei prächtige Herrentitten gewachsen, die in Volumen mit denen meiner damaligen Geliebten durchaus konkurrieren können. Nur unten ist bei mir alles gleich geblieben. Vielleicht bin ich also mehr Frau, als ich es mir zugestehen will. Gut, ein Kind kann ich wohl nicht mehr gebären – wegen meines fortgeschrittenen Alters. Aber, mal Hand aufs Herz, ist das nicht der endgültige Beweis für die Lannsche Jahrtausendentdeckung, daß es sich bei der Sache mit dem Geschlecht in Wahrheit um eine Erfindung von Papst Bonifatius III. um 600 n. Chr. handelt? Und ist das nicht der Beweis, daß solche Großhirne so unendlich viel zu unserem Wohlstand beitragen, weil wir jetzt nach Feierabend schnell mal unsere Unterhosen lüften, beim Anblick schon wieder veränderter nackter Tatsachen vor Freude im Sechseck springen und deshalb am nächsten Morgen umso besser gelaunt unser Tagewerk aufnehmen? So sieht sinnvolle Professx-Tätigkeit aus.

Apropos Beweis: Das Lann ist ursprünglich für ein anderes Aufgabengebiet zuständig, nämlich für die geschlechtergerechte Sprache bzw. die geschlechtsneutrale. Lann sagt zwischendurch auch etwas Vernünftiges, nämlich in dem ebenfalls bereits erwähnten *taz*-Interview:

»Über sprachliche Veränderungen fangen soziale Veränderungen an. Sie sind kein schmückendes Beiwerk, sondern darüber können Perspektiven verändert und neue Konzepte deutlich gemacht werden. Sprachveränderungen sind immer schon zentral gewesen dafür, soziale Veränderungen anzukurbeln.«

In der Tat kann man über die Sprache Denkmuster erzeugen, die sich beim Menschen derart verfestigen, wie es der härteste Beton nicht vermag. Man denke nur an die Sprache der Unmenschen im Nationalsozialismus, in der Juden oft mit Insekten verglichen wurden. Behinderte degradierte man kurzerhand zu »unwertem Leben« und zu »Ballastexistenzen«. Doch solcherlei menschenverachtende Sprachmanipulationen sind mit den sprachlichen Spezifika in bezug auf das Verhältnis und die Unterscheidung zwischen Mann und Frau in keiner Weise zu vergleichen. Die überwältigende Mehrheit beiderlei Geschlechts fühlt sich durch geschlechtsspezifische Bezeichnungen oder Auslassungen weder beleidigt noch herabgesetzt noch bevormundet. Es sei denn, man benutzt geschlechtsspezifische Schimpfwörter, um die Person zu kränken und zu schmähen. Keine Frau hat etwas dagegen, wenn sie »Dame« oder gar »gnädige Frau« genannt wird. Im Gegenteil, diese Anreden lösen selbst bei einer Siebzehnjährigen Hochgefühle aus, weil sie durch diese altmodisch charmante Anrede augenblinzelnd einer erlesenen Frauenschicht zugeordnet wird. Und kein Mann, auch kein schwuler Mann, empfindet es als Super-GAU, wenn jemand ihn als »Herr« und »Sir« anspricht, in Wahrheit ist es der Traum aller Jungen, irgendwann und endlich so tituliert zu werden. Wer das nicht begreift, lebt vielleicht auf dem Jupiter, aber nicht auf diesem Planeten.

Es mag sein, daß ein paar Homos, sexuelle Neurotiker und Irre das anders sehen. Nur, wen interessiert das? Ich kann ja mein Leben, insbesondere meinen Sprachgebrauch, auch nicht danach ausrichten, was gerade aus der benachbarten Klapsmühle verlautbart wird. Fairerweise muß allerdings gesagt werden, daß die Lanns dieser Welt die oben genannten Geschlechtsausdrücke offiziell gar nicht abgeschafft haben wollen, jedenfalls nicht im alltäglichen Sprachgebrauch, sondern lediglich ihr Zeug noch draufsetzen. Das Motto lautet: Jedes Individuum hat das Recht, so betitelt zu werden, wie es sich empfindet, wahrnimmt und vorkommt.

Das klingt großartig, ist aber scheinheilig. Denn betrachtet man den verbissenen Eifer, das humorlos sektiererische Vorgehen, die früheren Erfahrungen und Erlasse in der Sache, vor allem jedoch den gigantösen finanziellen Aufwand, kann schlechterdings kaum davon die Rede sein, »überlieferte Normen in Frage zu stellen, das eigene Sprachhandeln zu hinterfragen und Sprache kreativer zu benutzen« (Antje Hornscheidt). So locker-flockig ist die Angelegenheit dann doch nicht.

Wir alle kennen inzwischen diesen bekloppten Scheiß mit den Binde-, Quer- und Unterstrichen, dem Binnen-I und den neutralen Sprachformen, wenn es darum geht, sowohl in geschriebener als auch mündlicher Sprache die zwei Geschlechter gendergerecht darzustellen, besser noch deren klare Benennung zugunsten eines geschlechtlosen Wesens namens »Mensch« ganz aus der Sprache verschwinden zu lassen. Sollte es wirklich jemanden geben, der diese Sprachungeheuer noch nicht kennt, hier ein paar Beispiele:

einE StudentIn …
ein*e Student*in
Der/Die Mitarbeiter/in, ein/e Student/in, …
Für externe Student/-inn/en …
Mitarbeiter_innen …
Statt: die/der Hochschulangehörige – die Hochschulangehörigen …
Statt: die Dekanin/der Dekan – das Dekanat …
Statt: Die Studenten sind berechtigt – Wer studiert, ist berechtigt …
Statt: Die Medizinstudenten müssen – Die Medizinstudierenden müssen …
Statt: Teilnehmer haben folgende Regeln – Bitte beachten Sie folgende Regeln …

Statt: Wir suchen eine/n erfahrene/n Mitarbeiter/in, die/der
   2 Jahre Berufserfahrung ... – Wenn Sie 2 Jahre Berufser-
   fahrung haben ...
Statt: Name des Antragstellers – Ihre Unterschrift
Statt: Mannschaft – Team
Statt: Mütterberatung – Elternberatung ...

Ja, Sie haben richtig gelesen, auch das Wort »Mutter« soll
nach dem Willen der Genderologen aus der deutschen Sprache verschwinden, zumindest offiziell, benennt es doch den
Atomkern des menschlichen Seins und teilt die lebendige
Welt klar in zwei Geschlechter ein, wie es unmißverständ-
licher nicht geht. Für manchen Irren mag das natürlich
eine Provokation sondergleichen sein. Inzwischen hat diese
Sprachregelung in Schulen und Universitäten, in die behörd-
liche Kommunikation und teilweise in die Medien Einzug
gehalten und ist auf dem besten Wege, auch die Wirtschaft
zu infiltrieren, bis uns eines schönen Tages ein Sprachpolizist
auf der Straße anhalten und uns einen Strafzettel ausstellen
wird, weil wir eine Frau leichtsinnig eine Frau genannt haben
und einen Mann einen Mann. Bis dahin ist wohl auch Lanns
X-Form als Endung durch, so daß den Schülern der Klasse 1
bereits am ersten Schultag eingetrichtert wird, »der Löwe«
sei als solcher gar nicht existent, sondern lediglich ein Fabel-
wesen namens Löwx. Denn:

»Wie viele E-Mails bekomme ich von Leuten, die gesagt
haben, sie hätten ihr Leben lang ein totales Unwohlsein gehabt damit, sich als weiblich oder männlich sehen zu müssen, das aber noch nicht einmal benennen können. Und
was eröffnen sich für diese Personen jetzt für Möglichkeiten etwas so einfach mit Hilfe von Sprachhandlungen in
Frage stellen zu können und nicht mehr hinzunehmen.«

Mit dieser Aussage hat das Lann allerdings einen großen
Fehler begangen, der den sprachlichen Affenzirkus auf das

vorzüglichste entlarvt: »Wie viele E-Mails bekomme ich von Leuten, die gesagt haben, sie hätten ihr Leben lang ein totales Unwohlsein gehabt damit, sich als weiblich oder männlich sehen zu müssen ...« Okay, Lann, wie viele E-Mails waren es denn nun genau? Waren es 3 E-Mails oder 30 oder 300 oder 3 000 oder am Ende gar 3 Millionen? Ich meine, das hier ist kein Spaß, weißt du. Für solcherlei Ergüsse kassierst du schließlich ein opulentes Gehalt plus eine Top-Pension in spe vom »Papa« Staat. Von dem ganzen Rattenschwanz »wissenschaftlicher« Mitarbeiter, den du hinter dir herschleppst, ganz zu schweigen. Kann man mal diese E-Mails sehen und etwas über ihre Anzahl erfahren? Und ist es klar erkennbar, daß es sich bei den Absendern nicht um Simulanten handelt? Wenn nein, dann wäre dein Job ja obsolet, und die Mail-Schreiber wären ein Fall für die Klapse.

Und das ist auch der instabile Nukleus des ganzen Gender-Komplexes, besonders seines die Sprache betreffenden Teils. Wo, wann und warum sah der Staat einen Handlungsbedarf? Was war der Grund dafür, die schöne deutsche Sprache, zu deren Putz und Pracht gerade die männliche, weibliche und die sächliche Form gehören und die so raffiniert und detailliert ausgetüftelt ist, daß man damit präziser als mit dem präzisesten chirurgischen Instrument zu arbeiten vermag, zu vergewaltigen? Was war der Anlaß, diesen aus inkontinenten Hirnen gespeisten Dünnpfiff zum sprachlichen Staatsideal zu adeln? Gab es Demonstrationen mit Hunderttausenden von Frauen und Männern, die für ihre geschlechtliche Benennung skandierend Binde-, Schräg- und Unterstriche und neutrale Sprachformen forderten? Bestanden sie unbedingt darauf, die »Geschlechterdifferenz und/oder die Transgenderdimension symbolisch zu unterstreichen« und »sprachliche Bilder, die Klischees und Stereotype bedienen, wie ›Mutter-Kind-Raum‹« abzuschaffen? Ist es vielleicht möglich, in die Forschungsunterlagen hineinzuschauen, in denen einwandfrei bewiesen ist, daß Frauen, die ein Schild betrachten, auf dem »Mutter-Kind-Raum« steht, nur noch Haushaltskurse besuchen, stricken, häkeln und ihren Körper als Verfügungsmasse ihres Mannes auffassen? Wo sind die Beweise?

Ich bin 56 Jahre alt, lebe seit 47 Jahren in diesem Land. Durch meinen Beruf als Schriftsteller und Medienmensch bin ich viel herumgekommen und habe bis jetzt Tausende Männer und Frauen, junge wie alte, kennengelernt. Auch bin ich kein Kind von Traurigkeit und sehr frauenaffin, so daß die Gespräche mit diesen göttlichen Wesen in meinem Gedächtnis Legion sind. Die Damen erzählten mir im Laufe der Jahre viel, selbst Pikantes und Intimes. Daß ihre Vagina zu trocken sei zum Beispiel und daß sie deshalb Hemmungen hätten, sich mit einem Mann einzulassen. Daß sie schlimme Hämorrhoiden und noch schlimmere Menstruationsbeschwerden hätten und ihre ausladenden Brüste ihnen Rückenschmerzen verursachten. Daß Männer allesamt verachtenswerte Kreaturen seien und sie sich eher den Strick nehmen würden, als sich noch mal mit einem dieser Scheusale einzulassen – was sich eine Woche später natürlich ganz anders anhörte, wenn man sie mit den gorillaartigen Typen an ihrer Seite sah.

Aber noch niemals, ich schwöre beim Augenlicht meines Sohnes, noch nie ist mir eine Frau untergekommen, die sich dadurch benachteiligt, beleidigt, manipuliert oder gar als Opfer einer frauenverachtenden Gesellschaft gefühlt hätte, wenn es hieß »Wir suchen einen praxiserfahrenen Mitarbeiter!« und nicht »Wenn Sie Praxiserfahrung haben, melden Sie sich bei uns!« Und ich habe noch kein einziges Mal eine Frau getroffen, die sich darüber beschwert hätte, daß in einem Formular oder Text keine Binde-, Quer- und Unterstriche und neutralen Sprachformen berücksichtigt worden wären.

Wir haben es also hier mit einem Problem zu tun, das in Wahrheit gar nicht existiert, weder für Frauen noch für Männer, für Wahnsinnige vielleicht, das ja, aber die glauben auch, die CIA, die Mafia und der Mossad wären hinter ihnen her. Deshalb nochmals die Frage: Wer hat diesen Gendermist mit seinen irrwitzigen Folgen bestellt? Mit welchen Argumenten wurde bewiesen, daß dadurch ein Gewinn für die Gesellschaft entstünde, die Bürger ein besseres Leben führten und deshalb die zig Millarden dafür gut angelegt wären? Und *wer* hat argumentiert? Das Lann hier?

»Gerade im Moment kommt die Vorstellung von was Europa ist (sic!), was Deutschland ist, total ins Schwanken. Und das ist eben auch durch die Infragestellung von Zweigeschlechtlichkeit sehr stark bedroht, weil diese Gesellschaft darauf basiert, daß es Zweigeschlechtlichkeit auf vielen Ebenen gibt.«

Eine Frau, die so wirr daherredet, daß man sie kaum versteht, und in grammatikalisch und stilistisch verunglückten Sätzen behauptet, daß Zweigeschlechtlichkeit irgendwie und irgendwo und überhaupt mit dem *Schwanken* Deutschlands und Europas zusammenhinge, aber auch umgekehrt und so. Wie können sich solche Thesen in Universitäten und Ministerien etablieren? Und kann es sein, daß in Wirklichkeit keine Frau und kein Mann sich je über eine vermeintlich patriarchalische Sprache und männlich dominierte Strukturen beschwert haben, die vielen behaupteten Geschlechter sich bei näherem Hinsehen als ein wirrer Haufen von Phantasmagorien entpuppen, die nur in Forscherköpfen existieren, und die fabelhaft verdienenden Hauptakteure dieser *büyük bok* (Türkisch) allesamt selber unzurechnungsfähig sind? Kann man denn, verdammt nochmal! für das viele Geld nicht eine sinnvolle Verwendung finden?

Ich hätte da einen Vorschlag. Es gibt Erbkrankheiten, die so selten sind, daß von ihnen lediglich ein paar hundert Menschen betroffen sind, bei einigen noch selteneren Fällen sogar nur ein paar Dutzend. Da die Herstellung eines Medikaments Milliarden an Entwicklungskosten verschlingt, ist es den Pharmafirmen aus Kostengründen nicht zuzumuten, für einen so kleinen Patientenkreis eine spezielle Medizin zu produzieren. Könnte man mit den Abermilliarden, die für Gender Mainstreaming, also für heiße Luft, rausgeschmissen werden, nicht besser Medikamente für diese Leute entwickeln lassen? Sie würden dadurch länger leben bzw. nicht schon als Kind sterben müssen. Und ich bin mir sicher, daß es ihnen dann vollkommen schnuppe wäre, ob sie mit Binde-, Quer- und Unterstrichen und neutralen Sprachformen tituliert würden.

Zum Schluß dieses Kapitels wollte ich den ganzen Schwachsinn noch mal zusammenfassen. Aber besser, als ich das tun könnte, hat es Hadmut Danisch in seiner Klage niedergelegt:

» – Gender Studies haben keinen wissenschaftlichen Inhalt. Sie sind eine Mischung aus politischen und weltanschaulichen Sichtweisen und Forderungen in religionsähnlicher Darreichungsform.

– Es geht nicht um Erkenntnisse, sondern um Verbreiten willkürlicher Behauptungen.

– Sie sind nicht nur unwissenschaftlich, sondern greifen auch noch die wissenschaftlichen Arbeitsmethoden anderer Fächer mit dem Ziel derer Abschaffung an.

– Gender Studies beruhen nicht nur auf wissenschaftlichen Denkfehlern, sondern diese Fehler werden sogar gelehrt, um sie zur Täuschung und Rhetorik auszunutzen. Unwissenschaftlichkeit wird bewußt instrumentalisiert, um Thesen zu vertreten, die wissenschaftlich unhaltbar sind.

– Eine Verifikation wird grundsätzlich abgelehnt.

– Nichts ist planmäßig, systematisch oder geordnet. Es ist keinerlei Struktur, keine Vorgehensweise, keine Planung erkennbar. Es wird einfach nur wild und konfus durcheinandergeplappert. Man schafft es nicht einmal, den ›Lehrbüchern‹ irgendeine Struktur oder Organisation zu geben, da wird einfach irgendwas zusammengekehrt.

– Es gibt nicht nur keine Methodik, die Gender Studies lehnen es sogar ausdrücklich ab, sich auf eine Methodik festzulegen oder eine zu beschreiben. Als Vorwand behaupten sie, sie wären inter- oder transdisziplinär und würden die Methodik des jeweiligen Faches anwenden.

– Es gibt keinerlei greifbare oder verbindliche Begriffsdefinitionen oder konkret beschriebene Theorien. Jeder behauptet individuell, wozu er/sie gerade Lust hat, und jeder verwendet Begriffe nach Tageslaune und Bedarf. Vieles ist widersprüchlich und volatil, bildet ›moving targets‹. Es ist kaum möglich, ein inhaltliches Gespräch zu führen, weil man sich nicht auf gemeinsame Begriffe einigen kann.

– Es ist nichts nachprüfbar. Die Gender Studies lehnen jede Art von Überprüfung oder Qualitätskontrolle als frauenausgrenzend ab. Auch anhand der Schriften ist überhaupt nichts nachprüfbar. Es gibt keine Herleitung, keine Begründung, kein Experiment, einfach nichts. Es ist nicht erkennbar, wie die Gender Studies überhaupt zu ihren Kernthesen kamen und wie sie zu überprüfen wären.

– Es gibt keinen Disput. Jedem, der Kritik übt oder Fragen stellt, wird einfach die Befähigung und Legitimation abgesprochen, sich zu äußern. So, wie man jedes Wissen, jede Tatsache, jedes Gegenargument einfach ausblendet und übergeht, macht man es auch mit Personen, die unerwünschte Fragen stellen oder Einwände erheben. Es gibt immer nur rhetorische Angriffe gegen die Person, nie eine Auseinandersetzung in der Sache.

– Es gibt keine Erkenntnisse. Es gibt ein paar Grundthesen und Schuldzuweisungen, und die werden endlos immer wieder voneinander, gegenseitig und im Kreis herum abgeschrieben, immer wieder rezitiert und wiederholt, und in leichten Variationen auf jedes x-beliebige Thema von Mathematik über Wälder und Hochwasser oder Elektrizität ›angewandt‹. Gender Studies sind eine Endlosschleife der immer selben unbelegten Behauptungen.
Erkenntnisse im verfassungsrechtlich-wissenschaftlichen Sinne gibt es nicht.«

Damit ist eigentlich alles gesagt. Oder vielleicht doch nicht ganz: Nach der Abschaffung dieses Jahrhundertbluffs soll natürlich die ganze Staatsknete auf Heller und Pfennig wieder zurückgezahlt werden. Und so fordere ich alle Deutschen auf, Hartmut Danischs Beispiel zu folgen und gegen diesen Irrsinn Widerstand zu leisten, damit Gender bald da ist, wo es hingehört: im *Großen Lexikon der Wissenschaftsirrtümer*.

PROPHETIE
EIN SCHLUSSWORT

Um das Ende gleich vorwegzunehmen: Deutschland, wie wir es kennen, und das deutsche Volk werden untergehen! Es ist schwer bis unmöglich, Voraussagen selbst für relativ kurze Zeitabschnitte zu treffen, weil die Welt ein ständiges Chaos ist. Und unverhofft kommt oft. Außerdem kann man sich leicht lächerlich machen, wenn sich später herausstellt, daß man im Grunde eine prophetische Gabe wie mein damaliger Klassenlehrer in der Hauptschule besitzt, der mir auf den Kopf zusagte: »Aus dir wird eh nix!« Selbstverständlich betrifft das nicht alle falschen Propheten. Denkt man z. B. an die Halleluja-Schreier des sogenannten »Arabischen Frühlings« zurück, die im Zusammenbruch der islamischen Diktaturen bereits Intellektuellen-Paradiese à la Kant und Voltaire mit Gebetsteppich heraufdämmern sahen, so stehen sie trotz ihrer grotesken Prognosen heute immer noch ohne Fehl und Tadel da. Niemand nimmt ihnen ihr Geschwätz von gestern übel.

Ich will es trotzdem wagen und zum Schluß die nächsten zehn Jahre in diesem Land voraussagen. Es mag arrogant klingen, aber im Prophezeien bin ich ziemlich gut. Reine Erfahrungssache. Die Zukunft, von der ich hier spreche, von heute bis zum Jahr 2025, wird so oder so von Männern bestimmt sein, im Schlechten wie im Guten. Wie ich schon erklärt habe, wird Wohlstand fast ausschließlich von Männern generiert und dessen Zerstörung ebenfalls von Männern bewerkstelligt. Frauen sind diesbezüglich mehrheitlich im Mittelfeld zu finden, da ihnen eine noch wichtigere Aufgabe für unsere Spezies zukommt: das Gebären von Kindern. Ich glaube, das erwähnte ich schon. Man kann diese Aussage in Grund und Boden verdammen, aber selbst mein größter Kritiker wird zugestehen müssen, daß es zur Schaffung wovon auch immer Menschen bedarf, die geboren und großgezogen werden müssen. Reißt die Menschenproduktion ab, gibt es irgendwann auch kein iPhone 24 mehr.

Natürlich könnte man jetzt einwenden: Aber müssen es denn unbedingt deutsche Menschen sein? Und schon sind wir wieder beim Kern unseres Themas, nämlich beim Überflüssigwerden des deutschen Mannes, besser gesagt bei seiner Verschwulung und beim gesellschaftlich gewollten Unfruchtbarmachen der deutschen Frau. Ich rede hier also von der angestammten »weißen« Bevölkerung. Im April 2015 geisterte ein Tabubruch durch die Internet-Foren. Den Auslöser lieferte eine israelische Studie der Soziologin Orna Donath zu einem gesellschaftlich verpönten und angeblich wissenschaftlich ignorierten Phänomen: »Regretting Motherhood«. Auf Deutsch: Das Muttersein bereuen. In der Studie geben ein paar Mütter zwischen 20 und 70 Jahren in sehr ehrlichen Interviews zu, daß sie, obwohl sie ihre Kinder lieben, es bereuen, jemals Mutter geworden zu sein, und daß sie, könnten sie die Entscheidung noch einmal treffen, sich dagegen entscheiden würden.

Viele Medien nahmen sich des Themas an und interviewten ihrerseits »Betroffene«, die ihren einstigen Schritt zur Mutterschaft verfluchten. Auch Blogs stiegen in die Diskussion ein, und in der Tageszeitung *Die Welt* vom 11. April 2015 zitiert die Autorin Alexandra Zykunov unter der Überschrift »Seit der Geburt habe ich die Entscheidung bereut« aus verschiedenen Blogs:

> »›Das Konzept der Mutterschaft selbst ist, stelle ich nach knapp sieben Jahren fest, nicht meins‹, heißt es im Mutterblog *Herzgespinst*. ›Ich bin jemand, der das Alleinsein braucht wie die Luft zum Atmen. Ich hasse es, mich unfrei zu fühlen oder gar unfrei zu sein, Rechenschaft ablegen zu müssen, mich sklavisch an Termine halten zu müssen.‹ Und auch bei den ‚Störenfridas‘ heißt es: ›Ich erlebe Mutterschaft als einen Käfig, aus dem ich frühestens in 15 Jahren ausbrechen kann. Nicht selten male ich mir aus, wie es dann sein wird. Wenn ich endlich wieder ganz allein über mein Leben bestimmen kann.‹«

Man kann darüber streiten, ob das Ganze bloß aufgebauschter Medienkram ist oder nicht, und jeder mag sich seinen eigenen Teil dazu denken. Es geht mir nicht darum, Stellung zu dem Phänomen zu beziehen. Ich will an diesem Beispiel nur zeigen, wie in einem offenkundig stillschweigenden Konsens ein gesellschaftliches Leitbild, ein kollektives Einverständnis in die Köpfe eingepflanzt werden soll. Denn das Auffälligste an dem medialen Regretting-Motherhood-Hype war nicht die Sache an sich, sondern die Bebilderung der jeweiligen Artikel. Ausnahmslos waren ihnen nämlich Fotos vorangestellt, die jeweils eine junge weiße Mutter mit ihrem weißen Baby zeigen. In keiner einzigen Publikation gab es das Bild einer schwarzen Frau mit schwarzem Baby oder einer Kopftuch-Muslimin mit ihrem Kleinen. Anscheinend fällt es Frauen dieser Ethnien nicht im Traum ein, ihre Mutterschaft zu bereuen. Nur die weiße Frau hat offenkundig die Nase voll vom Nachwuchs. Und diejenigen, die diesen schrecklichen »Fehler« begingen, bereuen ihn offenbar.

Nicht, daß es die multikulturellen und buchstäblich farbigen Mutter-Kind-Bilder nicht gäbe. Doch die sind exklusiv für ein anderes Thema reserviert. Obgleich der zurzeit nicht abreißende Strom von Flüchtlingen und Asylbetrügern nach Deutschland zum Großteil aus jungen Männern besteht, bebildern die Medien ihre Reportagen, Kommentare und Berichte diesbezüglich gern mit Fotos von schwarzen und muslimischen Müttern mit ihren Kindern, ein bißchen verschämt auch mit Zigeunermüttern aus dem Balkan inmitten ihrer großen Kinderschar. Auch die deutschsprachige *Wikipedia* leistet hierzu ihren optischen Beitrag, indem sie beim Stichwort »Schwangerschaft« als Hauptbild keine weiße Schwangere präsentiert, sondern eine Mulattin mit dickem Bauch.

Nein, es steckt kein Geheimplan dahinter und keine Verschwörung. Aber es springt nun mal ins Auge und ist bestimmt kein Zufall, daß hierzulande eine autochthone Frau in Bild und Schrift nur noch selten mit ihrer natürlichsten Bestimmung in Zusammenhang gebracht wird, weil sie ja offensichtlich die »Mutterschaft als einen Käfig« erlebt. Und hier schließt sich auch der Kreis. Nicht nur medial, auch im gesellschaftlichen Bewußtsein werden die Phantasmagorien eines Prof. Dr. Heinz-Jürgen Voß und die Schizo-Biologien des Gender Mainstreaming zur grausamen Wirklichkeit. Die weiße Frau ist nur noch dem Namen nach eine Frau. Vielmehr repräsentiert sie inzwischen tatsächlich eine Art drittes Geschlecht, eine Vorstufe zum Mann. Auf das Kindergebären soll sie keinen Bock mehr haben – »Die Frauen sind nicht die Gebärmaschinen dieser Gesellschaft«, ließ Frau Schwesig schon 2012 verlauten – und auf Familie erst recht nicht. Stattdessen soll sie wie irre einer Erwerbsarbeit nachgehen, Karriere machen und in eine »Führungsposition« gelangen. Staatlicherseits unbedingt erwünscht ist es, daß sie sich auch privat kaum noch von einem Mann unterscheide. Gleich ihrem geschlechtlichen Gegenpart ist ihr der Sex sehr wichtig, und weit mehr als Unfruchtbarkeit oder Kinderlosigkeit wäre für sie der Verlust ihrer Orgasmusfähigkeit ein Selbstmordgrund. Auf ein *Heim* kann sie verzichten. Sie wechselt ihre Behausungen mit der gleichen Frequenz wie ihre »Lebensabschnittspartner«. Worauf sie aber wirklich nicht verzichten kann, sind *Fun* und »schöne Sachen«, frau lebt ja nur einmal. Und wenn doch mal der größte anzunehmende Unfall passiert, gibt es ja die »Pille danach«, neuerdings sogar rezeptfrei. Kein Wunder, daß hierzulande auf 1 000 geborene Babys mindestens 172,3 Abtreibungen kommen. Sehr unwahrscheinlich, daß sich unter diesen AbtreiberInnen Muslime und Schwarze befinden. Jedenfalls nicht in größerer Zahl.

Ganz anders sieht die öffentliche Wahrnehmung bei einer anderen Art Frau, der Migrantin, aus. Selbst der hedonistische Grüne, die feminismus- und genderbesessene Familienministerin und der salonkommunistische Starfeuilletonist stellen sich *diese* Frau stets mit einem seligen Lächeln auf den Lippen und inmitten ihrer türkischen, arabischen oder eritreischen Familie vor, das heißt, sie betrachten sie lediglich als Teil eines Ganzen. Jegliche Kritik an mittelalterlicher Knebelung, von der man unsere eigenen Ureinwohnerinnen irgendwann »befreite« (wofür man sogar ausgetüftelte Sprachregelungen schuf, die ihr Geschlecht neutralisieren sollen), wäre bei der Migrantin offenbar nur »Perlen vor die Säue«. Das allseits verachtete und überholt geglaubte Bild der Frau als Baby-Wurfmaschine und Fußabtreter des Mannes aus dem muffigsten konservativen Winkel überwundener Dekaden erstrahlt bei Ashanti und Ayşe in neuem Glanze. Bei ihnen ist es sogar schützenswert.

Da werden aus den glühendsten Papst- und Religionshassern plötzlich Pedanten für das Recht auf freie Religionsausübung. Aus kommunalen Beamtinnen mit feministischer Vergangenheit werden Schutzpatroninnen von »Frauenbadetagen« mit verhängten Hallenbadscheiben und mit Schwimmbecken, aus denen »schmutzige deutschen Schlampen« entfernt wurden. Aus Lehrerinnen, die im Swingerclub gern gesehen sind, werden Vollstreckerinnen schulischer Geschlechterapartheid, und aus Richtern, die einen bei Steuerhinterziehung ohne mit der Wimper zucken für Jahre in den Bau schicken, werden kultursensibel begleitende Bewährungshelfer für sogenannte Ehrenmörder. Mag dabei auch manch ein Kitzler auf der Strecke bleiben, weil er abgesäbelt wurde, und mögen bekopftuchte und bald auch vollverschleierte Lehrerinnen mit dem Segen des Bundesverfassungsgerichts Schülerinnen etwas von Frauenemanzipation vorblödeln, so gibt es doch an der Unfreiheit dieser Frauen unter der Knute des migrantischen Hartz-IV-Analphabeten offenbar nichts zu beanstanden. Denn die »Fick- und Gebärmaschine« anderer Hautfarbe ist eine feste Säule unseres neuen Irrenkults um den edlen Wilden, den in Wahrheit niemand zu uns gebeten hat. Und solange Frau Weiß (deren Kinder weder von unserer Regierung noch, man lese und staune, von ihr selbst erwünscht sind) von der Chauvi-Scheiße verschont bleibt, ist alles okay. Aber natürlich wird sich das bald ändern.

Der für die folgenden zehn Jahre in Deutschland projektierte Bevölkerungsaustausch weiblich-migrantischer Machart wird nicht funktionieren. Er wird an etwas ganz Banalem scheitern, nämlich an der Arithmetik. Bereits im angestammten Migrantensegment überwiegen numerisch die Männer. Oder anders ausgedrückt, der Migrant bringt wenige bis keine Frauen mit, und wenn er es doch tut, behält er sie einfach für sich. Als Sexpartnerin für die bis dahin auf zirka dreißig Millionen angewachsenen, mehrheitlich muslimischen und schwarzen Einwanderer kommt dann letzten Endes meistens nur die gute alte deutsche Frau in Betracht. Am Anfang wird sie sich noch darüber freuen. Das heißt, wenn sie ihre besten Jahre hinter sich hat. Ist doch eine unglaubliche Aufwertung für eine 55-jährige Institutsleiterin in Diversitätsfragen, von einem 22-jährigen Schwarzen »geliebt« zu werden. Einen derart definierten Muskelprotz kannte sie bislang nur aus dem Film *Mandingo* von 1975. Für die jungen und hübschen Frauen dagegen wird bereits in den folgenden zwei Jahren ein Spießrutenlaufen nicht nur *sexistischer* Art beginnen, sobald sie das Haus verläßt, sondern ihr droht echter Sex mitten auf der Straße und am hellichten Tag und gegen ihren Willen. Die Vergewaltigungsraten werden bald derart in die Höhe schnellen, daß sie weder von der Polizei noch von der Justiz geahndet werden können, weil es dafür sowohl an Personal als auch an Gefängnissen fehlt. Norwegen und Schweden lassen grüßen. Das statistische Ungleichgewicht zwischen (ungebildeten) Männern und Frauen wird dieses Land in den kommenden zehn Jahren mit aller Wucht treffen und aus dem Ruder laufen lassen.

Kommen wir zum deutschen Mann. Für ihn wird sich nichts ändern. Während sich *alles* für ihn ändert. Aber da er seine Verschwulung von der Geburt bis zur Bahre durch die Konspiration von Staat, Bildungseinrichtungen, Mainstream-Medien und dem gesellschaftlich erwünschten *air* schon bisher wie betäubt über sich hat ergehen lassen, wird er auch sein künftiges Schicksal als Versorger fremder Kostgänger für gottgegeben bzw. für etwas völlig Normales halten. Er wird nicht mehr fragen, wem dieses Land eigentlich gehört, in das er als dessen Sohn hineingeboren wurde. Vielmehr wird er *global* denken, seine Heimat als einen x-beliebigen Ort auf der Landkarte betrachten und auch sich selber als etwas X-beliebiges, als einen Flicken in einem bunten Flickenteppich. Da er nicht mehr wissen wird, was eine Grenze und ein Grenzübergang ist, wird er mit einer Nation, mit ihrer Identität und Kultur kaum noch etwas anfangen können, sondern das alles für eine zufällige geographische Gegebenheit ansehen, in der jeder irgendwie auf der Durchreise ist. Außer natürlich er selbst, denn er wird für die Finanzierung der großen Umarmung der Völker und Rassen in *seinem* Land noch dringend gebraucht werden.

Es ist auch eine Überlegung wert, *als was* der deutsche Mann all dies denken wird. Denn bis zum Jahre 2025 wird er mittels genderistischen Dauerbombardements und allgegenwärtiger Frauendenke seine Geschlechtslosigkeit verinnerlicht und sich insbesondere die ihm angeborene männliche Aggressivität wegdressiert haben. Das Mannsein wird er allein edleren Kulturen wie der islamischen oder afrikanischen zugestehen. Diese Macho-Kulturen werden eine nach außen sakrosankte Ehrerbietung erfahren, die der einheimischen Bevölkerung in Wahrheit aufgrund einer stetigen Bedrohung durch die Überzahl *echter* Männer abgepreßt werden wird.

Der deutsche Mann wird in ständiger Angst leben müssen. Vor allem vor dem Staat, dem er schon vor Jahren ganz demokratisch die Kontrolle über sein Leben und sein Erwirtschaftetes übereignet hat, im festen Glauben, daß dieser sein bester Freund, mehr noch, seine Amme sei. Der Staat wiederum wird nach der Methode »Zuckerbrot und Peitsche« die immer kümmerlicheren Sozialleistungen als stählerne Sicherheitsnetze preisen, ohne die ein menschenwürdiges Dasein nicht möglich sei, und diese Wohltat in den Kopf des deutschen Mannes einzementiert haben, während er ihm gleichzeitig sein männlichstes Fundament, nämlich seine Ressourcen (sein von ihm erarbeitetes Geld), im Namen der *Mensch-*

lichkeit ganz legal rauben wird. Der deutsche Mann wird sich ständig kontrollieren müssen, um zu verhindern, daß ihm in einem Anfall von Frustration und Wut etwas Unanständiges über die Zustände in *seinem* Land herausrutscht. Es könnten hohe Geldstrafen, die Vernichtung seiner Existenz, sogar Gefängnis drohen. Lieber wird er buddhagleich lächeln, wenn die von der »Willkommenskultur« herzlich empfangenen 80-IQ-ler seine Frau und Töchter gleich in seinem Vorgarten verwöhnen. Oder wird er eher Albträume davontragen? Denn Leben zeugen wird er nicht mehr. Diese Mühe werden ihm *en masse* die »neuen Männer« abnehmen. Im Zusammenschluß mit den eigentlich ihm zugedachten Frauen. Dafür wird der deutsche Mann im Cyberspace die geilsten Wichsorgien feiern. Vielleicht reicht ihm das auch schon.

Dennoch wird der deutsche Mann in den nächsten zehn Jahren nicht einfach im Schaukelstuhl sitzen und die muslimisch-afrikanischen Stammestänze auf der Straße entspannt grinsend von seiner Veranda aus beobachten. Im Gegenteil, dringender denn je wird er gebraucht werden. Das Deutschland nämlich, das von aller Welt begehrt wird, kann nur er mit seinem durchschnittlichen 110er IQ in Blüte halten, wenn auch 2025 diese Blüte schon ziemlich verwelkt sein wird. Und viele Blutspritzer aufweist. Da die Staatsdoktrin die unbedingte Dauerversorgung des edlen Wilden mit dem Koran in der einen Hand und dem Smartphone in der anderen ist, wird er, der verschwulte, nichtsdestoweniger immer noch von einem mysteriösen Arbeitseifer gelenkte deutsche Mann, die Finanzierung der *bunten* Party sicherstellen müssen. Diese einst freiwillig kultivierte Doktrin wird aber in zehn Jahren keine freiwillige mehr sein, schon gar keine ideologisch und gutmenschlich besetzte. In Wahrheit wird es sich nur noch um ein hinter vorgehaltener Hand geflüstertes »Zu spät!« handeln.

Durch den stetig anwachsenden Männerüberschuß, der überwiegend ein muslimischer, orientalischer und schwarzer, vor allem ein verrohter und fanatisierter sein wird, wird es in den folgenden Jahren zu zweierlei Entwicklungen kommen. Die gravierendste Entwicklung wird die Bundeswehr betreffen. Sie wird weitgehend in muslimische Hand übergehen, da für den Soldatenberuf immer weniger autochthone junge Männer zu gewinnen sind und man durch die Absenkung der (intellektuellen) Mindestanforderungen eingebürgerte oder hier geborene Moslems selbst mit einem Vorstrafenregister bevorzugen wird. Bei der Berliner Polizei wird sich diese Entwicklung als erstes zeigen. Die Bundeswehr ist jedoch nicht irgendeine Papier-Behörde. Der Verein besitzt Waffen, und bei diesen Waffen handelt es sich nicht um Paintball-Gewehre. Zwei »Leopard 2«-Panzer können schon eine Kleinstadt in Klump schießen.

Im Jahre 2025 wird den Deutschen ein bestimmter Gedanke dauerhaftes Unbehagen bereiten, der nagende Gedanke nämlich, daß ein beträchtlicher Teil der Waffengewalt ihres Landes in die Hände besonders waffenvernarrter, irrationaler und religionsaffiner Männer übergegangen ist, deren Loyalität allem anderen als Deutschland und den Deutschen gilt. So wird der milliardenschwere Landesschutz zu einer Gefahrenquelle. Parallel dazu wird über die Zustände beim »Bund« immer weniger berichtet werden, um die Aufmerksamkeit der Ursprungsbevölkerung nicht auf diese anschwellende Bedrohung zu lenken. Irgendwann wird die Bundeswehr aus den Medien gänzlich verschwinden, während das Megatonnen-Sprengstoff-Damoklesschwert, unter dem sich niemand laut zu niesen traut, in aller Bewußtsein präsent sein wird.

Die zweite Entwicklung betrifft die bis zum Jahr 2025 zu einem Abermillionenheer angewachsenen Afrikaner in diesem Land, die unsere weise Regierung entgegen allen Gesetzen einwandern ließ, damit sie uns »unsere Rente sichern«. Sie werden das Straßenbild und das öffentliche Leben prägen, auch in der Provinz, selbst in dem kleinsten Dorf. Nicht nur, daß diese Männer jung und kräftig sind und, wie ich bereits erklärt habe, mehr Testosteron intus haben als Weiße.

Es handelt sich bei ihnen auch noch um jenen Typus Mann mit besonders abenteuerlustigem, aber manchmal phlegmatischem Gemüt. Diese Jungmänner in legerer Freizeitkleidung und den obligatorischen Kopfhörern in den Ohren, selbstredend nicht qualifiziert, dennoch hohe Ansprüche an einen kaum mehr deutsch zu nennenden Staat stellend, werden in zehn Jahren dafür sorgen, daß dieses Land endgültig von der Schief- in die Rückenlage kippt. Auch sie werden auf der dringenden Suche nach einer Frau sein. Und wenn zufällig ein »Landsmann« des Weges kommt und sie in einer Notsituation à la »Waka Waka (This Time for Africa)« sieht, so wird er schnell den Blick senken und leise weitergehen, weil er, wie es ihm beigebracht wurde, vielleicht selber einen Rock trägt. Die Staatsgewalt ist dann nur mehr für jene Einheimischen zuständig, die bei Rot über die Ampel gehen, insbesondere jedoch für diejenigen, die kriminellerweise ihr hart erarbeitetes Geld für sich behalten wollen. So wird's kommen!

Weit haben es Männer und Frauen im Umgang miteinander hierzulande gebracht. Sie haben sich im Lauf der Zeit so sehr zivilisiert, daß sie sich in der Tat als Gleiche unter Gleichen gegenüberstehen. Im großen und ganzen begegnen sie sich partnerschaftlich, fair, mitfühlend und liebevoll. Ihr gemeinsam erarbeiteter Wohlstand, was nichts anderes als ein langes, gesundes Leben und eine gewisse materielle Sättigung bedeutet, sucht in der ganzen Welt seinesgleichen. Obwohl der Staat diesen Wohlstand wie einen herrenlosen, zufällig gefundenen Schatz je nach Gutdünken und aktueller Politmode umverteilt und verschwendet. Jene positiven Entwicklungen sind darauf zurückzuführen, daß die Geschlechter noch bis vor kurzem sich selbst und ihre jeweiligen Möglichkeiten und Aufgaben erkannten und demgemäß handelten. Eins erkannten sie aber dabei nicht, nämlich, wie hinter ihrem Rücken ihre Neider immer zahlreicher und stärker wurden, selbstredend alimentiert vom zeitgeistaffinen Staat. Die To-do-Liste dieser Gesellschaftszerstörer besteht aus sieben Punkten:

1. *Verweichlichung des Mannes* zu einem schwachen und willenlosen Wesen, am besten zu einem, das fraulich handelt und wehrlos ist. Mit dem Helferherz einer Mutter ausgestattet und ohne den Stolz auf seine Mannesstärke, soll dieses Nicht-Fisch-nicht-Fleisch-Männchen jeder femininen Verschwulungstransplantation an sich zustimmen, seiner ihm angeborenen Aggressivität, die er durchaus zu kontrollieren vermag, zugunsten einer weibischen Denke abschwören und seine Konkurrenten nicht bekämpfen, sondern im Gegenteil sogar für ihren Lebensunterhalt aufkommen.

2. *Ausrottung der traditionellen Familie* mit Stumpf und Stiel. Das Erfolgsmodell Mama-Papa-Kinder soll fortan von instabilen, bestenfalls zeugungsunfähigen Modulen des Zusammenlebens imitiert werden, die in ihrer Exaltiertheit und Austauschbarkeit vielleicht in einem arabischen Puff funktionieren, aber kaum in einem seit Jahrtausenden bewährten System, das noch unlängst als die »Keimzelle der Gesellschaft« galt. Das Ergebnis ist nicht familiäre Vielfalt, sondern immer weniger Familie und immer weniger Familien. Das bevorzugte Vorbild der sinisteren Sozialingenieure ist dabei die afrikanische oder lateinamerikanische Familienkonstellation, in der Papa nach einem Sex-Intermezzo mit Mama auf Nimmerwiedersehen verschwunden bleibt. »Papa Was a Rollin' Stone ...«

3. *Verdummung und Entwürdigung der Kinder.* Die Kinder sollen nicht kindgerecht auf ihr Leben als Erwachsene vorbereitet werden, sondern auf ein Leben als Kinder im Erwachsenenalter. Das elementare Wissen über das menschliche Dasein soll ad absurdum geführt und die nackte Lüge zum Lernstoff werden: Männer und Frauen gibt es nur in Märchenbüchern, in der Realität aber leben wir alle in einem Basar voller Freaks. Nicht der Tüchtige soll das Idol der Kinder sein, sondern derjenige, der ihn dafür kritisiert, daß er die Früchte seiner Tüchtigkeit nicht sofort an Fremde verschenkt.

4. *Verfälschung der Geschichte.* Früher war alles schlecht. Der Mann schlug die Frau jeden Tag halb tot, und der Frau war es nur gestattet, ihre Erfüllung in Stricken und Kindergebären zu finden, wo sie doch so gerne ganztägig in einem Autoersatzteillager malochen wollte. Sie war zu Tode beleidigt, wenn man sie als hübsch und fraulich bezeichnete, denn da hätte man ihr auch gleich ein versautes »Willst du ficken?« an den Kopf schmeißen können. Das Wort »Mutter« kam von »Mutterkreuz«, also von den Nazis, die Deutschland seit Jesu Geburt bis zur Gründung der Grünen im Januar 1980 regiert haben. Viel angemessener ist das Wort »Nutta«, eine Kombination aus »Nutte« und »Mutter« – und auch klimaverträglicher.

5. *Sprache dient nicht mehr der Verständigung* zwischen den Menschen, schon gar nicht ist sie Transporteurin freier, kritischer Gedanken und Ausdruck der Schönheit der menschlichen Seele, sondern ein Blendwerk, um politisch erwünschte Verhältnisse, Ideologien oder einfach nur frei erfundenen Schwachsinn in häßliches Papier zu verpacken. Aus illegalen Eindringlingen werden »Schutzbedürftige«, aus Transen »Transgender«, aus dem traurigen Umstand, daß ein Gehalt für die Unterhaltung einer Familie nicht mehr ausreicht und deshalb beide Elternteile arbeiten gehen müssen, wird »Familienarbeitszeit«. Aus Behinderten werden »Andersfähige« und aus Zigeunern »Rotationseuropäer«. Am Ende ist das Sprachkorsett so fest gezurrt, daß ein Erfassen der Wirklichkeit durch Sprache nicht mehr möglich ist und die Verständigung nur mehr über Smileys erfolgt, was zugegebenermaßen wenigstens das Gemüt erheitert.

6. Für die *Ausblutung des Mittelstands* steht der US-Spielfilm *Die Truman Show* von 1998 Pate. Genauso wie dessen Protagonist Truman Burbank gar nicht mitbekommt, daß er in Wahrheit in einer eigens für ihn errichteten, abgeschlossenen Kunstwelt lebt und infolgedessen die vielen anderen Lebensmöglichkeiten in einer freien Welt nicht in Betracht ziehen kann, läßt sich auch die sogenannte Mittelschicht von

Codes, Klischees und manipulierten Bildern täuschen, um sich positiv definieren zu können. Tatsache ist jedoch, daß der heutige Mittelschichtler unter Finanz- und Vermögensgesichtspunkten betrachtet ein durchschnittlicher Arbeiter aus den 1970er Jahren ist, vielleicht sogar noch ein bißchen schlechter gestellt. Da der Staat im unteren Bereich nichts und im oberen Bereich mangels Masse sehr wenig abgreifen kann, bedient er sich hemmungslos im Portemonnaie der breiten Mitte. Weil jedoch der Mittelschichtler ein ziemlich einfältiges Wesen ist, hält er das geleaste schicke Auto irrtümlicherweise für sein Eigentum, die gemietete Altbauwohnung mit Parkett und Stuck für ein Palais, die am Tag seines Begräbnisses abbezahlte Doppelhaushälfte für seine Alterssicherung, den jährlichen Billigurlaub mit der Familie in Portugal für eine Luxusreise und die Klamotten von H&M für Haute Couture. Von irgendwelchen Rücklagen oder der Anhäufung eines Vermögens ganz zu schweigen. Hauptsache, die Mittelschichtfassade bröckelt nicht allzu heftig. Mit so einem Illusionisten und Verstellungskünstler, der sich seine ungeheure Leistungskraft mit Tinnef aus der RTL-Werbung entlohnen läßt, hat der Ausbeuterstaat natürlich ein leichtes Spiel. Er kann ihn bestimmt auch weiterhin als ausdauernden Feldochsen benutzen. Bis der Ochse irgendwann zusammenbricht.

7. Die trotzige und marktschreierische *Vergottung der abseitigen Sexualität* dient nur vordergründig dem Toleranzdenken. Vielmehr sollen hierdurch sämtliche Normen in Frage und die für jede hohe Zivilisation notwendigen Werte auf den Kopf gestellt werden. Deutschland soll zu einem einzigen Kuriositätenkabinett degenerieren (was ja schon halb erreicht ist), in dem niemand mehr seines Geschlechts, seiner daraus erwachsenden Verantwortung für die nachfolgende Generation und seiner von der Natur vorgegebenen Bestimmung gewiß ist. Stattdessen soll jeder sein »eigenes Ding« machen und der Auswechselbarkeit selbst der eigenen Kinder huldigen. Der Mensch als »die Frau mit Bart« im Jahrmarkt des

zur Normalität gewordenen Abnormalen. Diese Travestie-Show soll von der Bühnen irgendwelcher Rotlicht-Cabarets in die gute Stube geholt werden. Das alles ist das Ziel.

In dem Roman *1984* von George Orwell erklärt der kühle O'Brien, der den wehrlosen Protagonisten Winston Smith so lange foltert, bis er ihn »umgedreht« hat: »Wenn Sie ein Bild von der Zukunft haben wollen, so stellen Sie sich einen Stiefel vor, der auf ein Gesicht tritt. Unaufhörlich.« Nun, ich habe keine Glaskugel und kann genauso wenig wie Sie in die Zukunft sehen. In diesem Buch habe ich lediglich meine Gedanken und Befürchtungen über die zwei Geschlechter dargelegt und, ja, in Bezug darauf auch die von mir gefürchteten Dämonen sichtbar werden lassen. Dennoch kann ich mit einem realen Bild aus der Zukunft dienen, das diese Groteske ganz gut einfängt und verdeutlicht, wie komödiantisch hilflos wir in ein paar Jahren dastehen werden.

In einem *Spiegel.TV*-Bericht aus dem letzten Jahr geht es um späte Eltern, die allerdings kaum etwas Mütter- und Väterliches ausstrahlen, sondern vielmehr wie die Menetekel einer im tiefen Fall befindlichen, derangierten Gesellschaft wirken. Das Kinderkriegen würde man immer mehr in die zweite Lebenshälfte verlegen, heißt es in dem Beitrag, wegen der Karriere und so. Die Macher des Films tun so, als wären diese beiden Lebenshälften Jacke wie Hose. Eine alte Frau tritt auf, die bei der Geburt ihrer jetzt siebenjährigen Tochter 47 Jahre alt war, weil sie zuvor unbedingt »eine Bilderbuchkarriere in einer renommierten Kanzlei« machen wollte. »Ich kann's ja auch gut vergleichen mit meinen ganzen Freundinnen, die mit mir studiert haben«, sagt die späte Mutter, deren Gesicht bereits greisenhafte Züge trägt, voller Stolz. »Die haben alle früher Kinder bekommen, und ich kann sicherlich sagen, da hat keine davon eine solche Karriere, vielleicht eine oder zwei haben eine solche Karriere gemacht wie ich … Aber daß jemand soweit gekommen ist wie ich, das ist sicherlich mit Kindern nicht möglich.« Wer weiß, vielleicht hätte die gute Frau nicht nur eine Gold-, sondern auch noch die Platinkarriere hingelegt, wenn ihr dieses Mißgeschick mit dem Balg nicht dazwischengekommen wäre.

Eine andere, auch nicht mehr taufrische Dame läßt sich ihre Eizellen als »Fruchtbarkeitsreserve« einfrieren, für den Fall, daß vielleicht in zwanzig Jahren der richtige Partner auftaucht. Der entsprechende Pensionär mit Krückstock kriegt sich dann über Vaterfreuden bestimmt gar nicht mehr ein. Nein, das ist nicht ironisch gemeint. Denn »bis an die Grenzen des technisch Machbaren« gingen auch Mechthild (55) und Werner (64). Die beiden Rentner kamen zu ihrem Wonneproppen über eine Samen- und Eizellenspende aus Osteuropa. Sie nennen das Ganze »Projekt zum Lebenschaffen«. Die Mutter gibt zu Protokoll: »Für mich war immer wichtig, erst Beruf, dann Familie.« Die korrekte Reihenfolge ist das natürlich nicht, denn die lautet: Beruf, Pensionierung, Familie. Anderseits: Sind es nicht gerade Omi und Opi, die sich mit wahrer Hingabe ihren Hobbys widmen?

Nicht falsch verstehen, ich wünsche diesen Leuten und »ihren« Kindern alles Glück der Welt. Ich wollte mit dem überzogenen Bild nur zeigen, wie leichtfertig ein Volk wie das deutsche inzwischen mit seinem wichtigsten Rohstoff umgeht und wie vernachlässigbar Kinder und Familie geworden zu sein scheinen, die allein noch wegen ihres Eventcharakters geschätzt werden. Männer und Frauen bedingen einander nicht mehr. Nicht einmal die bisweilen dämmernde Erkenntnis bringt uns zur Vernunft, daß wir in diesem schrecklich schönen Leben durch unser jeweiliges Geschlecht, durch die Liebe und den Sex in Wahrheit eine titanische Maschine am Laufen halten, die Millionen von Jahren alt ist und immer noch so kräftig rattert, als sei sie gerade eben erst vom Werk ausgeliefert worden. Vielleicht mag der eine oder andere denken, nicht mit mir, da klinke ich mich aus und mach' mir lieber einen gemütlichen Abend vor dem Fernseher. Das sei ihm gegönnt, allerdings wird sich das Ausklinken in den kommenden Jahren nicht mehr so komfortabel gestalten, wie er sich das ausmalt. Andere Völker, andere Nationen, andere Menschen lieben diese Maschine, und wenn die Bewohner eines Landes sich kollektiv entschließen, die Sache mit Mann, Frau und Kindern eher spielerisch und spaßig zu betrachten oder am besten gar nicht, tja, dann kommen die *anderen* und erledigen den Job für sie. Sie tun es bereits. Und ich bin mir sicher, die beiden Rentner werden das Ruder auch nicht mehr herumreißen.

Ich könnte diese Schrift optimistisch ausklingen lassen, aber angesichts des Inhalts dieses Buchs wäre das eine Lüge. Ich sehe dieses Land in Auflösung – mit einem irren Lachen über sich selbst! Jeder glaubt, daß er irgendwie davonkommen wird, die Alten sowieso und vielleicht zu Recht, weil »Nach mir die Sintflut« für sie tatsächlich eine realistische Option darstellt. Die Zurückbleibenden, die Jungen und Belogenen, werden umso gründlicher die ungenießbare Suppe auslöffeln müssen. Eine Suppe, die über Jahrzehnte von Wahnsinnigen, Debilen, Perversen, verbohrten Ideologen und verkommenen Subjekten mit staatlicher Unterstützung angerührt wurde, um Mann und Frau einander zu entfremden, um sie im Namen des Götzen »Selbstverwirklichung« auseinanderzureißen und um sie nicht nur sinnbildlich, sondern ganz konkret unfruchtbar zu machen. Am Anfang dieses Buches schrieb ich: »Sie machen sich keine Vorstellung davon, wie unsere gesamte Existenz, insbesondere die wirtschaftliche, und unsere Sicherheit an Leib und Leben von unserem Umgang mit diesem ›Naturgesetz‹ und seinen Folgen abhängt.« Diese Tatsache ist immer noch nicht in allen Köpfen angekommen. Statt dessen glaubt man weiterhin lieber kranken Geistern, die behaupten, Männer und Frauen hätten sich von jeher als Feinde gegenübergestanden und die Waffen in diesem Krieg wären Kinder gewesen. So sind sich in unseren Breitengraden aber Adam und Eva in Wahrheit nie begegnet. Denn man vergesse nicht, daß es in Schillers Ode »An die Freude« schon vor 230 Jahren gleich am Anfang »Freude, schöner Götterfunken, *Tochter* aus Elysium« hieß, bevor sich die ganze Welt umarmt mit: »Alle Menschen werden *Brüder*«.

Und alle, die dieses ewige Naturgesetz bestreiten, für nicht existent erklären und die große Verschwulung immer noch wie kreisende Geier vorantreiben, bitte ich inständigst, wieder in das schmutzigen Nest, aus dem sie gekrochen sind, zurückzukriechen und für immer und ewig dort zu bleiben!

DANKSAGUNG

Der Autor dankt ganz herzlich für die
tatkräftige Unterstützung

Rolf Degen
Ursula Pirinçci
Judith Petter
Jorina Lossau

Einen großen Dank für die Perlen an

Thorsten Hinz
Martin Lichtmesz
Hadmut Danisch
Birgit Kelle

Einen speziellen Dank für die Inspiration an

Wolfgang Wickler
Uta Seibt
Richard Dawkins

Lichtschlag in der Edition Sonderwege
© Manuscriptum Verlagsbuchhandlung
Thomas Hoof KG · Waltrop und Leipzig 2015

Satz: Achim Schmidt, Graphische Konzepte, Mettmann
Gesetzt aus Linotype Sabon
Titelabbildung: akg-images / Erich Lessing
Druck und Bindung: CPI books, Ebner & Spiegel GmbH, Ulm

Printed in Germany
ISBN 978-3-944872-22-3

www.manuscriptum.de